목을 내놓을지언정
붓을 꺾진 않으리

목을 내놓을지언정
붓을 꺾진 않으리

지은이 | 박홍갑
펴낸이 | 최병식
펴낸날 | 2025년 12월 29일
펴낸곳 | 한산문화연구원
　　　　서울특별시 강남구 논현동 6-21 6층 606호
　　　　TEL | 02-516-2224(대표전화)
　　　　FAX | 02-516-2202
　　　　e-mail | hansanmunhwa@daum.net

값 24,000원

잘못된 책은 교환해 드립니다.

ISBN 979-11-976342-6-0 03910

* 본 저작물은 "문화포털"에서 서비스 되는 전통문양을 활용하였습니다.

목을 내놓을지언정
붓을 꺾진 않으리

박홍갑 지음

조선의 기자 史官과
조선의 기사 史草

한산문화연구원

차례

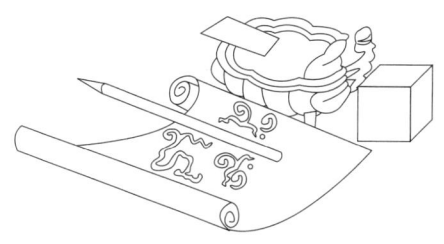

제2편 사초에 담긴 500년의 진실

제3편 검이 된 붓끝

이야기를
시작하며

저자의 변

직필(直筆)은 무엇인가?
사실을 바르게 기록한 글이다.
그렇다면, 곡필(曲筆)은 무엇인가?
사실을 굽혀 바른대로 쓰지 아니한 글이다.

조선왕조 흥망성쇠의 5백년이란 긴 역사를 어떻게 쓸 것인
가? 혼탁한 사회 속에서도 우리는 믿으면서 살아왔다. 서릿발 같았

던 사관(史官)들의 붓끝과 그들 눈으로 담아 낸 사초(史草)들을 ~~~

　　조선 시대 사관과 사초는 왕조를 지켜 낸 감시망이자 권력을 견제하는 도구였고, 흐린 물을 걸러주는 정화수였다. 젊은 신예들을 사관으로 임명한 이유는 간단하다. 불의와 타협할 줄 모르는 혈기는 용 같은 임금 안전도 두려워하지 않을 것이고, 범 같은 원로대신들에게도 주눅 들지 않으니, 그런 자들만이 바른 역사의 붓을 휘두를 수 있으리란 믿음 때문이리라.

　　과거 전통시대에는 군주라도 사초는 말할 것도 없거니와

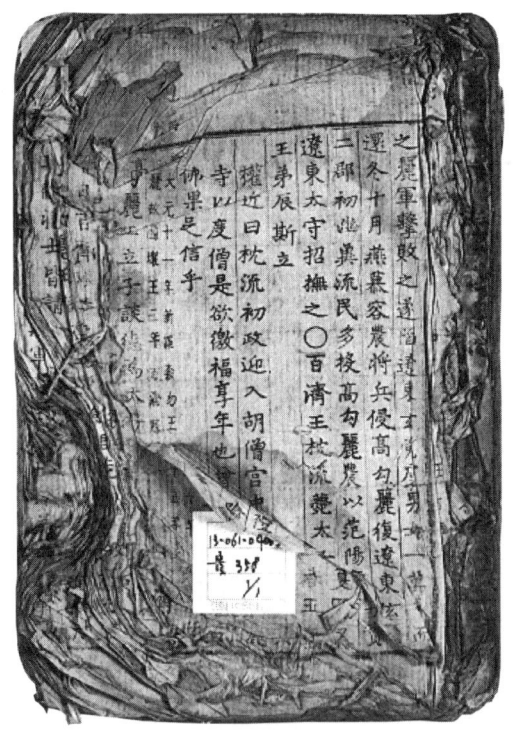

『동국통감』
ⓒ 국립중앙박물관

서거정 등이 왕명으로 편찬한 역사서로, 단군조선부터 고려 말까지 편년체로 담은 56권 28책 분량이다.

선대 실록조차 보지 못했다. 사관들의 붓 자루에 맡겨진 역사 기록이니, 엄정하고도 냉정한 사필(史筆)을 지켜주기 위함이었다. 역사는 과거를 돌아보는 거울이요, 미래를 밝혀주는 등불이다. 따라서 채찍으로서의 역사요, 길잡이로서의 역사다. 서거정이 『동국통감』을 지어 올리면서 "치흥(治興)과 난망(亂亡)은 이미 지난 것에서 거울삼을 것이니, 거짓으로 미화하지 말고 악한 일을 감추지도 말아, 있는 그대로를 보여줌이 마땅하다."라고 밝혔듯이, 이런 생각은 서거정 혼자만 가지는 것은 아니었다.

　　조선조 역사를 다루는 양대 기관은 예문관과 춘추관이었다. 성리학적 이념을 받아들인 조선에서 매우 소중하게 여기던 관청이 아닐 수 없다. 희대의 폭군 연산군도 예문관과 춘추관을 폐지할 수는 없었다. 다만 기능을 축소하고, 기록을 방해하는 수단만 동원했을 뿐이다. 사초 작성을 금지하는 전대미문의 반역사적 행위로 날씨가 맑고 흐린 정도만 기록했으니, 역사 말살기나 다름없었다.

　　이런 무소불위의 폭군 연산군조차 내가 두려운 것은 사서(史書)뿐이라 고백했듯이, 우리 선조들에게 붓의 힘보다 더 두려운 존재는 없었다. 이러한 붓의 힘은 어디에서 오는가?

> 재상은 사람을 수십 년 정도 올릴 수도 있고 아래로
> 떨어뜨릴 수도 있지만, 사관은 사람을 천년 뒤에까
> 지 내세울 수도 있고 아주 침몰시킬 수도 있다.

　　이수광 선생이 『지봉유설』에서 새긴 말이다. 하지만, 올곧고도 엄정한 사필을 잡아야 할 사관들도 사람인지라, 편견이나 오

해의 틀에서 완전히 자유로울 수 없었으니, 그 속살까지 들여다보는 것이 결코 녹록치가 않다. 역사 기록 속살과 민낯을 함께 들춰보자는 의미를 담으려 했지만 다 채우지 못한 느낌이라, 독자 제위께 양해를 구할 뿐이다.

　『영조실록』을 읽다가 "아! 옛날에 사관이 된 자들은 '목이 달아나는 한이 있어도 사필은 굽힐 수가 없다[頭可斷 筆不可斷]'라는 말이 있었습니다."라는 대목에 꽂혀, 이를 간추려 책 제목으로 삼았다. 오늘날의 기자들도 그 정신을 이어갔으면 하는 마음이다.

적괴가 편찬한 실록과 주묵사朱墨史 정신

　실록은 당대사나 마찬가지다. 그러하니 곡필 위험성이 항상 뒤따른다. 『태조실록』이 태종 때 만들어지고, 『세조실록』이 세조 공신들 손으로 편찬된 까닭이다. 하지만 조선 후기의 실록들과 비교하면, 직필에 가깝다고 할 수 있다. 조선 전기 실록에 나타나는 인물평 대개는 당대 선비들의 암묵적 합의 내용이란 생각이 들기 때문이다. 그런데 비해 조선 후기 실록에 보이는 사관들의 인물평을 보면, 칭찬 일색의 포론이거나 인신공격형 폄론으로 일관하는 것만 봐도 그렇다.

　광해군을 내쫓고 인조가 즉위하자, 기다렸다는 듯이 상소가 올라왔다.

『선조실록』은 적의 괴수에 의하여 편찬되어 부끄럽
고 욕됨이 심하니, 당연히 고쳐 찬술하도록 해야 합
니다.

　소위 말하는 역사 바로 세우기요 적폐 청산이었으니, 지봉
이수광이 아뢴 내용이었다. 기자헌이나 이이첨 같은 북인 실세들이
주무른 실록인지라 당연히 나올 법한 소리였다. 정치 상황이 바뀔
때마다 역사 바로 세우기 요구가 거칠게 일었던 것은 어쩔 수 없었
으니, 이수광의 요구에 대해 한강 정구도 그 필요성을 보탰다.

『광해군일기』 중초본
ⓒ 국사편찬위원회

실록 초초본과 중초본은 세초하여 없애고 정초본만 인쇄해 사고에 보관하나,
『광해군일기』 중초본을 사고에 보관한 것은 당시 대내외 사정 때문이었다. 초서
로 된 글씨에 교정 흔적의 붉은 붓 놀림이 선명하다.

『선조실록』은 이항복이 총재가 되고 신이 문형으로서 제학 신흠과 함께 찬수하다가, 계축년 옥사로 죄를 입어 쫓겨났습니다. 그러다가 이이첨이 정권을 잡게 되자 그 초고를 모두 깎아 없애어 볼 수 없게 하였으니, 이는 그들이 싫어하는 말을 제거한 것입니다.

누가 봐도 동의할 수 있는 합의된 원칙이 절실한 시점이었다. 대제학 이식이 제안했다. 주묵사(朱墨史) 고사를 들고 나온 것이다. 옛날 송나라 고종이 파천하던 혼란 속에 나라 역사를 개수할 적에 사관 범충에게 엄중한 명을 내렸으니, 검은 글씨 원본을 그냥 둔 채 수정하는 부분은 반드시 붉은 글씨로 하란 명이 바로 주묵사 고사였다.

조선 후기에 편찬된 실록이 몇 차례 수정되었지만, 구본을 없애지 않고 함께 보존했던 것은 이런 전통 때문이었다. 짧았던 경종의 치세였지만, 4년이란 재위 기간에 벌어진 노론과 소론의 치열한 공방전은 그 어느 때보다 치열했다. 세월이 흐르면서 편찬된 실록을 수정해야 한다는 요구에 따라 겨우 완성한 때가 정조 초였다.

수정본 편찬을 마무리 한 신하들이 구본을 불구덩이에 넣자고 했을 때, 정조는 단호하게 명했다.

우리 나라 열성조의 실록 가운데 바로잡은 정본(正本)과 구본을 함께 남겨 둔 일이 있다. 송나라 때에 범조우(范祖禹)가 수찬한 사서로 말하면, 장돈(章

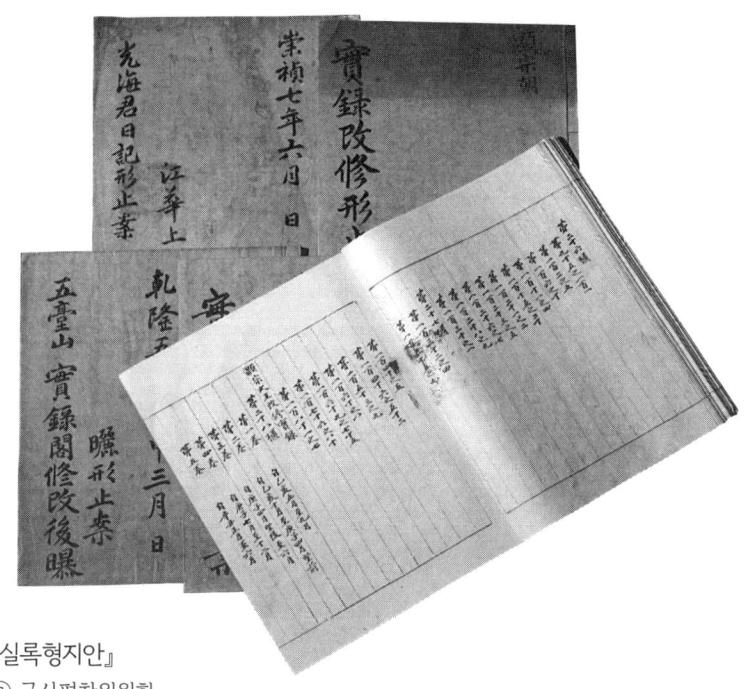

『실록형지안』
ⓒ 국사편찬위원회

규장각에 소장되어 있으며, 실록을 수정하거나 사고에 보관된 실록 포쇄(3년마다 햇볕에 말리는 작업) 과정 등에 대해 건별로 절차와 내용에 대해 상세히 기록해 놓은 책이다.

惇)·채변(蔡卞) 등이 또 다시 고치고 그 뒤에 범충(范沖)이 다시 바로잡았는데도 전후 두 본이 함께 유행하였고, 그때 사람들이 주묵사(朱墨史)라 했으니, 이것을 보면 두 본을 모두 남겨 두는 것은 또한 고례(古例)이다.

다시 『선조실록』 이야기로 돌아가 보면, 임금 승하 후 실록 편찬을 주도했던 이가 서인들이었지만, 곧 대북 실세 이이첨으로 넘어가 마무리 되었다. 이이첨이 사간원에 근무했던 한 때의 행적을 놓고 『선조실록』에서는, "정언 이이첨은 타고난 자질이 영민하고 기개가 있으며 간쟁의 풍도가 있었다(『선조실록』 30년 10월 17일)"는 칭송 글이 붙어 있지만, 『선조수정실록』에는 다음과 같은 내용이 추가되어 있다.

> 정언(正言) 이이첨은 '타고난 자질이 영민하고 성품 또한 강개하여 간쟁의 풍도가 있었다.'고 했다. 그러나 이이첨은 간적(姦賊)의 괴수로 사국(史局)에서 역사를 쓸 때 자신을 칭한 것을 거리낌 없이 기록했으니, 통탄스러움을 금할 수 없다.

인간의 양면성에 대한 평가는 어쩔 수 없다 할지라도, 정철이나 윤두수를 비롯한 서인들은 물론, 류성룡이나 이덕형을 비롯한 남인들까지 싸잡아 부정적으로 기술했던 내용을 모두 찾아내 뒤집어 놨던 것이 수정 실록이었다.

> 『선조실록』 36년 10월 7일
> 류성룡을 풍원 부원군(豊原府院君)으로 삼았다. 【임금의 직무에 궐실(闕失)이 있어도 면대하여 바로 잡았다는 말을 듣지 못했고, 어진 선비가 억울하게 죽어도 한 마디 언급하지도 않았다. 국정을 행한 지 그토록 오래 되었건만, 설시(設施)가 엉성하여 끝내 실

효가 없었으니, 김우옹이 이른바 '대신다운 풍채가
없고 재보(宰輔)의 국량이 모자란다.' 한 것이 확론이
라 하겠다.】
『선조수정실록』 36년 10월 1일
류성룡의 관작을 회복하여 풍원 부원군(豊原府院君)
으로 삼았다. 【성룡은 나라 걱정을 집안일처럼 하여
알고서는 시행하지 않는 일이 없었다. 임진년의 난
리를 당해서 시행한 바가 많았는데, 실록을 편수하
는 자가 비방하고 배척했을 뿐 아니라 심지어 김우옹
이 한 말로 증거 삼기까지 하였다. 우옹은 본래 성룡
과 허여하여 교의(交義)가 매우 긴밀했었으니, 그 말
을 어찌 믿을 수 있겠는가.】

원래의 내용과 수정된 내용이 이토록 상반되긴 하지만, 두
기록 모두 고스란히 남겼다는 것 또한 우리 선조들의 역사 안목이
었다. 이것이야말로 후세에 맡기는 자세가 아니겠는가? 실록 수정
에 대한 실무 책임자였던 채유후가 덧붙인 후기에서 그런 자세가
잘 나타난다.

우리 동방의 문헌이 많았지만 제가(諸家)의 기록이
대부분 전후의 변란에 소실되었다. 그러나 정유년
이전은 보존된 것이 있었으므로 이식이 편수한 것은
꽤나 상세히 갖추어진 것 같다. 하지만 이 이하는 연
대가 조금 떨어지고 서적 또한 적은데, 무사(誣史)

중 특히 근거가 없는 것에 대해서는 약간의 유기(遺記) 및 이목(耳目)이 미치는 바의 사실만을 가지고 이를 증변(證辨)하면서, 끝내는 '『실록』을 살펴보건대'로 예(例)를 삼았다. 그 나머지 제신들이 무고되고 모욕을 당한 것에 대해서는 일일이 거론하여 말끔히 씻어내지는 못하였으나, 그 사람의 처음과 끝을 살피면 그의 옳고 그름을 판정할 수 있을 것이니, 보는 사람이 자세히 살필 일이다.

조선 후기의 수정 실록들(선조실록 현종실록 경종실록)
ⓒ국사편찬위원회

이러한 찬수 정신은 훗날까지 이어졌다. 예송논쟁이란 치열한 정쟁 속에서 생을 보낸 현종의 치세 판을 새로 짰던 『현종개수실록』, 뒤집고 뒤집히는 환국정치 속에서 목숨 잃은 수많은 삶을 담아낸 숙종 치세를 고쳐야 했던 『숙종보궐정오실록』, 임금 자리를 놓고 치열하게 암투를 벌였던 경종 시기의 연대기를 새로 담으려 했던 『경종수정실록』까지도 조선의 주묵사 정신은 살아 있었다. 역사는 흘러가나, 역사 스스로 알을 깨고 나온 적은 없었다. 역사는 언제나 후세의 인간들에게 호명될 뿐이었으니, 그렇게 본다면 우리 선조들이 금과옥조처럼 여겼던 주묵사 정신이야말로 역사 기록의 속살이자 민낯이었다.

제1편
한 자루 붓으로
천년을 벼리다

1
사관제도, 그 시작과 끝

사관제도의 기원

사관이란 글자 그대로 역사를 기록하는 관리를 뜻한다. 중국에서 비롯된 사관은 천자의 좌우에 두었는데, 이들을 흔히 좌사(左史)·우사(右史)라 하였다. 좌동우언, 즉 좌사는 임금의 행동을 기록하고, 우사는 임금의 말을 기록하는 것이다.

중국 역사에서 삼황오제는 전설상의 인물이다. 아득한 옛날의 전설 시대이니 삼황이 구체적으로 누구인지 여러 가지 설이 분분하지만, 신농씨(神農氏)·복희씨(伏羲氏)·황제(皇帝)도 그 중 하나이다. 중국의 시조로 섬겨져 온 황제는 공손헌원(公孫軒轅)이란

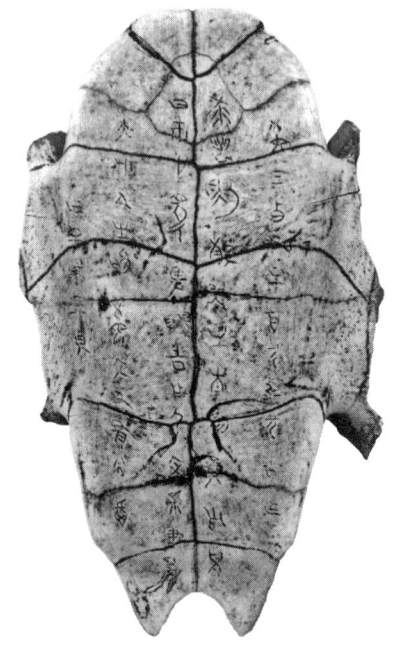

갑골문

ⓒ 국립민속박물관

종이 발명 이전부터 기록하는 사관들이 있었을 것이다.

자이며, 처음으로 곡물재배를 가르치고 문자와 도량형을 정했다고 한다. 이러한 전설 시대의 황제 때부터 역사를 기록하는 사관이 있었던 것으로 전해지고 있으니, 중국 특유의 허풍인지 모르겠으나 하여튼 그 기원은 오래된 듯하다.

　　은나라 때에도 관직명에 사(史) 혹은 작책(作冊)이 있었던 것으로 보아 역사를 기록한 흔적을 찾아볼 수 있다. 그러나 실제 역사에서 찾아지는 사관은 주나라부터이다. 『주례(周禮)』에 의하면 대사(大史)·소사(小史)·내사(內史)·외사(外史)·어사(御史) 등의 오사가 있었는데, 이들 관직에서 사관의 기원을 엿볼 수 있다.

　　사관은 처음에는 제례(祭禮)시에 활과 화살을 세는 간단한 직무를 맡아보았다가 뒤에 천도(天道)와 역법(曆法)을 맡은 자가 대사(大史)가 되고, 천자의 직할지를 다스리는 자가 내사가 되었는데, 이러한 직무는 은나라 중기부터 주나라 사이에 만들어진 것으로 추측된다. 동양 특유의 정치사상은 하늘의 도리를 거스릴 수 없는 것으로 파악하여 천문에 관계되는 일에 매우 민감하였다. 따라서 천둥과 번개, 가뭄과 홍수 등의 자연재해가 잇따르면 임금과 신하들 모두 더욱 근신하게 된다. 이러한 것은 조선 시대에도 이어져 자연재해가 있게 되면 대신들의 사직상소가 줄을 잇고, 임금이 더욱 근신하여 몸을 낮추는 자세로 나왔다.

이렇게 본다면 고대 중국에서 사관인 대사가 천도와 역법을 맡는 것은 당연한 이치였고, 그에 따라 역사를 편찬할 때에도 천문에 관한 사항은 자세하게 기록하는 것이 관례였다. 우리나라 대표적인 역사 기록물인『삼국사기』『고려사』『조선왕조실록』에서 혜성이 모두 몇 차례나 나타났는지 자세하게 알 수 있을 정도로 천문현상과 자연재해 현상을 꼼꼼하게 기록해 놓은 것도 같은 이치이다.

주나라가 힘이 없어지고 각지의 봉건 제후들이 난립된 춘추전국시대에 들어오게 되면 사관의 직필(直筆)은 신성한 의무로 받아들여지고 있었다. 이 시대에는 엄정한 비판을 생명처럼 여기고, 대의명분을 밝히어 세우는 공자의 춘추필법(春秋筆法)을 모범으로 하던 시대였다.

그러나 진나라 시황(始皇)이 천하를 통일한 후 그를 비판하는 유학자들을 구덩이에 생매장하고, 관련 서적을 모두 불태워 버리는, 이른바 분서갱유(焚書坑儒)를 단행함으로써 사관들도 입지를 잃고 말았다. 그 후 본격적인 역사 기록만을 담당하는 사관은 한나라 무제(武帝) 때 태사령(太史令)으로 임명된 사마천(司馬遷)에서부터 시작되었다고 할 수 있다.

이때부터 사관은 한 집안에서 대대로 세습하면서 역사를 편찬하는 일이 많았는데, 이를 흔히 가학(家學)이라 한다. 중국 역사 서술의 원조로 알려진 사마천도 그의 역작 『사기(史記)』를 혼자 저술한 것이 아니라 그의 아버지로부터 2대에 걸쳐 완성한 작품이며, 아버지로부터 이어받은 반고(班固)의 『한서(漢書)』 역시 그의 누이동생까지 이어받아 3대로 세습해 온 가학의 걸작이었다.

원래 한나라 때 사관의 직무는 태사공(太史公)이 맡았고, 그 지위는 매우 높아 승상 위에 있었다. 한 선제 때부터 격이 떨어져 태사령으로 고치게 되었고, 또 사마천 이후에는 그 지위가 더 낮아져 세관(世官)의 뜻도 없어진 동시에 태사공이 반드시 역사를 기록해야 한다는 원칙도 사라져 버렸다. 따라서 태사공은 역사와 관계없는 업무를 수행하였고, 동시에 사관 아닌 사람도 역사를 썼다.

사마천 이후로 유명했던 반고는 난대령사(蘭臺令史)라는 벼슬을 갖고 있었다. 이 벼슬은 원래 황제 측근에서 문서를 맡은 것이었으나, 이때부터 역사는 황제의 비서가 지배하는 곳으로 넘어가게 되었다.

그 후 한나라가 망하고 위진남북조가 전개된 이후 상황을 간략히 보면, 위나라에서는 저작랑(著作郞)을 두었고, 진나라 때에는 대저작 아래 저작좌랑에게 자료 수집 등을 돕게 했다. 여기에서 비롯되어 위진남북조시대에는 많은 저작가가 나왔으니, 그 대부분이 가학이었다.

그런데, 북조에서부터는 저작랑의 신분이 낮아 권위가 미약하다는 이유로 역사를 편찬할 때에는 대신들이 총괄하는 것으로 바뀌어 갔다. 즉 대신들에게 감수국사(監修國史)로 겸직시키는 제도가 생겼다. 이러한 겸직제도는 당나라에도 영향을 미쳐 태종 때에는 비서성 저작국에 따로 사관(史館)을 두어 재상이 감수국사를 겸했고, 사관(史官)에 겸직을 많이 두게 되었다.

사관은 모름지기 재·학·식의 삼장을 갖추어야 한다고 제창한 바가 있던 당나라 유지기(劉知幾)가 재상이 역사 편찬을 감수하는 것은 옳지 못하다고 논한 바가 있었다. 직필을 보장하지 못한다는 판단에서였다. 그러나 이러한 제도는 고쳐지지 않은 채 우리 나라에도 그대로 적용되고 말았다.

우리 사관제도 도입 과정

사관의 별칭이 한림(翰林)이고, 사관들의 근무처를 한림원(翰林院) 혹은 한원(翰苑)이라 불러왔다. 우리나라에서 사관의 기원을 찾자면 통일신라로 거슬러 올라갈 수 있으니, 중국에 비해 시대가 많이 뒤떨어진다고 할 수 있겠다. 우리나라의 문물제도는 토착적인 측면의 바탕에다 유교 문화가 중국으로부터 도입됨으로써 서서히 굳어지기 시작했다. 중국의 문화가 우리 땅에 영향을 주긴 했으나, 우리 토양에 맞는 제도와 문화로 바뀌어 갔다는 특징을 갖고 있다.

『삼국사기』직관지(職官志)에 의하면, 경덕왕이 통문박사를 한림으로 개칭한 후에 학사를 두었다고 했으니, 이것이 고려 시대 한림원의 기원이었던 것 같다. 통문박사는 원래 성덕왕 13년(715)에 상문사(詳文師)를 고쳐 부르던 것이었으니, 한림의 기원도 상문사에서 찾을 수 있을 것 같다. 상문사를 관청으로 보거나 관직으로 보기도 하는데, 아무튼 여기에서 우리나라 사관의 기원을 찾을 수 있다.

경덕왕 18년(759) 백관의 명칭을 한식(漢式)으로 개정할 때 중국 제도를 모방하여 한림(翰林)이라 칭한 것으로 추정되며, 정식 명칭은 한림대였던 것으로 보인다. 당시 한림랑(翰林郎)·한림대대조(翰林臺待詔)·한림대서생(翰林臺書生) 등의 관직이 있었고, 또 최치원이 당나라에서 귀국하여 한림학사를 겸하고 있었다는 사실에서, 이들 관직이 외교문서를 작성하면서 왕명 제찬(制撰)을 맡은 사관 임무를 겸하였던 것으로 보는 견해도 있다.

『고려사』 백관지 춘추관 조에 보면, 사관은 다른 관직을 겸하도록 되어 있다. 즉, 춘추관의 핵심 기능을 담당하는 수찬관을 한림 3품 이하가 겸한다고 했으니, 아마 통일신라 시대 한림의 전통도 그와 유사했던 것으로 추정되기도 한다.

고려의 관제는 대개 당·송 영향을 많이 받았듯이, 한림원 역시 마찬가지이다. 그러나 고려의 한림원은 당·송의 그것과는 달리 정치기구의 역할이 별로 없는 실무기관으로서, 사명(詞命)의 제찬과 경연을 맡는 동시에 사관 직무를 겸하고 있었고, 그 후 예문춘추관으로 칭해졌다가 조선조에 들어가 양 기구가 분리되어 전임사관과 겸사관을 두었다.

이처럼 우리나라 사관은 조선 시대 이전에도 있었던 관직

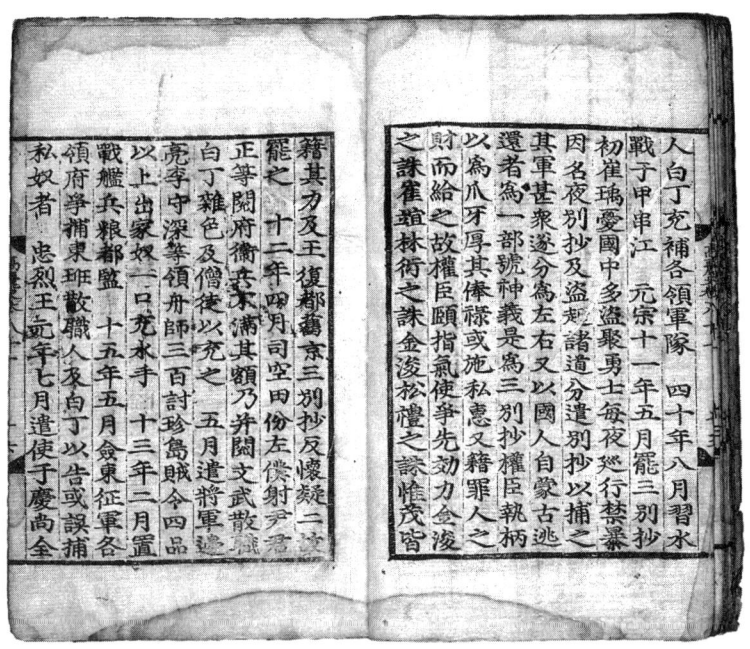

고려사

ⓒ 국립중앙박물관

세종 31년 편찬을 시작하여 2년 반 만에 완성했고, 단종 2년 동활자(갑인자)본
으로 간행되었다.

이었다. 그러나 고려 시대의 사관에 대해서는 잘 모르는 경우가 많
다. 고려 시대 사관이 우리에게 친숙하지 못한 이유는 고려왕조가
조선보다 500년이나 앞선 왕조이기 때문에 관심을 끄는 정도가 약
할 수밖에 없고, 또한 사관에 관한 자료가 별로 없다 보니 자연히
그렇게 된 것이 아닌가 한다.

그보다도 더 중요한 것은 실록의 현존 여부라 할 것이다. 고
려 시대의 실록은 남아 있지 않지만, 조선왕조가 남긴 실록은 국보

에다 세계기록유산으로까지 지정되어 있기에 그와 관련된 사관 역할 자체가 우리네 삶과 친숙하게 되었다는 점 때문일 것이다.

사관은 국왕이 있는 곳이면 어디든지 있다 할 정도로 밀접한 관계이다. 그렇다고 친숙한 관계가 아니라 국왕에게는 지긋지긋하게 지겨운 존재이다. 말 한마디 행동 하나 하나가 감시되고 있고, 그것도 모자라 그들에 의해 기록되고 있으니, 그 얼마나 징그러운 존재이겠는가?

심지어는 여자 사관을 뽑아 왕의 잠자리까지 기록하자고

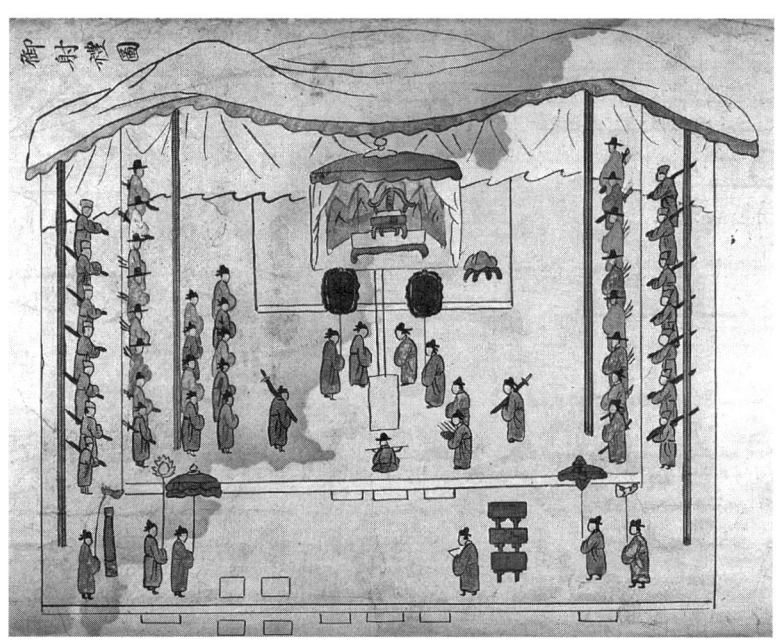

대사례의궤(영조 17년)의 한 부분
ⓒ 규장각한국학연구원
하단 우측 세 번째에 종이와 붓을 든 사관 모습이 보인다.

　목을 내놓을지언정 붓을 꺾진 않으리

했을 정도니, 진드기 같은 사관들 때문에 정신병을 앓은 임금이 없었는지도 모를 일이다.

실제 조선왕조에 있어서 사관제도의 성립과정을 추적해 보면, 고려왕조의 전통을 이은 것은 사실이나, 태조와 정종까지는 초창기에 해당하는지라 사관들이 맹 활약상을 보여 주지는 못했다. 정종 후반기쯤 군왕이 있는 자리에 사관이 입시(入侍) 할 수 있도록 허락이 내려졌으나, 그 후에 즉위한 태종도 가능한 한 사관을 떼어 버릴 궁리를 다 하고 있었다.

조선 시대에는 예문관 소속 8명의 전임 사관들이 있었고, 이들을 가리켜 한림(翰林)이라 하였다. 그 외 춘추관의 겸관들이 사관 임무를 겸하여 수행하고 있었다. 그러한 겸직 사관들은 3정승을 비롯하여 52명쯤 되는데, 그 중에는 왕의 비서에 해당하는 6승지들도 포함되어 있었다. 전임 사관을 떼어버리기 위해 겸직사관인 승지들이 늘 주위에 있다는 핑계를 대기도 하지만, 왕의 비서들인 승지들이야 왕의 입과 혀가 아닌가.

따라서 전임 사관들이 입시(入侍)하는 제도가 정착할 때까지 군왕과 사관들 사이엔 눈에 보이지 않는 혈전들이 벌어지곤 했다. 아침 조회에 해당하는 조참과 조계는 물론이요, 경연이나 윤대에까지 사관이 입시하는 쪽으로 넓혀 갔고, 나중에는 인사행정이 이루어지는 정청까지 입시하게 되었다.

이렇듯 사관들이 모든 정사에 입시하게 된 것은 사관을 비롯한 젊은 신진인사들의 부단한 노력의 결과였고, 이는 성리학적 이데올로기가 점차 확립되어 가는 분위기에서 가능한 것이기도 했다.

엎드려 기록하고, 앉아서 기록하고

조선이 건국된 지 거의 100년이 다 된 시점에서, 성종은 이렇게 명했다.

이제부터 사관은 앉아서 일을 기록하라.

나라가 건국되면서 도입된 사관제도였건만, 그때까지도 사극에서 흔히 보던 모습은 아니었다. 정전은 물론 편전 안에도 들어갈 수 없었던 사관들은 건물 밖 계단에 엎드려 귀를 쫑긋 세워 붓을 놀려야만 했다. 군왕들에게 선뜻 꺼내기 어려웠던 신하들이 드디어 입을 열었다. 성종 5년(1474) 9월의 어느 날, 예문관 봉교 강거효 등이 소를 올린 것이다.

> 사관 직책은 임금의 좌우에 있으면서 말과 행동을 갖추 기록하여 후세에 밝게 보이게 하는 것입니다. 하나라·은나라에서는 좌사·우사가 있었고, 주나라에는 대사·소사가 있었던 것이 곧 그 소임입니다. ...(생략)... 신 등은 모두 못난 재질로 사관의 자리에 있으면서 직책 다하기를 생각하나 시대의 제도에 따라야 하니 옛적과 맞지 아니함이 있습니다.
> 첫째는, 무릇 조계와 대소 연회에 신 등이 계단 위의 동쪽·서쪽 구석에 엎드려 있으니, 전내(殿內)에서 언론 하는 것은 멀어서 듣지 못하며, 둘째는, 매양 경

연에 강(講)을 마치면 신 등은 응당 먼저 나가기 때문에 전하께서 돌아보고 묻는 것과 대신의 아뢰는 것을 때로는 혹시 듣지 못하며, 셋째는, 전하께서 신료를 인견하고 혹시 사관은 들어오지 말라고 명하시니, 비록 기밀의 일은 비밀히 함이 마땅하다고 할지라도 전대의 제왕이 혹은 와내(臥內)에 들어가서 신하와 더불어 계책 하는 그 말도 모두 사책(史策)에 실렸고, 사관이 반드시 더불어 꾀하는 것과 혹은 좌우를 물리치고 신하와 더불어 계책 하는 말도 모두 사책에 실렸으니, 대저 사관이 반드시 함께 들어갔던 것입니다.

엎드려 원하건대 전하는 당송의 옛 법을 모방하여 성조(聖朝)의 새 제도로 삼아서 무릇 외정(外庭)에 납실 때는 신 등으로 하여금 좌우로 나누어 모시게 하며, 여러 신하보다 먼저 들어가고 여러 신하보다 뒤에 나오게 하여, 신 등으로 하여금 성상의 덕음(德音)과 대신의 논주(論奏)와 대간의 당의(讜議)를 함께 죽백(竹帛)에 실어 만세에 전하게 하면 다행함을 이기지 못하겠습니다.

정사를 논하는 궁전 밖 계단에 엎드린 사관들이 어찌 제대로 기록할 수 있겠느냐는 이 상소로 인해 대책회의가 열렸다. 사관이 모든 정사를 빠뜨리지 않고 기록하기 위해 중국 제도를 본받아야 마땅하다. 그러나 기득권자들은 새 제도를 만들려 하지 않는 것이 고금을 막론하고 다를 바 없다. 원로대신들의 반대가 심했다.

정인지가 앞장서서 예전대로 하는 것이 좋을 것이라 우긴 이후 어물쩍 달이 넘어가고 있었다. 사관들 출입 절차만 논하고 다른 말이 없자, 성종이 석강이 끝난 뒤 우부승지 김영견에게 의견을 구했다. 그러자 그 자신이 사관으로 근무할 적에 불편했던 점을 아뢰었다.

신이 세조 조에 일찍이 사관이 되었는데, 성상께서 정사를 보실 때에 사관은 먼저 들어와서 뒤에 나갔는데, 지금도 옛날과 같습니다. 다만 그때에는 동쪽과 서쪽으로 나누어 입시하였는데, 동쪽·서쪽의 자리에서 미리 연구(硯具)를 벌여 놓고 듣는 대로 기록하였는데, 지금은 다 같이 남쪽으로 들어와서 일하므로 동쪽·서쪽의 말은 두루 들을 수 없습니다.

이를 듣고 난 성종이 대답했다.

상소에 이르기를, '무릇 조계나 연향(宴享)에 전내(殿內)에서 하는 말은 멀리서 들을 수가 없다.'고 했는데, 선정전 같은 데서는 무엇이 들리지 않겠으며, 인정전은 과연 깊고 멀기는 하나, 사관이 전내(殿內)에 들어가는 일은 예전에도 그런 예가 없었다.

선정전은 창덕궁의 편전이다. 편전이란 임금이 일상적인

창덕궁 선정전 내부
ⓒ 국가유산포털

임금의 용상과 신하들의 자리가 보인다.

집무를 할 때 이용하는 곳이다. 그런데 인정전은 임금 즉위나 외국 사신을 맞이하는 것과 같은 큰 행사가 있을 때 사용하는 정전이다. 경복궁의 근정전과 같은 역할을 하는 곳이라 전각 규모부터 다르다. 하여튼 전례가 없기에 사관이 전내에 들어 올 수 없다는 것이

창덕궁 선정전
ⓒ 국가유산포털

청기와로 된 선정전 왼쪽 너머 인정전이 보인다. 성종 이전의 사관들은 선정전으로 오르는 계단에 엎드려 기록했을 것이다.

성종 생각이었다. 그렇다면, 계속해서 전내에 들어가지도 못한 채 양쪽 계단 쪽에 엎드려 기록했다는 이야기가 된다.

　　이야기를 과거로 되돌려 보자. 세종 시절 한때 사관이 전내에 들어간 적도 있었으나 상례화 된 것이 아닌 듯하고, 문종 때에도 사관을 문밖에다 입시하게 하니, 신료들이 아뢰는 일을 다 기록하지 못하는 불평이 있었다. 그 후 세조 때에는 상참(常參)이나 조계가 있을 때 중계(中階)에서 엎드렸던 사관을 전내에 들이도록 명한 적이 있었다. 그러나 위의 논의로 봐서는 사관이 전내에 들어가는 것은 곧 없어진 제도인 것이 분명했다.

그로부터 10년이란 세월이 더 흘렀다. 성종 재위 16년의 4월 어느 날, 경연이 파하자 검토관 황계옥은 전각 밖에 엎드려 있던 사관들이 기록을 제대로 못한다는 문제점을 또 다시 제기했다.

사관은 임무가 중하여, 무릇 경연과 조계 때에 사관 두 사람이 모두 입시하지만, 경연에는 사관이 전내(殿內)에 들어가서 상교(上敎)와 여러 신하가 아뢰는 바를 모두 상세히 들어서 기록할 수 있는데, 조계에는 외전(外殿)에 꿇어앉아, 아뢰는 사람 얼굴도 보지 못하니, 어찌 아뢰는 일을 상세히 들을 수 있겠습니까? 옛날의 사관은 좌우에 입시하여 간혹 붓을 비녀처럼 꽂기도 하고 이두(螭頭)에 세우기도 하여, 붓을 적시어 일을 기록하였으니, 신은 생각건대, 사관으로 하여금 조계 때에 종이와 붓을 가지고 전내(殿內)에 들어가서, 너무 엎드리지 말게 하여, 아뢰는 자를 보고 상세히 기록하게 하는 것이 어떻겠습니까?

그러자, 성종이 대답하였다.

사관은 일을 기록하는 것을 맡았으니 옳던 그르던 간에 마땅히 사실대로 써야 한다. 그래서 한번 쓴 뒤에는 만세에 전해 내려가니, 그 책임이 지중하다. 그러나 종이와 붓을 가지고 입시하는 것은, 우리 조정에 이런 예가 없었다. 가령 아뢰는 말을 귀로 듣지 못한

다면, 종이와 붓을 가진들 또한 무슨 이익이 되겠는
가?

    옆에 있던 기사관 하윤·한구 등도 붓을 가지고 입시해야 한
다는 뜻을 강력하게 올렸으나, 성종은 끝내 윤허하지 않았다. 성종
도 없던 전례를 만드는 것에는 약했던 모양이다.

    옛 것이 곧 법이라는 관념은 조선을 지배해 온 선비들 의식
구조의 한 단면이다. 어떤 이는 이를 보수 성향 내지 상고(尙古) 성
향으로 파악하기도 한다. 조선조 위정자들의 통치는 오백 년 내내
조종의 법인 『경국대전』 규정으로 일관하고 있었다. 조종의 법을
함부로 바꿀 수가 없다는 논리였다. 조선 후기 영조 이후 몇 차례
법전의 개정이 있었으나 『경국대전』을 벗어날 수 없었던 것도 보
수·상고성향 때문이 아닌가 한다.

    그로부터 4년이 지난 성종 20년(1489) 8월 예문 검열 이주
가 아뢰었다.

    신 등은 직책이 일을 기록하는 데 있사온데, 무릇 신
    료들이 일을 아뢸 적에 땅바닥에 엎드리어 머리를 들
    지 못하므로, 다만 그 음성만 듣고 용모를 보지 못하
    니, 어찌 능히 그 사람을 분변 할 수 있겠습니까? 이
    것으로 인하여 일을 기록한 데 의심스러운 점이 없지
    않을 수 없습니다. 사신은 직필을 귀하게 여기는 것
    이온데, 의심스러운 점이 있으면서도 감히 기록하
    니, 신은 마음이 편치 못한 바입니다. 또 옛 일을 가

지고 상고해 보면, '발연(發然)히 얼굴빛이 변하였다.' 함이 있고, '용모가 태연자약하다.' 함이 있고, '성색(聲色)이 모두 노기를 띠었다.' 함이 있고, '부끄러운 빛이 있었다.' 함이 있고, '임금이 좌우를 돌아보며 다른 사람에게 말하였다.' 함이 있습니다. 옛날의 사신(史臣)은 용색(容色)과 언모(言貌)를 모두 기록하여 후세에 전했으니, 땅에 엎드리어 일을 기록하는 것은 옳지 못한 듯합니다.

그러자 성종이, 그렇다면 서서 기록하려 한단 말인가라고 힐책했다. 하지만 이주는 아랑곳하지 않고 대답했다.

신은 서려고 하는 것이 아닙니다. 엎드려서 일을 기록하면 마음에 의심스러운 점이 있고, 또 옛날에는 좌사는 말을 기록하고, 우사는 일을 기록하였으니, 옛날의 사관은 반드시 좌우로 나눈 것이 분명합니다. 신이 또 듣자오니, 중국의 사관은 종이와 붓을 잡고 황제의 좌우에 선다고 합니다. 중국의 제도도 이 같으니, 땅바닥에 엎드리어 일을 기록하는 것은, 신은 옳지 못하다고 여깁니다.

이에 성종이 좌우 신료들에게 물으니, 의견들이 분분하다. 그때 검토관 김전이 아뢰었다.

사신(史臣)이 땅에 엎드리는 것은, 신은 불가하게 생각합니다. 고사에 '이필자(珥筆者)'라고 한 것을 '사관'이라 풀이하였으니, 옛날의 사관은 엎드리지 않았던 것이 분명합니다. 신의 뜻으로는, 사관 두 사람이 지필을 가지고 좌우에 꿇어앉으면 조의(朝儀)에도 문란하지 않을 듯합니다.

옆에 있던 동지사 이경동이 거들었다. 사관들이 지필을 가지고 입시하여 기록하도록 하는 것이 옳다는 의견이었다. 이필(珥筆)이란 조정 신하가 인군의 말과 행동을 기록하기 쉽도록 귓바퀴나 관모(官帽) 측면에 붓을 끼운 형상을 나타낸 것이니, 사관을 의미한다. 이에 성종은 이렇게 명했다.

이제부터 사관은 앉아서 일을 기록하라

조선이 건국된 지 거의 100년이 다 된 시점이었다.

인사행정까지 지켜 본 사관들

단종 때 황표정사(黃標政事)란 게 있었다. 김종서·황보인을 비롯한 의정부 대신들이 관료 후보자의 명단을 올릴 적에 의중에 둔 자를 노란 색깔로 표시하여 올렸다는 데서 나온 말이다. 이를

『단종실록』에서는 이렇게 표현하고 있다.

> 이번 정사에서 의정부 당상들이 매일 빈청(賓廳)에
> 나아가고, 이조·병조의 당상이 의논에 참여하여, 제
> 수하는 대성(臺省)·정조(政曹)·연변 고을의 장수와
> 수령은 반드시 3인의 성명을 썼으나, 그 중에 쓸 만
> 한 자 1인을 취하여 황표(黃標)를 붙여서 아뢰면 노
> 산군이 다만 붓으로 낙점할 뿐이었다. 당시 사람들
> 은 이를 '황표정사(黃標政事)'라고 일컬었다.

당시 최종 인사권은 국왕이 가지는 것이었지만, 임금이 어
린 탓으로 최종 인사권 행사를 원로대신들이 쥐고 전횡을 했다는
것이다. 이는 결국 세조가 일으킨 계유정난의 빌미가 되는 것이기
도 했거니와, 정난공신들이 중심이 되어 편찬된 『단종실록』이었기
에 좀 더 과장되었는지도 모를 일이다.

하여튼 조선 시대 인사행정은 정청(政廳)이란 곳에서 이루
어진다. 여기에는 공정한 인사가 이루어질 수 있도록 반드시 3배수
의 후보자를 추천하여 국왕에게 올리게 되는 데, 이를 비삼망(備三
望) 혹은 천망(薦望)이라 부른다. 오늘날의 인사행정도 보통 3배수
추천제를 쓰고 있으니, 그 역사가 오래되었다는 것을 알 수 있다.

인사권을 장악한 이조·병조 관리들의 전횡과 정실인사를
막고 합리적으로 인재를 선발하기 위해서 삼망 외에도 여러 가지
보완책을 두고 있었다. 문무반의 인사를 도목정사(都目政事)라 하는
데, 여기에는 정기적인 도목정과 임시적인 인사를 위한 전동정(轉

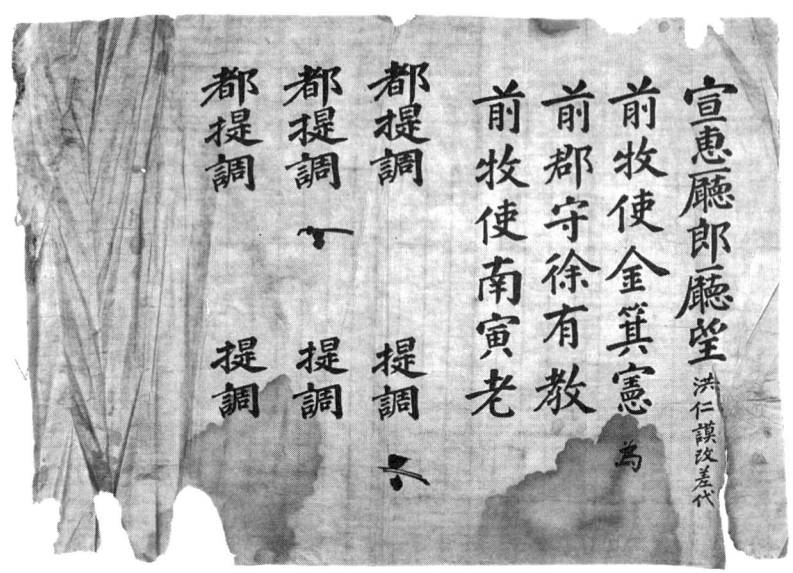

망단자
ⓒ 충청남도역사문화연구원

선혜청 낭청 후보자 3명의 이름 아래 爲로 표기된 김기헌이 낙점되었음을 보여
주고 있다.

動政)이 있었다.

　　조선 시대 관리들은 현직에 있을 때를 시직(時職), 현직에
있지 않을 때를 산직(散職)이라 부른다. 품계는 늘 가지는 것이지만,
현 직책은 항상 가지고 있는 게 아니다. 예컨대, 정1품 대광보국숭
록대부, 정3품 통정대부라 부르는 것들이 품과 계이다. 정1품 대광
보국숭록대부의 품계를 가진 자가 영의정을 제수 받으면 현직을 수
행하게 된다. 부모상을 당해 3년 상을 치르는 동안 현직에 떠나 있
거나, 기타 여러 가지 사유로 인해 현직에 떠나 있을 때가 많다. 이

럴 때를 산직이라 한다.

그런데, 원활한 인사행정을 위해서는 시·산을 망라한 관료들의 목록이나 대장이 필요하다. 이를 정안(政案) 혹은 반부(班簿)라고 한다. 인사를 위한 개인 신상 파일이다. 여기에는 본인의 이름·나이·출신·관직이력, 부·조·증조·외조·장인의 이력 사항이 상세하게 기록되어 있다.

정안은 전조(銓曹)가 관리하면서, 이를 바탕으로 후보자를 뽑아 올린다. 전조란 인사권을 수행하는 이조와 병조를 의미한다. 문관 인사는 이조에서, 무관 인사는 병조에서 각각 담당한다. 오늘날 일반 공무원은 행정안전부에서, 군인은 국방부에서 하는 거와 같은 이치다.

정안이 필요한 또 다른 이유는, 그 당시가 철저한 신분제 사회였기에 신분상 하자를 가리는 조치이기도 했다. 예를 들면, 첩의 자손은 관직에 진출할 수 없었다. 이들을 서얼이라 부르고, 이 법을 서얼차대법이라 부른다. 어미가 양인인 양첩 자손은 서(庶)이고, 천첩 자손은 얼(孼)이었다. 이외에도 상·공업 종사자나 재가하여 낳은 자식, 중의 자식 등은 과거를 볼 수 없었던 사회였기 때문이다.

그런데, 인사행정은 국가가 처리하는 막중한 것이었음에도, 성종 대를 지나서까지도 사관의 입시(入侍)가 허락되지 않고 있었다. 연산군 대에 들어오자 인사행정을 처리하는 곳인 정청에 사관을 입시하게 해야 한다는 목소리가 나타나기 시작했다. 그것은 사관의 권위가 그만큼 높아졌다는 이야기인 동시에, 사림세력의 성장을 바탕으로 한 언관권(言官權)이 확장되어 가고 있었고, 또 유교 정치의 틀이 점차 잡혀간다는 뜻도 내포되어 있다.

물론 이러한 면들은 두 차례 사화를 겪으면서 꺾이기는 했지만, 사림 정치가 확대되어 가는 추세에 편승하여 한림권 확장을 위한 정청의 사관 입시 문제도 연산군 때에 논의될 수 있었다.

여사女史를 둔 까닭

여사(女史)는 궁중 규문(閨門)의 일을 기록하는 여자 사관을 말한다. 임금이 아침에 일어나 조강에 참석하고, 그 후 집무를 시작하였다가 저녁 석강까지 마치는 하루 일과에 대해서는 언제나 승지와 사관들이 입시하여 기록하지만, 왕비의 일이나 왕의 일과 후 사사로운 시간까지는 기록할 수가 없다. 이를 보완하기 위해 여사를 두는 것이다.

『주례(周禮)』천관(天官)조에 보면, 여사는 천관의 소속으로 왕후의 예(禮)를 맡는 동시에 규문 안의 일을 기록하는 것으로 되어 있다. 그러나 중국이나 우리나라의 경우에도 기록이 많이 남아 있지 않아 그 전모는 확실하게 알려져 있지 못하다.

기록의 미비로 알 수는 없지만, 고려 시대에도 여사가 있었다고 가정해 볼 수도 있을 것 같다. 왜냐하면, 조선건국 후 얼마 지나지 않은 태종 때에도 여사가 있었다는 기록을 찾아 볼 수 있기 때문이다.

조선 초기에는 명나라에서 내시나 처녀를 요구하는 일이 잦았다. 조선 처녀들을 데려다 궁에 두고 후궁을 삼은 경우도 많다.

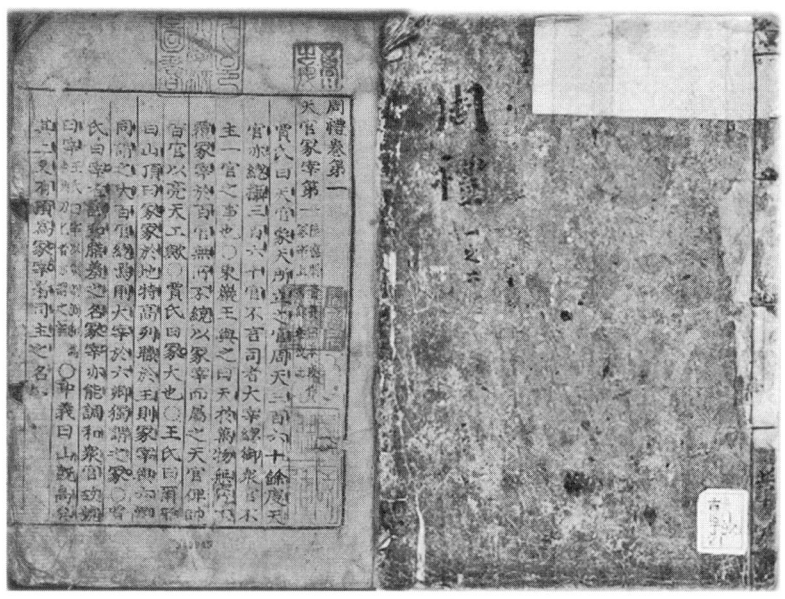

『주례』
ⓒ 한국학중앙연구원

주나라 제도와 전국시대 각국 제도를 기록한 유교 경전으로, 직제를 크게 천관,
지관, 춘관, 하관, 추관, 동관의 여섯으로 나누었다.

인수대비 아버지이자 세조의 사돈이 되는 한확이 벼락출세 할 수
있었던 것도 그의 누이가 명나라 진헌녀로 갔다가 후궁이 되었고,
그 후광을 입어 정가에 두각을 나타냈다.

　　태종 10년(1410)에 의주 고을 원님이던 정윤후 딸이 진헌
녀로 뽑혀 중국 황실에 간 적이 있다. 이때 그녀 아버지 정윤후는
물론이요, 여러 명이 수행하여 갔는데 그 속에는 여사(女史) 4명이
진헌녀 정씨를 수행하고 있었다. 이로 미루어 조선 초기에 여사가
있었음을 알 수 있으니, 왕비나 기타 궁중 여인들을 시종(侍從)하거

한확 신도비(남양주 조안면)
ⓒ 국가유산포털

나 그에 관한 기록을 남기기 위한 것이었음을 짐작할 수 있다.

　그 이듬해 봄 하정사(賀正使)로 갔던 형조판서 임정, 한성부윤 정역 등이 정윤후와 함께 돌아와 태종께 보고한 내용에 의하면, 황제가 정윤후의 딸을 총애하여 후궁으로 삼아 벼슬을 내려 주고, 또 금은보화를 하사했다. 이때 정씨의 아버지 정윤후가 황제로부터 받은 벼슬은 광록시소경(光祿寺少卿)이었다. 당시 전헌녀로 갔던 대다수의 아비·형제가 받은 벼슬이 광록시 관직이었다.

이 당시 벼슬과 함께 봉록도 아울러 받는 것이었으나, 귀국하는 길이 멀어 가져갈 수 없기 때문에 문서만 딸려 보내고, 실제로는 조선 국왕이 지급하도록 되어 있었다. 하정사로 갔던 임정이 황제로부터 받아 온 자문(咨文)에 의하면, 광록시 경(光祿寺卿)의 월봉은 26석, 소경은 16석으로 되어 있었다.

『성종실록』에서도 여사가 규문(閨門)의 일을 관장하고, 행사가 있을 때 왕비 의복과 기타 의식에 왕비를 시중드는 직책으로 나오기도 한다. 연산군 후반기에 가면, 젊고 예쁜 궁인이나 창기를 뽑아 궁궐로 대거 들여보내곤 하였는데, 이때 연산군이,

> 궁인(宮人)들이 문자를 알지 못하므로 비록 서책을 가져오도록 하여도 제목조차 알지 못하니 자못 뜻에 맞지 않는다. 듣건대 옛날에는 여사(女史)들이 있었다는데, 지금은 그렇게 할 수가 없다. 다만 궁중의 예의 범절은 글을 알아 의주(儀註)를 읽을 수 있는 자가 아니면 집례(執禮)를 할 수 없으니, 반드시 나이가 젊고 영리한 계집을 뽑아 들여 학습시켜야겠다.

라고 하는 것에서 알 수 있듯이, 여사가 폐지되고 없었음을 확인시켜 주고 있다. 성종 때까지 확인되던 여사가 연산군 때에는 없었다고 하니, 그 사이 언젠가 폐지된 것인지 모를 일이다.

연산군 폭정을 견디다 못한 박원종·유순정·성희안 등이 그를 몰아내고, 성종과 정현왕후 사이에 태어난 진성대군을 중종으로 옹립하였다. 박원종을 비롯한 3대신에 의해 보위에 오른 중종이기

에 그들에게 예우하기를 극진히 하여, 조회가 끝나고 물러갈 때면 일어났다가 3대신이 문을 나간 후에 자리에 앉았을 정도였다. 이러한 분위기이니 초기에는 공신들의 입김이 강한 것은 당연하여 모든 관직이 그들 손에 있었으나, 점차 신진 세력들이 대간 언론을 장악하면서 새롭게 등장하여 그들을 견제하고 있었다.

이들 중에는 김종직 학통을 이어받았던 한훤당 김굉필의 제자들이 많았는데, 조광조를 비롯하여 김안국, 기준 등 대부분이 당대의 쟁쟁한 성리학자들이었다. 중종 14년(1519) 4월 어느 날, 아침에 열리는 경연인 조강에서 동지사 김안국이 『속강목(續綱目)』을 강하고 있었다. 태후와 신종 사이에 오간 말이 상세하게 나오는 대목에 이르자 김안국이 중종에게 아뢰었다.

여기에 태후(太后)와 신종(神宗)이 말한 일을 매우 상세히 기록하였는데, 이는 규문 안의 말이라 사관으로서는 기록할 수 없는 것이니, 반드시 여사가 기록하였을 것입니다. 예로부터 여사는 규문 안에서 임금의 거동과 언행을 모두 다 기록하므로 나라 사람이 그 일을 알 수 있는 것이며, 사책(史策)에 기록하여 놓음으로써 뒷사람이 그것을 보고 선악을 아는 것입니다. 우리 나라의 경우 규문 안의 일을 자세히 알 수 없는 것은 여사가 없기 때문입니다. 그러니 규문 안에서의 일동일정(一動一靜)을 어떻게 자세히 기록할 수 있겠습니까? 신의 생각에는 고제에 따라 여사를 두어 그로 하여금 동정(動靜)과 언위(言爲)를 기록할 수 있게 하는 것이 가하다고 여겨집니다.

이 기회를 이용하여 김안국을 비롯한 사림세력들은 왕실의 안방에서 일어나는 일까지 상세하게 기록할 수 있는 제도를 정착시키고 싶었던 것이다. 옆에서 잠자코 듣고 있던 사헌장령 기준도 여사를 설치해야 한다는 김안국의 말이 옳다며 거들었다.

그러나 중종은 "옛날에는 여자들이 모두 글을 지을 줄 알았으므로 올바른 여사를 얻어서 궁궐 안의 규문 일을 빠짐없이 상세하게 기록할 수 있었으나, 지금은 글에 능한 여자가 적어 제대로 기

기천서원(여주 이포리)
ⓒ 국가유산포털

대제학을 역임한 김안국은 기천서원과 이천 설봉서원 및 의성 빙계서원 등에 제향되었다. 시호는 문경(文敬)이다.

록할 수 있는 사람을 얻기가 어려울 것이다."라며, 냉담한 반응을 보였다. 왕실 안방에서 벌어지는 사소한 일까지 기록하겠다니, 중종으로서는 당연한 반응일 수밖에 없었다.

그러나 이 정도로 물러설 김안국이 아니었다. 여사라고 해서 반드시 글에 능해야만 될 수 있는 것은 아니지 않는가. 문자를 조금이라도 해득할 수 있다면 규문의 일을 보는 대로 기록하여, 후왕(後王)과 후현(後賢)으로 하여금 선왕은 규문 안 혼자 있는 곳에서도 잘못하는 바가 없었다는 것을 알게 할 것이고, 이렇게 하면 권징(勸懲)되는 바가 되어 후세에도 크게 본받을 수 있다는 생각이었다.

또한 밖에서는 좌우에 시종·사관이 갖추어 있으면서 안에는 여사가 없다면, 치도(治道)의 커다란 흠이라고까지 생각되었다. 이러한 생각들을 조목조목 중종에게 고하고 있었으나, 반응은 여전히 냉담하였다.

이에 시강관 이청은 글자를 모르면 언문으로 기록해도 무방하다는 안을 내 놓기도 했다. 그러나 이러한 절충안조차도 중종은 단호하게 거절하고 있었다. 여사의 직임은 선한 일과 악한 일을 기록하는 것이니, 반드시 마음이 올바른 여자를 얻는 뒤에라야 가하다. 뿐만 아니라 사관도 모름지기 정직한 사람을 가려야 한다. 사필을 잡는 것은 사람마다 할 수 있는 것이 아니다라는 것이 중종의 주장이었다. 여사 설치에 대한 중종의 반대의견은 거의 필사적이었다.

당시 사림들의 여사제도에 관한 생각은 단지 규중 안에서의 임금의 일상생활을 기록하는 것뿐이었다. 따라서 공의(公議)를 유지하고, 포폄을 명백하게 하여 만세에 보이는 것이 직무인 사관의 수준까지는 아니었다.

이러한 생각들을 중종에게 진달해도 전혀 소용이 없었다. 이 날 경연에서 중종과 김안국을 비롯한 사림세력들이 한판 설전을 벌였지만, 결론을 보지 못한 채 끝을 맺고 말았다.

위의 경연석상에서 논의된 여사에 관한 사항들이 중종의 일축으로 재 논의되지는 못하였다. 여사 설치에 적극적이던 김안국·이청·기준은 김굉필의 제자인 동시에 당시 사림을 대표하던 자들이었다.

조광조를 필두로 중종의 후광을 업고 세력을 확장할 수 있었던 사림세력들을 기호사림파라 부른다. 초기의 영남사림들이 연산군 때에 화를 입었다 할지라도 사림의 활동 영역은 계속 확장되어 기호지역까지 넓혀졌다.

이들 사림세력들이 여사 설치에 열을 올린 이유는 무엇일까?

이들은 요순시대를 이상으로 꿈꾸는 도학정치의 기치를 내걸면서 개혁을 부르짖고 있었다. 따라서 『주례』에 있던 여사제도 또한 그들에게는 매력으로 작용하지 않을 수 없었다고 추정된다.

왕실의 안방에 해당하는 부분의 자세한 기록도 반드시 남겨 후세에 전해야 한다는 것은 대의명분적 필법을 구사해야 한다는 원리와 맥을 같이 한다. 따라서 성리학이 무르익던 당시 사림들이 여사 설치를 주장하는 것은 당연한 것이었다.

이는 어떻게 보면, 종전에 왕비 옷고름이나 잡아주던 시녀나 다름없던 여사의 활동에서 벗어나, 궁중의 안방에서 일어난 일을 사초에 체계적으로 기록해야 한다는 주장인 듯이 보이기도 한다.

그러니 중종의 입장에서는 군주의 밤일까지 간섭하려는 처사로 들릴 수밖에 없는 것이 아닌가. 그래 가지고서야 어떻게 왕비나 후궁들과 따뜻한 정담 한 마디 나눌 수가 있겠는가 말이다. 반대하고 나서는 것은 당연한 일이었다.

또 하나 이 대목에서 눈여겨봐야 할 것은, 여사 설치에 대한 논의가 기묘사화가 일어나기 몇 달 전의 일이라는 사실이다. 조광조를 비롯한 사림세력들이 요구하던 너무 급진적이고 과도한 개혁에서 벗어나고 싶을 수도 있었다. 조씨가 왕이 된다[走肖爲王]는 모함으로 사림들이 무참히 살육되었던 기묘사화가 일어난 원인은 여러 가지가 있지만, 이 또한 하나의 원인으로 작용하지 않았다고 볼 수도 없는 일이니, 슬픈 일이다.

그 후 선조 때에 가면 여사가 있었다는 기록이 다시 보인

인헌왕후의 자수
ⓒ 국립중앙박물관

인조가 반정 후 그 어머니 구씨를 추존하여 왕후가 되었다.

다. 선조가 지독한 감기 몸살로 누워 있을 때 대신들이 병문안을 자주 왔다 갔다 하던 사실에 대해, 수정실록을 편찬할 당시 사관들은 다음과 같이 적고 있다.

> 오늘에 와서는 군신이 서로 소원하고 막힌 폐단이 날
> 이 갈수록 심해져서 비록 환관이라 하더라도 수시로
> 입시하지 못하며, 임금은 깊은 궁중에 있으면서 오
> 직 여사가 문서를 전달할 따름이다.

여기에서 우리는 선조 때에도 여사가 있었다는 사실을 알 수가 있겠다. 그 후 인조 생모인 계운궁 인헌왕후 묘지명에서도 선조대왕이 여사(女史)에게 명하여 계운궁 구씨에게 『소학(小學)』 등 여러 서적을 가르치게 했다는 것이 실려 있고, 조선 후기 비빈(妃嬪)들이 죽고 난 후의 묘지명이나 책문에는 예외 없이 왕비의 평소 어질고 아름다운 모습을 여사가 어찌 다 기록하였을까라는 문구가 관례처럼 따라 나온다. 이로 미루어 볼 때, 조선 후기 왕비나 빈들이 거처하는 규문 안에는 반드시 여사가 있어 시종도 하고 필요한 경우 기록도 하였다는 것을 알 수가 있다.

동사彤史

옛날 여사가 궁중안의 정령(政令)과 후비 일을 기록할 때 쓰

던 붓을 동관(彤管)이라 했는데, 『후한서』 광무 곽 황후기(光武郭皇
后紀)에 "여사가 동관으로 공을 기록하고 허물을 쓴다."고 하였고,
그 주에 이르기를 동관은 붓대가 붉은 붓이라 설명하고 있다. 그리
하여 중국에서는 여사가 남긴 역사를 동사(彤史)라 칭했다.

2

사관, 그는 누구이며,
어떻게 뽑을까?

세종 3년(1421) 늦가을 어느 날 임금과 신하들이 태평관에 모여 거나하게 마시는 연회가 열렸다. 태평관이란 명나라 사신을 접대하던 곳이고, 숭례문 안쪽 황화방(皇華坊)에 두었다 했으니, 오늘날 서울의 태평로에 자리 잡은 외국인 전용 호텔인 셈이다.

중국 사신이 오면 벽제관에 영접사를 파견하여 궁궐로 안내하게 하고, 그 후 태평관에 머물게 하였다가 이튿날 임금이 직접 행차하여 연회를 베푸는 것이 관례였다.

대궐 안은 물론 임금 행차하는 곳에는 으레 사관들이 따르기 마련이라, 사관 이승문(李承門)도 당연히 임금을 수행하게 되었다. 연회가 무르익어 갈 때쯤, 이승문이 태평관 계단 밑에 섰는데,

술에 취한 사금(司禁) 김심(金深)이 막대기를 휘두르며 이승문을 몰아냈다.

　　사금이란 벼슬이 임금을 호위하는 대통령 경호실 직원쯤 되고 보니, 자기 직분을 충실히 수행하기 위한 것이었으리라. 그러자 사관을 어찌 몰아내느냐고 이승문이 따졌다. 술에 취한 김심은, "사관이 도대체 무엇 하는 놈이냐." 소리치면서 힘껏 내려치니 막대가 부러져 버렸다. 또 내리칠 기세였으나 좌우에서 말리는 통에 난장판은 겨우 수습되었다.

　　이승문은 사관 벼슬을 내놓았다. 감춘추관사 이원과 지춘추관사 유관 등이 나서서 사헌부에 공문을 보냈다. 김심의 죄를 엄히 다스려야 한다는 독촉이었다. 마땅히 죄를 물어야 할 영관사(領館事) 박은이 병을 핑계로 집에 머물며 차일피일 미뤘다. 사관이 되어 보지 못한 시샘이자 일종의 한풀이였다.

　　이승문이 직접 사헌부에 고발하자 김심은 파면되었고, 승문에게 다시 출사하라는 임금 명이 있었다. 정승들도 이처럼 사관을 지낸 경력이 없음을 한탄하고 시샘했을 정도니, 조선조 한림(翰林 : 사관 별칭) 벼슬이 얼마나 명예로운 자리인지 짐작되고도 남는다.

한림팔원과 52명의 겸춘추들

조선 시대 사관이라면, 예문관 소속 봉교(정7품)·대교(정8

한원(翰苑) 편액
ⓒ 국립중앙박물관

창덕궁 예문관에 걸렸던 편액
이다.

품)·검열(정9품) 벼슬 8명을 말한다. 이들이 소위 말하는 한림팔원
(翰林八員)들인데, 2명씩 짝을 지어 임금 곁에서 교대로 근무하면서
사초 작성의 일을 맡는다. 예문관을 한림원 혹은 한원(翰苑)이란 부
른 것은 한림들의 근무처였기 때문이다.

　　예문관 역사는 통일신라까지 거슬러 올라갈 수 있다. 통일
신라에서도 한림(翰林)이라 불렀다고 하니, 오래된 전통이라 할 것
이다. 이와는 별도로 역사를 관장하는 원봉성(元鳳省)을 두었는데,
궁예가 태봉국을 건설할 때 모방했던 것을 태조 왕건이 이어받았다
한다.

　　그 후 이는 학사원(學士院)·한림원(翰林院)·문한서(文翰署)·
사림원(詞林院) 등으로 변하는 과정을 거쳐 고려 말에 예문춘추관
이 되었고, 태조 이성계가 이를 계승했다.

　　『경국대전』에 의하면, 예문관은 군왕의 사명(辭命)을 제찬
(制撰)하는 기관이라 규정했다. 조선 시대 국가체제 운영에 필요한
모든 법이 망라된 것인데, 성종 때 완성되었다. 이런 법 규정에 따라
국가가 운영되었기에 고려 시대보다 진일보 한 국가체제를 운영할
수 있었다.

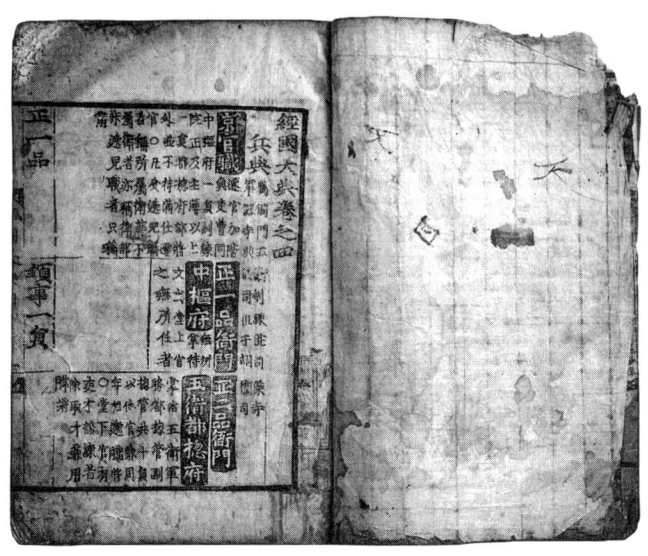

경국대전
ⓒ 국립민속박물관

조선 초기 여러 법령을 묶어 만든 통일 법전으로, 세조 때부터 편찬
되기 시작하여 성종 때 완성되었다.

예문관이 어떤 직무를 가진 기관이고, 소속된 관직은 어떤
종류가 있었는지에 대한 문제도 당연히 여기 규정에 따르게 되어
있다. 즉 조선이 건국된 후 부단한 노력으로 제도가 서서히 완비되
어 갔고, 이것이 『경국대전』에 등재됨으로서 완결된 의미를 갖는다.

품계	정1품	정2품	종2품	정3품	정4품	정7품	정8품	정9품
관직	영사	대제학	제학	직제학	응교	봉교	대교	검열
정원	1	1	1	1	1	2	2	4
비고	겸직	겸직	겸직	겸직	겸직			

예문관
(창덕궁 궐내각사 구
역 내)
ⓒ 박홍갑

　예문관의 관원들을 『경국대전』 규정에 의해 살펴보면 위의
표와 같다. 대체로 영사는 영의정이 겸하는 것이 관례이고, 직제학
은 도승지가 겸하며, 응교는 홍문관 교리 이상의 직책을 가진 자가
겸하는 것이 관례이다. 따라서 전임 사관들은 7품 이하의 봉교·대
교·검열의 관직을 가진 8명이었고, 이들이 보통 한림(翰林)이라 불
리던 자들이다.

　이들 한림은 과거 급제자 중에서 우수한 자를 선발하니, 젊
은 패기가 넘치는 자들이었다. 그래야만 때 묻지 않은 곧은 절개를
지키며, 과감하게 직필을 할 수 있기 때문이다.

경기체가의 원조로 알려진 「한림별곡」은 국문학사에서도 높이 평가하는 바이다. 고려 시대 한림들이 그들의 풍류를 위해 부르던 노래이기는 하나, 그들의 선망과 이상향도 들어 있어 사관들의 높은 의식수준을 엿볼 수 있다.

예문 응교는 겸직으로 충당했지만, 이 자리는 당대 최고 학자가 임명되는 홍문관 대제학에 오르는 코스이다. 조선 조에 김귀영(金貴榮)·노수신(盧守愼)·강사필(姜士弼)·이산해(李山海)·신응시(辛應時)·유성룡(柳成龍)·허봉(許篈)이 자리 나는 대로 예문 응교에 올랐다가, 허봉 이후엔 결원이 생겨도 적임자가 없어 보임하지 않았다. 예문 응교 자리 선임을 그만큼 중하게 여긴 탓이다.

고려의 예문춘추관 제도가 조선에 답습되어, 태조 당시의 예문춘추관 직제는 고려와 동일하게 5품 이상은 겸직으로 채웠고 정7품의 공봉(供奉) 2명, 정8품의 수찬(修撰) 2명, 정9품의 직관(直館) 4명 등 모두 여덟 명의 전임 사관을 두었다. 이후 관직 명칭 변경은 있었지만, 기본 틀 거리는 유지되고 있었다.

태조 4년(1395)에 공봉 이하 겸직 사관 8명을 더 둔 것으로 미루어, 전임 사관 8명만으로는 업무가 과중하였던 모양이다. 태종이 즉위하면서 승지에게 사관을 겸하게 했고, 이어 관제 개혁을 단행하면서 예문관과 춘추관을 분리하여 각각 독립시켰다. 이때 예문관 직제는 대제학(1), 제학(1), 직제학(1), 직관(2), 봉교(2), 대교(2), 검열(4) 등 총 14명을 두었는데, 봉교 이하 전임 사관으로 하여금 춘추관 기사관을 겸하도록 하였다.

예문관 직제는 그 후 성종 초에도 한차례 개편되었다가 『경국대전』 규정으로 완성 보게 되었다. 이렇게 완성된 제도는 다른 제

태백산사고 실록각 현판
ⓒ 국립고궁박물관

도가 대개 그러하듯 조선 후기까지 큰 변화 없이 이어지게 되었다.

이에 비해 춘추관 관원들은 모두 겸직으로 운영되는 특징을 가진다. 평시에는 각 관청마다 업무일지를 빠짐없이 기록을 하다가, 임금이 승하하고 실록 편찬을 위한 실록청이 가동되면 본격적으로 해야 할 일들이 생기게 된다.

따라서 춘추관 기사관이나 기주관 등의 관직을 받았다 할지라도 원 소속 관청에서 고유의 업무를 수행하다가 실록청이 구성될 때 구체적 업무가 주어지는 셈이다. 물론 이들이 사관 직책을 겸했기에 겸직 사관인 셈이며, 그리하여 겸춘추라 불렸다. 춘추관 직제를 『경국대전』에 의해 도표로 작성해 보면 다음과 같다.

직책	품계	인원	겸춘추
영사 (領事)	정1품	1	영의정
감사 (監事)	정1품	2	좌의정, 우의정
지사 (知事)	정2품	2	6조 판서 중 2
동지사 (同知事)	종2품	2	6조 참판 중 2
수찬관 (修撰官)	정3품	7	6승지, 부제학
편수관 (編修官)	정3-종4	10	의정부(사인2), 홍문관(직제학1, 전한1, 응교1, 부응교1), 사헌부(집의1, 장령2), 사간원(사간1)

직책	품계	인원	겸춘추
기주관 (記注官)	정5-종5	13	의정부(검상1), 홍문관(교리2, 부교리2), 사헌부(지평2), 6조좌랑(6)
기사관 (記事官)	정6-종9	15	홍문관(수찬2, 부수찬2, 박사1, 저작1, 정자2), 시강원(사서1, 설서1), 사간원(정언1), 승정원(주서2), 종부시(주부1), 승문원(박사1)
계			52 명

영의정은 당연직으로 영춘추관사를 겸하고, 좌·우의정 또한 감춘추관사를 겸한다. 판서 중에서 두 사람이 지춘추관사를 겸하고, 참판 중에서 두 사람이 동지춘추관사를 겸한다. 수찬관 이상은 조정의 쟁쟁한 당상관들이다. 편수관 이하 기주관이나 기사관들

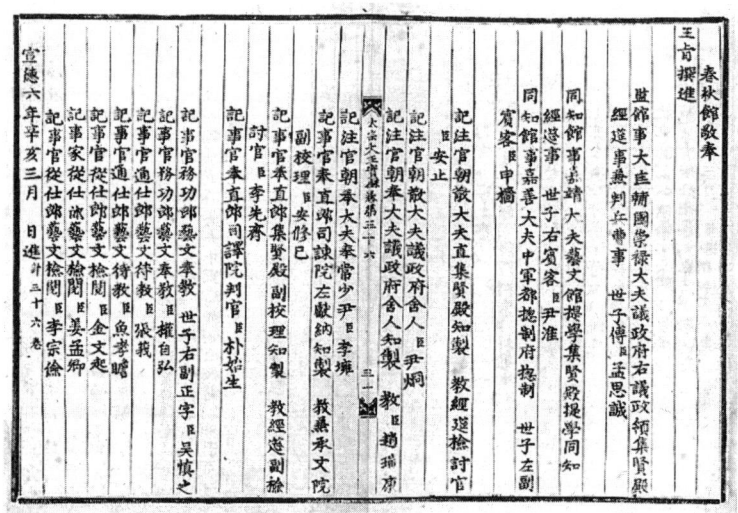

『태종실록』 찬수자 명단
ⓒ 국사편찬위원회

겸사관인 기주관 기사관 등 실록 편찬에 참여한 직책과 이름이 나열되어 있다.

이 실록에 담을 초벌 원고에 해당하는 초초(初草) 작성 담당자들이다.

　기사관은 위 표에서 보이는 겸춘추 15명 외에 예문관 한림들도 소속되어 있어서, 총 23명으로 구성된다. 따라서 조선 시대 사관은 한림 8명과 겸사관 52명 등 모두 60명 정도가 활약하고 있는 셈이다.

　광해군 12년(1620) 문과 급제로 한림 벼슬과 춘추관 관직을 겸했던 신계영의 이력을 살펴보면, 한림이나 겸춘추를 이해하는 데 큰 도움이 된다. 급제 후 바로 권지승문원부정자가 되어 참상관인 정7품 승정원 주서까지 승진했는데, 다시 정9품의 예문관 검열로 간 다소 특이한 경우이다. 직책이 바뀔 때마다 발급된 교지를 토대로 춘추관 겸직 상황을 정리해 보면 다음과 같다.

신계영 관직 이력과 춘추관 겸직 상황

일시	관 직	품	겸춘추
1620. 2	권지승문원 부정자	종9품	
1621. 10	승문원 부정자	정9품	
1622. 3	승정원 주서	정7품	춘추관 기사관
1623. 3	예문관 檢閱	정9품	춘추관 기사관
1623. 4	예문관 待敎	정8품	춘추관 기사관
1623. 6	예문관 奉敎	정7품	춘추관 기사관
1623. 6	성균관 전적	정6품	
1623. 10	병조 좌랑	정6품	
1625. 5	사헌부 지평	정5품	춘추관 기주관
1625. 9	〃	〃	춘추관 편수관
1631. 10	홍문관 부수찬	종6품	춘추관 기사관
1633. 4	홍문관 부교리	종5품	춘추관 기주관

일 시	관 직	품	겸춘추
1634. 5	승정원 동부승지	정3품	춘추관 수찬관
1637. 8	승정원 좌부승지	〃	〃

위의 표에서 보는 바와 같이, 전임 사관인 한림 벼슬을 그만 둔 후에도 겸 사관 직책을 끊임없는 수행했음이 잘 나타난다. 조선 시대 52명에 달하는 겸춘추는 당시 중요 관청에서 요직으로 일했던 대부분의 관료들을 망라했기 때문이다. 2품직의 동지사 이상은 당대 최고의 당상관들이었고, 실록청이 구성되면 편찬 업무를 지휘하는 감독관 역할을 했다.

겸춘추가 중앙 정부에 집중되어 있다는 문제점은 있다. 이를 해결하기 위해 지방 막료들에게 춘추관을 예겸하도록 하고, 수령 중에서 학문이 넉넉한 자는 또한 춘추관을 겸임토록 하자는 안을 제출한 이가 연산군 시절의 김일손이었다. 하지만, 이 제도가 널리 시행되지는 못했다. 지방관이 중앙으로 보고하는 문서로 대치되어 나랏일의 편수업무를 보조했을 뿐이다. 일제 침략으로 조선의 제도가 폐지됨에 따라 춘추관도 없어져 버렸다.

삼장三長 갖춘 지조 있는 선비를 찾아라

삼장(三長)을 갖춘 지조 있는 선비를 찾아라. 그를 사관에 임명하리라.

역사 앞에 부끄럼 없는 현군이 아니라 성군 정도가 되어야 자신 있게 내뱉을 수 있는 말이지만, 대다수 군주는 그렇지 못할 것이다.

사관의 붓자루는 엄정하고도 객관적이어야 한다. 추호도 개인적인 감정을 개입시켜 남을 폄하하거나 사건을 호도하고 왜곡해서는 안 된다. 권세와 세도가 논리에 맞춰 곡학아세하는 자세는 더더욱 안 된다. 곡필을 배척하고 직필을 생명처럼 여기는 역사의식을 가진 자만이 사관의 업무를 수행해야 하기 때문이다.

따라서 예로부터 역사의 붓 자루를 잡은 사관 자질론이 심심찮게 거론되고 있었다. 중국 당나라 유지기가 사관 구비조건으로 재(才)·학(學)·식(識)의 삼장을 꼽았고, 그 이래 사관을 뽑을 때마다 가장 먼저 거론되던 조건이 삼장이었다.

유지기가 사관의 구비조건으로 삼장 만 제창했을 뿐 이에 대한 구체적 설명이 없다가, 청나라 말기의 대학자 양계초가 삼장에다 덕을 추가하여 사장으로 설명하였다. 그는 자기보다 먼저 살다 간 장학성이 삼장 외에 덕을 추가시켜 재·학·식·덕의 순서로 배정했던 것을 사덕(史德)·사학(史學)·사식(史識)·사재(史才) 순으로 바꾸어 설명했다.

덕이 첫째 조건이어야 한다는 것인데, 덧붙여진 설명에 의하면 재는 역사를 서술하는 문장력, 학은 역사를 연구하는 방법론, 식은 역사를 통찰하는 관찰력, 다시 말하면 사관(史觀)을 말하며, 여기에다 추가된 덕은 저작자의 심술(心術)을 일컫는 것이라 하였다. 심술이 공정해야만 저술한 역사가 예사(穢史)·방서(謗書)라는 세인의 비평을 면할 수 있음을 역설하고 있다. 예사란 더러운 역사, 즉

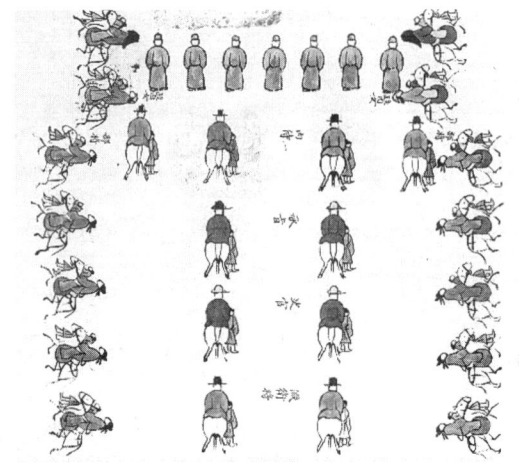

조선 후기 의궤 속의
사관 모습
ⓒ 규장각한국학연구원

권세에 아첨하여 사실(史實)을 왜곡한 역사를 말하고, 방서는 남을
비방할 목적으로 편찬된 사서를 가리키는 말이다.

그런데 여기에서 재미있는 것은 폭군 연산군도 사관이 가
져야 할 덕목으로 심술을 먼저 꼽았다는 사실이다. 그의 폭정이 극
도에 달할 무렵이자 폐위되기 1년 전에,

> 사관의 직임이 중하니, 그 재예(才藝)만을 취할 것이
> 아니라, 심술(心術)이 순정(純正)한 사람을 가려라.
> 전일 변변치 못한 신진의 무리가 쓰지 않아야 할 일
> 을 함부로 적었으니, 이것이 어찌 국가가 사관을 둔
> 뜻이랴! 『춘추전』에 이르기를 '어버이를 위해서는
> 숨긴다.' 하였으니, 군부가 과실이 있더라도 오히려
> 숨겨야 하거늘, 하물며 없는 일을 쓸까보냐! 전일 김
> 일손이 쓴 것이 드러나지 않았더라면 어떻게 알 수

있었으랴. 이제부터는 시정기를 5년에 한 번 수찬하
되, 쓰지 않아야 할 일이 있거든 죄로 다스려라.

라고 했던 것이 바로 그것이다.

사관의 직필이 두려워, 이를 어떻게든 막아 보려고 고심하
면서 내린 전교가 아니던가? 어버이의 죄가 있으면 숨겨주는 것이
도리라는 춘추전의 고사까지 들먹이면서 자신의 폭정 감추기에 여
념이 없었다.

양계초는 역사가가 경계해야 할 3가지 조건도 아울러 내세
우고 있다. 과대(誇大)·부회(附會 : 견강부회)·무단(武斷 : 주관적으
로, 또 마음대로 추측하고 단정하는 것)이 그것이다. 이러한 것들이
개입된다면 아첨하고 왜곡하고 또 비방하는 예사와 방서나 다름없
기 때문이다.

따라서 사가는 큰 것을 크다 하고, 작은 것을 작다 해야 하
며, 권세에 빌붙어 아부하지 말고, 또 주관적으로 마음대로 추측하
고 단정하는 것을 반드시 경계해야 한다.

이렇듯 과거의 사실(史實)에 대해 한 치도 치우치지 않아야
하고, 선악의 포폄에 엄정하고도 공정해야 하는, 사관으로 갖춰야
할 자질 중에서 가장 앞세워야 할 것이 사덕임을 언급했다. 조선의
사관 선발 역시 삼장에 의존한 것이 아니라 연산조 때 이미 심술을
내세웠으니, 얼마나 다행한 일인가.

태종도 사관을 선발할 적에 스스로 바르고서야 선·악을 구
별할 수 있다 하여 신중을 기했으니, 이 또한 양계초가 첫째 조건으
로 내세운 심술, 즉 사덕(史德)이었다.

사관은 선하고 악한 것과 사악하고 바른 것을 엄정하게 기록하여 후세에 남기는 자이니, 그 임무가 크고도 무겁다. 그러니 사관이 될 수 있는 자격이 얼마나 까다롭겠으며, 임용 절차 또한 얼마나 엄격하겠는가. 태종 17년(1417)에 만들어졌던 임용조건은 다음과 같다.

- 예문관과 춘추관 당상관들이 전·현직 문관 출신으로 참외(7품 이하) 내에서 직품이 합당한 자를 모아 경사에 막힘이 없고 제술에 능한 자를 시험으로 뽑을 것.
- 친족, 처가, 외가에 모두 흠이 없는 자를 뽑을 것.
- 한 자리에 세 사람을 추천하여 이조에 서류를 보내면, 이를 계문(啓聞)하여 제수할 것.

이렇게 마련된 사관 취재의 큰 골격은 조금씩 수정되어 조선의 사관 선발 제도로 정착해 갔다.

적임자를 찾으면 향을 피우고

양반 관료 사회 벼슬 중에 한림만한 게 없다. 당대 최고의 청요직에다 삼공육경으로 가는 지름길이었기 때문이다. 문과에 합격하게 되면 삼관(三館 ; 성균관·승문원·교서관)으로 분관(分館)되어 수련 과정을 거치게 되는데, 이들이 바로 한림 후보군이다. 한림 결원이 생길 때마다 1차 신원조회 대상이 된다는 이야기다. 『성종실록』에서 언급한 한 장면을 보기로 하자.

> 사관(史官) 결원이 생기면, 예문관 봉교 이하의 관원
> 이 삼관(三館) 소속 관원들 사조(四祖 ; 부 조 증조 외
> 조) 명단을 갖고 와 가문 내력을 조사하고 그 인품까
> 지 살펴 천거하고, 춘추관 관원까지 모두 의정부에
> 모여서 그 가부를 의논하고서, 그 가(可)한 사람 대
> 상으로 그 재주를 시험한 후에 뽑게 된다.

서애 류성룡이나 백사 이항복 같은 명재상들도 이런 과정을 거쳤음은 물론이다. 류성룡은 스물두 살에 생원·진사시에 오른 2년 후 별시 문과에 급제하여 권지승문원부정자(종9품)를 제수 받음으로써 관계에 첫발을 내디뎠다. 문과 합격 즉시 승문원에 분관되었음을 보여준다. 그러다가 예문관 한림으로 자리를 옮겼다. 정9품의 예문관 검열이자 춘추관기사관이 된 것이다. 이곳에서 봉교(정8품)와 대교(정7품)로 승진되는 동안 전임 사관으로서의 직무를 다했고, 6품인 참상관으로 승진하면서 성균관 전적이 되었다. 이항복 역시 스물다섯에 급제하여 권지승문원부정자가 되었고, 이듬해 예문관 검열(정9품)이 되었다가 서른에 예문관 봉교(정8품)로 승진했고, 그 해에 참상관인 정6품 이조좌랑으로 자리를 옮겼다.

조선조 사관 선발은 자기 후임자를 스스로 추천하여 뽑은 독특한 인사 방식인데, 이를 사관 자천제(自薦制)라 부르며, 크게 3

단계로 진행된다.

첫째, 사관 후보자 추천단계이다.

지난번 제일 끝으로 추천된 사관을 하번(下番)이라 하는데, 그 하번이 제일 중요하다. 하번이 추천권을 쥐고 있기 때문이다. 물론 상번들과 합의를 거쳐야 한다. 이렇게 추천할 자의 명단과 순서가 정해지면, 전직 사관들에게 보내 동의 절차를 거쳐야 하는데, 이를 회천(回薦)이라 불렀다. 회천의 실패를 패천(敗薦)이라 불렀다.

사초로 인한 무오사화로 죽음을 당했던 김일손이 하번으로 있을 때 적임자를 찾지 못해 김굉필이 나타날 때까지 5년간이나 자리를 비워두었다. 사관 적임자 찾기가 얼마나 어려운가를 단적으로 보여준다.

둘째, 추천된 자들에게 하자가 없다는 판정이 내려지면, 바로 향을 피워 경건한 의식을 치르는 단계이다.

봉교 이하 사관들은 예복인 흑단령(黑團領)을 갖춰 입고 추천된 사람의 이력서를 상 위에 놓는다. 그런 다음 차례로 네 번 절한 후 꿇어앉으면, 옆에서 관직이 낮은 자가 축문을 읽는다.

청동향로
ⓒ 국립중앙박물관

목을 내놓을지언정 붓을 꺾진 않으리

흑단령
ⓒ 국립민속박물관

유세차 모년 모월 모일 모모가 황천(皇天)후사(後士)
의 신께 감히 아뢰옵나이다. 사필(史筆)을 잡은 임무
는 국가에서 가장 높고 무거운 것이니, 추천된 자가
적임이 아니면 반드시 앙화(殃禍)가 따를 것입니다.

우리가 흔히 1년에 몇 번씩 지내는 제사 때 읽는 축문과 형
식은 같다. 그러나 그 내용은 추천이 잘못되었을 때 어떤 벌도 달게
받겠다는 것이니, 얼마나 엄숙하면서도 섬뜩한 이야기인가. 그만큼
한림의 임무가 막중하기 때문이리라.

셋째, 추천이 끝나면 능력을 시험하는 단계이니, 이를 사관
취재(取才) 혹은 한림 취재라 부른다. 다른 취재와는 달리 의정부에
서 주관하는 것이 특징이다. 영의정을 비롯한 3정승과 찬성·참찬
등 의정 대신들은 물론 춘추관과 예문관 당상과 이조 당상들까지
시험관으로 도열하여 앉는다. 당대의 최고 원로이자 기라성 같은

학자들이다.

사전에 시험일자와 장소를 칙서로 통보하게 된다. 이 자리에서 후보자 한 사람씩 호명되면 『강목(綱目)』『좌전(左傳)』『송감(宋鑑)』 중에 하나로 테스트가 시작되고, 성적이 매겨진다. 『광해군일기』에서 '새로 천거된 사람을 취재하는 것도 사관이 책을 잡아 주관하는 것이니, 조종 조 이래 2백 년 동안 행하여 온 오래된 법규입니다.'라고 한 바와 같이, 어느 책이 걸릴지 모르는 랜덤 식 테스트였다. 취재 성적은 통(通)·략(略)·조(粗)로 구분되는 데, 하 등급 조를 받으면 임용되기는 불가능하다. 이런 절차로 결정된 순위는 입안(立案)으로 시험관 하위직에서 상위직 순으로 날인하게 되고, 선발 절차가 막을 내린다.

문장가로 이름난 허봉은 선조 5년(1572) 3월에 급제하여

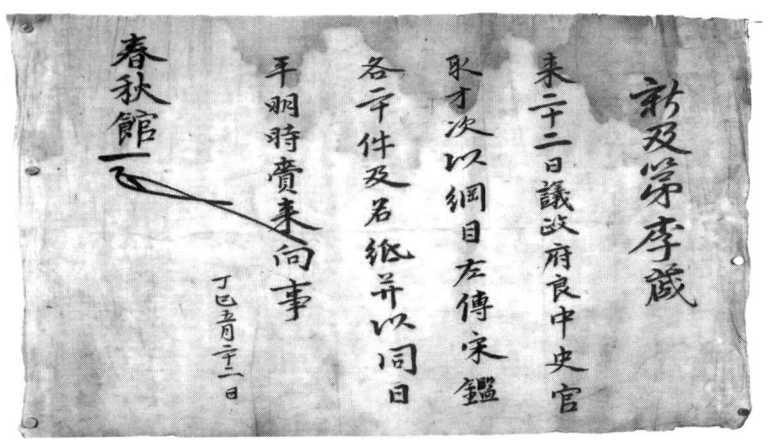

신급제 이점에게 사관 취재에 응하라 통보한 문서(1617)
ⓒ 한국국학진흥원

승문원 부정자가 되었다가, 그 해 10월 최운보·조화·홍인헌 등과
함께 한림 후보로 추천되었다. 취재에 응한 허봉은 『좌전』을 강하
여 약(略)을, 조화과 홍인헌은 조(粗)를 받았으니 당연히 허봉이 낙
점되어 검열에 제수되었다.

한림을 선발하는 과정에 대해서는 안동 영천이씨 한림공파
종가에 내려오던 고문서 한 장에 잘 나타난다. 주인공 이점(李蒧)이
문과 알성시에 급제한 것이 광해군 8년(1616) 8월 10일이었고, 그
로부터 약 9개월 후인 이듬해 5월 22일에 사관 후보자로 올랐다는
춘추관 발신의 문서를 받았다. 즉, 의정부에서 주관하는 사관 취재
(取才) 날짜가 다음달 22일로 잡혔으니, 시험과목이었던 『강목』『좌
전』『송감』 서책들은 물론 취재 답안용 시험지를 당일 새벽에 가지
고 오라는 내용이었다. 이런 절차에 따라 사관 취재에 응했던 이점

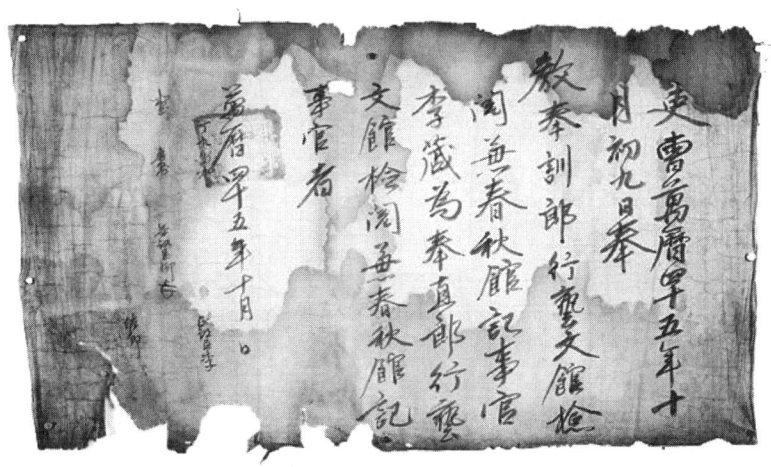

이점의 예문관검열겸춘추관기사관 임명 교지(1617)
ⓒ 한국국학진흥원

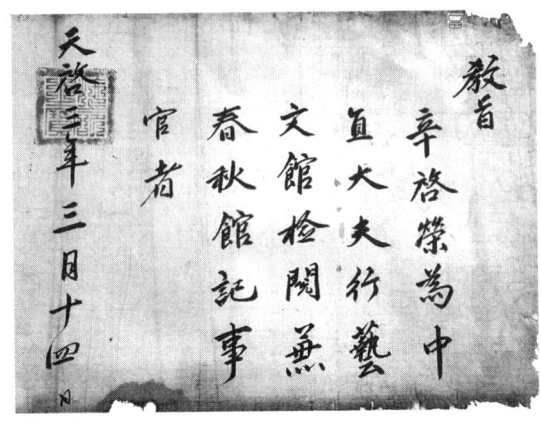

신계영의 예문관 검열
제수 교지
ⓒ 영산신씨 신계영종가

은 무난히 통과했고, 예문관 검열 겸 춘추관기사관으로 임명되었던 것이 그 해 10월이었다.

대개의 경우 차차천전(次次遷轉)이라 하여, 궐원 상황에 따라 높은 품계의 관직으로 이동해 가는 것이 일반적이지만, 한림의 경우엔 상식을 뛰어 넘기 일쑤다. 한림 결원이 생겼던 광해군 말기에 후보로 올라 간 세 사람이 신계영·유흠·정성이었는데, 신계영은 『좌전』을 강하여 통을 받았고, 유흠과 정성은 『강목』과 『송감』에서 조를 받았다. 당연히 예문관 검열로 제수된 사람이 신계영이었는데, 그는 당시 승정원 주서(정7품)였지만, 한림으로 갈 때는 으레 종9품 검열로 시작했음을 보여주고 있다.

사관 취재 통보를 받고도 응하지 않는 경우도 있는데, 춘추관 고위직과 인척이거나 상피로 얽힌 경우, 물의로 혐의를 받았던 인물들이 스스로 피하는 경우도 있기 때문이다. 그런데다 당쟁이 격화되는 정국 속에 사관 자천제 운영은 갈수록 어려워졌다.

노론 소론의 균형을 맞추기 위해 각각 1사람씩 추천했던 호대(互對) 방식이 동원되다가, 패천을 방지하기 위해 동원된 것이 권점(圈點)제도였다. 과거 합격자 명단에서 추린 1차 후보자들을 놓고 복수의 추천자들이 점을 찍는 것이 권점인데, 여기에서 합격점 이상 받은 후보자를 사관으로 선발하는 방식이었다. 그러하니, 추천자가 몽땅 책임을 지겠다는 축문을 읽고 향을 피우던 예문관 고풍은 사라지고 말았다. 영조 17년(1741)의 일이었다.

권점을 찍어, 그 대상자를 시험 보여 선발하는 것을 사관 소시(召試)라 불렀다. 하지만, 당쟁 속에서의 힘겨루기는 가라앉지 않았다. 영조 17년 11월 27일에 벌어진 사건 속으로 들어가 보자.

> 영조 임금이 사관으로 피선된 자들을 소시(召試)하여 조재민·서지수·조재덕·조명정·민백창·조유규 등 6인을 뽑았다. 조재민 등이 처음에 응명(膺命)하지 않자, 임금이 진노하여 엄한 교지를 내려 재촉해 불렀다. 이에 분부 받고 궐문 밖에 이르렀으나 또 들어가기를 꺼려하였으므로, 판중추 서명균을 파직시키고 형조 판서 민응수를 체직(遞職)시킬 것을 명하니, 그 자식을 가르치지 못한 까닭이었다. 서지수는 서명규 아들이고, 민백창은 민응수의 아들인데, 두 사람이 이미 궐에 당도하자, 그 분부를 중지시켰다. 이의중·신위·조중회는 끝내 시험에 응하지 않으니, 임금이 그 부형을 가두라 명했다가 얼마 후 그 명을 중지시켰다.

채제공 초상(문신초상화첩)
ⓒ국립중앙박물관

　　한림 선발의 어수선한 정국은 한동안 이어졌고, 영조가 갑
자기 한림권점을 들여오라 명했다. 명단을 훑어 본 영조가 붓을 잡
더니 어점(御點)을 쳤다. 권점이 없었던 채제공 이름 위에 점을 두
개나 쳤다. 소시에 응하라는 명도 아울러 내렸다. 영조 23년(1747)
12월 1일, 한림에 피권(被圈)된 사람들이 소시에 응했고, 뽑힌 6명
중에서 첫 번째 이름을 올린 이가 채제공이었다. 그로부터 1년 여
시간이 흘렀다.

　　한림 천거를 고쳐서 회권(會圈)으로 만든 뒤에 채제
　　공 같은 사람을 얻었으니, 만약 옛 제도와 같이 했다

면 어찌 이 사람들이 얻었겠습니까?

당론에 치우침이 없어야 한다며 좌의정 조현명이 아뢴 내용이다. 훗날 노론에 시달리는 정조를 도와 남인을 일으켜 세워 균형 잡기를 시도한 이가 채제공이었으니, 영조의 혜안이 돋보인다.

신참 신고식과 「한림별곡」

조선 시대 관료사회에서 신참 신고식은 누구라도 피해 갈수 없다. 이를 견디지 못한 이율곡도 낙향한 적이 있을 정도니, 가히 공포의 통과의례였음이 분명하다.

급제하여 처음 관직에 나아간 자를 신래(新來) 혹은 신귀(新鬼)라고 불렀고, 이들을 갖은 방법으로 괴롭히는 신참례가 시작되는데, 이를 마치는 최종 의식을 면신례(免新禮)라 불렀다. 일종의 통과의례인 이 의식은 허참례(許參禮)부터 시작된다. 허참이란 그 집단에 참여를 허락한다는 뜻이니, 서로 상종을 허락한다는 내용이다.

여기에는 새로 관직에 진출한 관원이 구 관원에게 음식을 거나하게 차려 대접하는 예가 뒤따르게 되어 있고, 신 관원의 오만한 기세를 꺾어 버리기 위한 오랜 풍속이었다. 그런 후 다시 면신례를 행하는데, 이는 신래를 면하게 해주는 의식이며, 이러한 절차가 끝나야 비로소 선배 관원과 함께 근무할 수 있다.

면신례 참석 대상에는 현임 소속 관료들만 아니라 선생들

<기산풍속도> 新賀先進
ⓒ 국립중앙박물관
새로 급제한 자가 선배들에게 인사 다니는 장면을 그린 것이다.

까지 초청된다. 선생이란 거쳐 간 전임 관료들을 말하며, 그들의 명
부를 선생안이라 한다. 면신례를 주관하는 상관장(上官長)이 기생을
양쪽에 둔 채 상석에 앉고, 영의정이 선생 자격으로 초청되어도 소
속 관료들 틈새에 끼어 앉아야 한다.

　　　회식에는 술과 신래를 희롱하는 온갖 잡희가 동원되는데,
신참을 난잡하게 웃음거리로 전락시키는 끔찍한 통과의례를 소화
해야 한다. 예컨대, 거미잡이를 한번 보자. 신참에게 시키면 부엌 벽
에 양손으로 거미 잡이 시늉을 시킨 후 손 씻은 물까지 강제로 먹인

다. 뿐만 아니라 온갖 게임이 동원되고, 신참이 질 경우에는 갖가지 벌을 내리는데, 그 방법이 하도 많아 일일이 나열하기도 힘들다. 이런 정신적·육체적 가학을 거치지 않는다면 모임의 말석에도 끼워 주지 않는 왕따로 만들어 버린다.

이런 신참 길들이기 명목의 통과의례는 고려에서 내려 온 것이고, 그 중에서도 예문관 소속 사관들의 면신례가 가장 빡세기로 소문이 났었다. 허참이란 통과의례를 거쳐야 비로소 해당 관서의 관원으로 인정되었기 때문에 이전의 근무 일수는 소용이 없다. 따라서 삼관으로 배속된 급제자들의 승진은 반드시 허참의 순서에 따라 차례대로 승진하는 것이 관례다. 이 관례는 예외를 인정하지 않는다. 예컨대 바로 위 고참의 병으로 근무 일수를 채우지 못했다 할지라도 그가 승진할 때까지 기다려야 했다.

신래(新來)라 불리는 과거 급제자는 우선 3일 유가(遊街) 행차에 나선다. 흔히들 대감의 가마 행차가 있으면, 종들이 앞서서 "쉬이 물렀거라. ○○대감 행차시다." 소리치는 것은 사극을 통해서 우리가 익히 보아 온 것들이다. 그러나 신래로써 삼관의 고참들에게 예를 갖추지 않는 등 문제가 있을 경우에는 유가에 나서지 못하게 되어 있다. 또한 대감 행차와는 달리 선진자(先進者 ; 선배 관료)를 만나면, 말에서 내려 예를 갖추어야 한다.

그 후 근무할 부서에 배치되면, 그 부서의 고참이나 선생(해당관서 관직 역임자)들에게 인사를 다녀야 한다. 이때 자신의 신상을 적은 자지(刺紙 : 일종의 명함 종이)를 가지고 간다. 이는 한 번만 가는 것도 아니고 한 사람한테만 가는 것도 아니니, 매우 고역이다. 또 자지(刺紙)가 두껍고 큰 것이 아니면 안 되는데, 대개 무명 한 필

<기산풍속도> 속의 3일 유가 장면
ⓒ 국립중앙박물관

로 겨우 석 장을 바꾸니, 그 비용 또한 이루 말할 수 없다. 이러한 일
체의 행위를 투자(投刺) 혹은 회자(回刺)라 칭한다. 투자를 통하여
선배 관원들을 존경하는 마음을 갖도록 하는 것이 목적이며, 허참
이나 면신의 예를 행하는 기간에 같이 이루어지는 것이 보통이다.

　　이때 선배들은 인사 온 신래들에게 뜯어낸 돈으로 면신례
와는 상관도 없는 훗날의 잔치에 대비한다. 허참례(許參禮)나 면신
례에는 고참 선배들에게 음식물로 접대를 하는 행위가 반드시 수반
된다. 허참이란 참여를 허락한다는, 즉 동석에 끼워주는 것이고, 면
신이란 신래를 면했다는 최종적인 절차이다.

이때 음식물을 장만하게 되는데, 이를 '징구(徵求)'라 하며, 3에서 셈은 시작된다. 이를테면 청주가 세 병이면 무슨 물고기가 세 마리, 무슨 고기가 세 마리, 무슨 과일·나물이 세 반(盤) 등등 무릇 백 가지 먹을 만한 것은 여기에 맞추지 아니함이 없고, 하나라도 갖추지 못하면 견책이 따르게 되어 있다. 이같이 하기를 반드시 다섯 차례 지난 뒤에 다시 5의 수로 음식을 준비하여 세 차례 잔치를 벌이고, 다시 7의 수로 시작하여 9의 수에 이른 뒤에야 그만둔다.

한 번 '징구'하는 물건이 큰 잔치를 준비할 만하니 그 비용이 너무 많은 데다, 허참연(許參宴)과 면신연(免新宴)을 따로 해야 하니 들어가는 비용 또한 만만찮다. 부잣집 자제가 아니면 비록 살림을 다 기울여 없앤다 해도 한없는 비용을 대기가 여간 어려운 게 아니다. 그러나 남에게 빌려서라도 감당하던 것이 당시의 실정이었다. 허참·면신례를 제대로 행하지 않는다면, 그 집단의 동료로 받아들이지 않는다. 말석에도 끼워주지 않고 왕따 시키는 것은 물론이다.

문과 급제자가 분관되는 사관 즉, 승문원·성균관·교서관·예문관이 다 그렇지만, 그 중에서도 예문관이 가장 심한 곳이다. '징구'가 승문원에 비해 갑절일 뿐 아니라, 면신연과 허참연도 승문원에 비해 곱이나 된다. 또 다른 관에는 없는 중일연(中日宴)이란 것이 있는데, 그 비용이 또한 엄청나다.

성종 6년(1475) 예문관 검열(정9품)에 제수된 조위(曹偉)가 행한 면신례를 당시 실록 기록을 통해서 보면, 유밀과에다 소까지 잡아 잔치를 벌이고 있는데, 예문관 참하관들인 선배 검열과 봉교(7품)·대교(8품) 등 현직 한림들은 물론이고, 이미 다른 관직으로 승진해 간 한림 역임자를 선생 자격으로 참여시켜 기생들까지 동원하여 풍악을 울리면서 흥건히 취하도록 놀고 있다.

이러한 과정 속에는 신래를 괴롭히는 갖가지 방법의 침학(侵虐)과 희학(戲謔)이 동원된다. 침학은 주로 과도한 경제적 부담이라는 문제가 따르게 되며, 희학은 정신적·육체적 가학이 수반되는 희롱을 말한다. 앞에서 말한 징구는 침학의 대표적인 사례이며, 그밖에 초도(初度)란 게 있었다. 초도란 신참에게 강제로 숙직을 맡기는데, 열흘에서 한 달 가량 연속해서 근무해야 하는 고역이다.

희학은 연회 도중에 벌주와 함께 이루어진다. 간단한 게임이나 내기가 즉석에서 이루어지고, 고참이 질 경우에는 벌주가 없지만, 신참이 지게 되면 벌주와 함께 정신적·육체적 고통을 함께 지운다. 조선조 성종 당시 대학자 성현이 저술한 『용채총화』에 그 모습이 자세하게 묘사되어 있다.

의관과 몸을 숯검댕이로 만드는 거미잡이, 방안에 긴 서까래 같은 나무를 두고 들게 하는 경홀(擎忽)에서, 들지 못하면 무릎을 꿇게 하여 선배들이 차례대로 구타하고, 또 사모관대를 한 채로 연못에 집어넣어 고기잡이 흉내를 내게 하는 것들이 동원된다. 뿐만 아니라 별명을 붙여주고 이를 흉내 내게 하는 '삼천삼백', 관련 있는 벼슬 이름을 외우게 하되 바로 읽어 내리는 '순함(順銜)', 거꾸로 읽어 올라가야 하는 '역함(逆銜)', 즐거운 형상을 짓게 하는 '희색(喜色)', 괴로운 표정을 짓게 하는 패색(悖色) 등 갖가지 희롱 방법이 동원되고, 그때마다 온몸에 진흙을 바르고 얼굴에는 오물을 칠하게 하여 광대처럼 만들어 즐기는 벌이나, 겨울에 물에 집어넣고 여름에는 볕에 쪼이게 하는 육체적 가학은 물론이요, 심지어는 뜻에 맞지 않으면 매질까지 다반사다.

『고려사』속의
「한림별곡」
ⓒ 국사편찬위원회

이러한 술판이 벌어지면, 그 마지막 코스가 「한림별곡(翰林別曲)」이었다. 사관 벼슬을 한림이라 하였듯이, 예문관 별칭이 한림원(翰林院) 또는 한원(翰苑)이었고, 그들의 주제가가 「한림별곡」이었으니, 오늘날 회식 마지막 코스가 노래방인 것과 같다.

고려 말에 생겨난 경기체가 형태의 8장으로 구성된 「한림별곡」은 『고려사』에도 그 전문이 실려 있을 정도다. 고려 고종 때 한림원 소속 사관들이 함께 지은 것으로 추정되는데, 한림원 출신들의 학문적 우수성과 과거 시험장 경험을 노래한 1장부터 시작하여 4장에 이르면 온갖 술로 잔을 나누며 질펀하게 취하는 장면들이 잘 표현되어 있다.

黃金酒 柏子酒 松酒 禮酒
竹葉酒 梨花酒 五加皮酒

鸚鵡盞 琥珀盃예 ᄀ득 브어

위 勸上ㅅ 景 긔 엇더ᄒ니잇고

(葉) 劉伶 陶潛 兩仙翁

위 醉혼 景 긔 엇더ᄒ니잇고

황금주 백자주 송주 예주 죽엽주 이화주 오가피주를
앵무잔과 호박배에 가득 부어 권하는 장면이 어떠합
니까? 유영과 도잠 두 선인의 취한 모습이 어떠합니
까?

앵무배는 바다에서 나는 앵무조개로 만든 술잔인데, 그 조
개는 제주에서 나는 특산품이다. 한림원 소속 한림들이 벌였던 술
판에는 의례 앵무배로 돌려 마시던 것이 관행이었다.

사간원 간관들이 마시는 술잔을 아란배라 했는데, 큰 거위
알로 만들었기에 술이 꽤 많이 들어가는 잔이다. 그런데 비해 승정
원 소속 관원들의 술잔을 갈호배라 하였으니, 사막에서 사는 갈호
는 술만 보면 죽어버린다 하여 붙여진 이름이다. 술을 극도로 삼가
야 하는 승정원의 근무 특성이 잘 반영되어 있다 하겠다.

고려 말 권세가의 어린 자제들이 마구 관직에 진출하던 폐
단이 일자, 이들 신래들의 뻣뻣하고 날카로운 기세를 꺾어 버리기
위해 시작된 면신례였건만, 조선이 망할 때까지도 지속되고 있었다.

사진은 순조 6년(1806) 선전관으로 배속된 김종철의 면신
례 관련 고문서이다. 신임 관료가 배속되면 으레 신귀(神鬼)라 불렀
으니, 글자 그대로 새 귀신이다. 그 아래 喆宗金이라 하였듯이, 이름

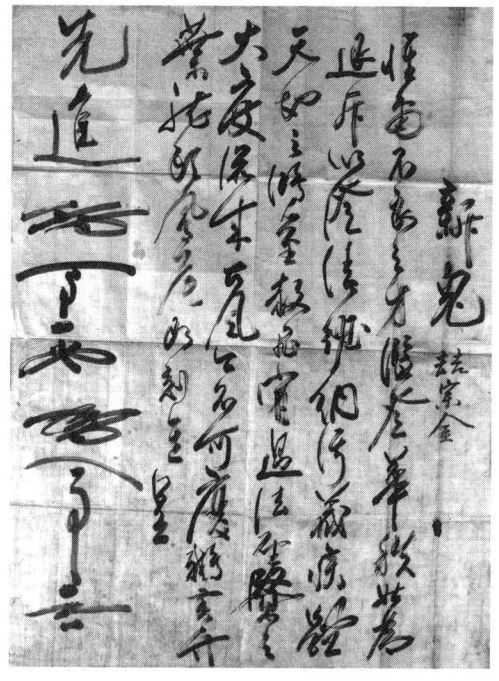

김종철(1759~1812) 면신례 문서

ⓒ 화성 해풍김씨 종가 소장

크기는 가로 81cm 세로 110cm이며, 이를 포함한 270여 건의 고문서를 위탁받은 화성시에서 '해풍김씨 남양쌍부파-무신의 길, 그 오백년의 발자취(2009)'로 발간한 바 있다.

을 거꾸로 쓴 것은 아직 동료로 받아들이기 전이란 뜻이다. 왼쪽 상단의 先進이란 선배 관원을 뜻하며, 그 아래 6명의 수결이 보이는데, 오늘날 사인(Sign)과 같다.

경기 화성 우정읍에 세거해 온 해풍김씨는 조선 후기 대표적인 무반 가문인데, 2004년 김씨가의 종손께서 이 문서를 들고 필자를 찾아와 세상에 알려지게 되었다. 이해를 돕기 위해 번역해 덧붙이면 다음과 같다.

너는 불량한 재주로 외람되이 화질(華秩 : 좋은 관직)
에 올랐으니, 우선 물리쳐 청반(淸班)을 깨끗이 해야

하나, 더러운 너를 받아들이고 허물을 감싸주는 것은 천지의 크고 무거움을 본받음이요, 죄와 허물을 용서하는 것은 성현의 큰 도량을 본받았기 때문이니라. 그래도 내려오는 고풍(古風)을 당장 폐지할 수 없으니 아황(鵝黃 ; 거위), 승엽(升葉 ; 담배), 용두(龍頭 ; 돼지고기), 봉미(鳳尾 ; 닭고기)를 즉시 바쳐 올려라.

이런 형식의 면신례 문서가 이후에도 몇 점 더 발굴 소개된

연정계회도 중 부분도
ⓒ 국립중앙박물관

적이 있는데, 양식과 내용 틀이 동일하다. 그것은 어느 관청을 막론하고 면신례 문서의 문구 틀이 정형화되어 있었음을 보여준다.

한편, 오늘날 현존하는 계회도들이 꽤 많은 편인데, 이들 중에는 면신례와 관련된 그림들이 많다. 조선조 문인들의 술자리 모임을 그린 계회 장면은 통상 그림 중앙부에 배치하되, 상단에는 제목, 하단에는 참석자 명단인 좌목 등으로 구성되는 것이 일반적이다.

3
사관, 어떤 일을 하나?

붓을 잡고 현장 속으로

사관의 직무는 매우 복잡하고 다양하다. 임금의 좌·우에서 열심히 붓을 놀리는 모습이 떠오를 것인데, 그 다양한 직무 중에서도 단연 우리 눈길을 끄는 것이 바로 사초와 시정기 작성 일이다.

임금 곁에 항상 시종하는 관료로는 승지와 사관이라 할 것인데, 승지는 왕명 출납을 담당하기 때문에 업무상 왕권을 보좌하고 보호하는 측면이 강하다. 하지만 사관 직무는 왕권 견제 역할이 크기 때문에 왕권과 충돌할 위험성이 항상 뒤따른다.

왕이 있는 곳에는 항상 승지와 사관이 있기 마련이지만, 처

대사례 의례에서 기록하는
사관 모습, 『대사례의궤』
ⓒ규장각한국학연구원

음부터 확립된 제도는 아니었다. 이성계가 도입한 제도가 다듬어지
는 과정에서 왕의 좌·우에 사관들이 입시(入侍)하는 문제는 실로 예
민하기 이를 데 없었다. 대궐에 나아가 임금을 뵙는 일을 입시라고
할 수 있는데, 임금 동선마다 졸졸 따라다닐 수 있는 사관들의 입시
는 좀 남다르다. 일종의 의무이자 특권이지만, 군왕 입장에서는 거
부감이 먼저 들기 때문이다.

　　사관 입시는 8명의 한림들이 번갈아 교대 근무하게끔 되어
있었다. 국왕과 신하들이 모이는 아침 조회에 해당하는 조참(朝參)
과 조계(朝啓)에 입시하는 것은 물론, 유교 경전이나 역사를 강론하
는 경연이나 그 밖의 여러 정사에까지 사관 입시 영역을 넓혀 나갔
고, 급기야는 인사행정이 이루어지는 정청에까지 입시할 수 있도록
허락을 받아냈다. 이는 왕권과 신권의 대립 양상 속에서 신권을 키
워 갔다는 의미도 된다.

　　이렇듯 모든 정사에 참여하여 보고 들은 바를 기록할 수 있
기에 사관 직무는 신성한 것이기도 했다. 이런 것을 통해 시정을 기
록하고, 인물과 사건에 대해 나름대로 평가하여 사초를 작성해야

한다. 후세에 영원히 남을 역사를 위해 한 치의 잘못도 용납될 수 없을 것이니, 그것은 곧 시정기와 가장사초였다.

세종 때 춘추관에서 정한 법식에 따르면, 각 관청의 보고 문서를 항상 점검하여 연월일 순서대로 편찬 찬록(撰錄)하되, 국가의 예악·형정·제도·문물이나 현재 행하는 사무로서 대체에 관계되는 모든 것을 써서 유실됨이 없게 하는 것이 시정기인데, 이는 현재 행하고 있는 일을 쓸 뿐이니, 사관 개인 견문이 미치는 바의 인물 현부(賢否)나 득실(得失)과 비밀 사안까지 숨김없이 써서 남 몰래 간직했다가 후일 제출하는 가장사초 작성이 큰 임무였다.

그 밖에 사관들이 수행하는 직무는 실록 포쇄(曝曬)를 비롯하여, 민간 감찰이나 여론조사, 왕명 전달 등 실로 다양하기 이를 데 없다. 포쇄란 사고에 보관된 실록을 습기나 좀으로부터 방지하기 위해 바람이나 햇볕에 말려주는 것을 말한다. 비장된 실록은 아무나 볼 수 없기에 사관을 파견할 수밖에 없었다.

경상도 태백산에 소장된 실록을 포쇄하는 일은 봄철에 이미 결정되었습니다. 그런데 전라도 적상산성의 실록이 소장된 곳은 산 정상 가장 높은 곳에 있으므로 비바람이 스며들어 축축해져서 좀 먹기가 더 쉬운데도 여러 해 동안 포쇄를 못했으니, 이제는 열어 보지 않을 수 없다고 합니다. 지금 장맛비가 지나갔고 가을볕도 강해졌으니, 이런 계절에 하지 않는다면 필시 손상이 커질 겁니다. 포대(包袋) 등의 잡물을 한꺼번에 바꾸지는 못하더라도, 천궁(川芎)이나 창

태백산사고 실록각 내부 모습
ⓒ 국립중앙박물관 유리건판

포가루〔菖蒲末〕라도 장만하여 전례대로 포쇄하는 일
을 거행하도록 감히 아룁니다.

인조 17년(1639) 8월 9일, 춘추관 영사 등이 포쇄의 시급함
을 아뢴 내용이다. 오늘날 종이와 다른 옛 한지는 바람과 햇볕에 말
려 습기를 제거해야 부식되지 않거니와 좀 같은 충해를 막을 수 있
다. 조선 시대 사고에 보관된 책을 포쇄하는 일이 매우 엄중하여 기
록까지 남겼으니, 그것이 『포쇄형지안』이다. 임진왜란 전후부터 포
쇄를 위해 사관을 파견한 것이 무려 234회에 이른다. 3년마다 하는
게 원칙이었으며, 춘추관사고는 춘추관 당상을, 깊은 산속의 외사

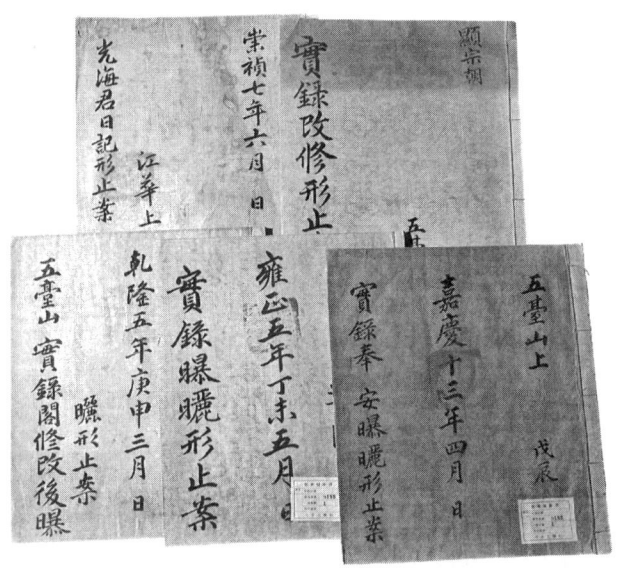

실록포쇄형지안
ⓒ 국사편찬위원회

고에는 주로 예문관 사관들을 보냈다.

사고에 당도한 사관은 흑단령을 입고 사배한 다음 사고를 열어 살펴본 뒤 책궤를 열었다. 서책 포쇄가 끝나면 먼지를 털어 책과 책 사이에 초주지 2장씩 넣고 유둔(油芚)으로 싼 다음 붉은 보자기로 싸서 궤 속에 봉안하는데, 이때 천궁·창포를 함께 넣는 이유는 충해와 부식 방지용이다. 책궤마다 따로 봉인한 다음, 사고 외문에다 '모일인봉(某日印封)'이란 딱지를 붙이면 그 임무가 종료된다.

사관들이 하는 일 중에서 큰 부분은 정청에 참여하는 일이다. 예나 지금이나 인사권이 중요하긴 마찬가지인데, 문관은 이조에서, 무관은 병조에서 각각 장악하고 있다. 이조정랑이니 병조정랑이니 하는 자리가 전관(銓官)으로 불렸으니, 요즘 중앙행정부의 인사과장 정도쯤 된다. 이조정랑 자리를 놓고 동인과 서인으로 갈라져 당파싸움이 시작되었을 정도로 그 자리가 중요했다.

빈자리가 있게 되면 우선 후보자 세 사람을 올리게 되는데, 이를 삼망(三望)이라 한다. 이런 인사의 절차를 도목정사(都目政事)라 일컫는데, 항상 잡음이 끊이지 않아, 전관(銓官)에게는 늘 추고(推考)가 따라 다닐 정도로 위험한 자리이기도 하다.

도목정사가 열리는 곳을 정청(政廳)이라 하는데, 이곳에 예문관 소속 사관 2명을 참석시켜 인사의 잘되고 잘못됨을 기록하게 했다. 정청에 사관들 입시는 조선 초기부터 있었던 것은 아니고, 예문관 활동이 매우 활발하던 시절에 설치되었다가 없어지기를 반복했다.

연산군 때 정청에 사관들 입시 문제가 논의된 적이 있었고, 또 한때 긍정적으로 검토된 적도 있으나, 이로 인해 신하들이 큰 화를 당하기도 했다. 이런 일이 있었음에도 중종 때 백인걸은 정청에 참여하기를 부지런히 한 사관이었다.

이긍익이 저술한 『연려실기술』에 의하면,

백인걸(白仁傑)이 예문관 검열이 되자 하찮은 신진으로서 이미 폐지되었던 직무를 회복하여 붓을 잡고 부지런히 도목정사에 쫓아다니니 이조에서 그를 매우 꺼렸다.

라고 기록했을 정도다.

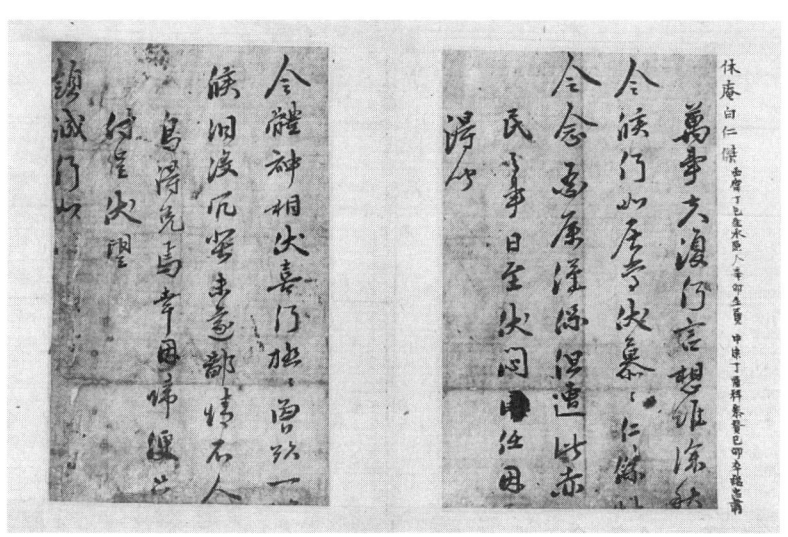

백인걸 글씨(조선명현필첩)
ⓒ 국립중앙박물관

　　백인걸은 연산군 3년(1497)에 수원 백씨 익견의 아들로 태어났다. 조광조의 문인으로 기묘사화 당시 스승과 동지를 잃고 금강산으로 들어갔다가 돌아와 1537년 식년문과에 급제하여 성균관에 배속되었고, 그 후 예문관 검열로 자리를 옮겼다.

　　명종 때 을사사화가 일어나자 소윤 세력의 미움을 받아 파면되었다가 안변으로 귀양 가는 등 여러 차례 어려움을 겪으면서도 지조를 잃지 않았고, 선조 때 청백리에 선발된 인물이다.

　　이렇듯 백인걸처럼 강직한 인물이 사관 직분을 다하기 위해 붓을 잡고 있으면, 누가 감히 정실에 치우친 인사를 할 것이며, 누가 감히 뇌물에 약한 인사를 할 것인가. 참으로 오늘을 보는 세상은 예전만 못한 것이 한둘이 아니다 싶어 서글퍼질 때가 있다.

임금과 권력을 감시하는 자들

조선의 건국은 고려 말 권문세족 틈바구니에서 새롭게 성장한 신흥사대부들이 중심이었다. 이들은 대체로 고려 말 새롭게 도입된 송나라의 성리학을 이론적 바탕으로 과거를 통해 중앙 정치 무대에 등장한 인물들이다. 새 나라를 세우기 위해서는 권문세족과 연결된 불교를 배척해야만 했다. 신생 국가의 통치 이데올로기가 필요한 시점에서 성리학 정부가 탄생하게 되었다.

국왕의 힘이 너무 강해도 안 되고, 신하가 힘이 너무 강해도 안 되는, 왕권과 신권이 조화를 이루는 사회가 그들이 바라던 이상 국가였다. 왕권 견제 수단으로 대간(臺諫) 역할을 강조하는 한편, 성리학적인 통치이념을 하루빨리 심는 것이 급선무였다. 왕도를 펴기 위해서는 백성을 위하는 정치가 선행되어야 하고, 이것이 되지 않을 때는 하늘의 도, 즉 천도를 거역하는 것이기에 군왕은 항상 선정을 펴야 한다는 논리로 요약되는 것이 성리학적 통치이념이었다.

무장의 피가 흐르던 이성계와 그 후손들은 사냥과 격구에 빠져들었다. 특히 격구는 이성계가 즐겼고, 그 아들과 손자들까지 즐기던 스포츠였다. 말을 타고 긴 막대를 이용하여 공을 치는 격구 모습이 우리에겐 꽤 친숙하

『무예도보통지』의 격구 그림

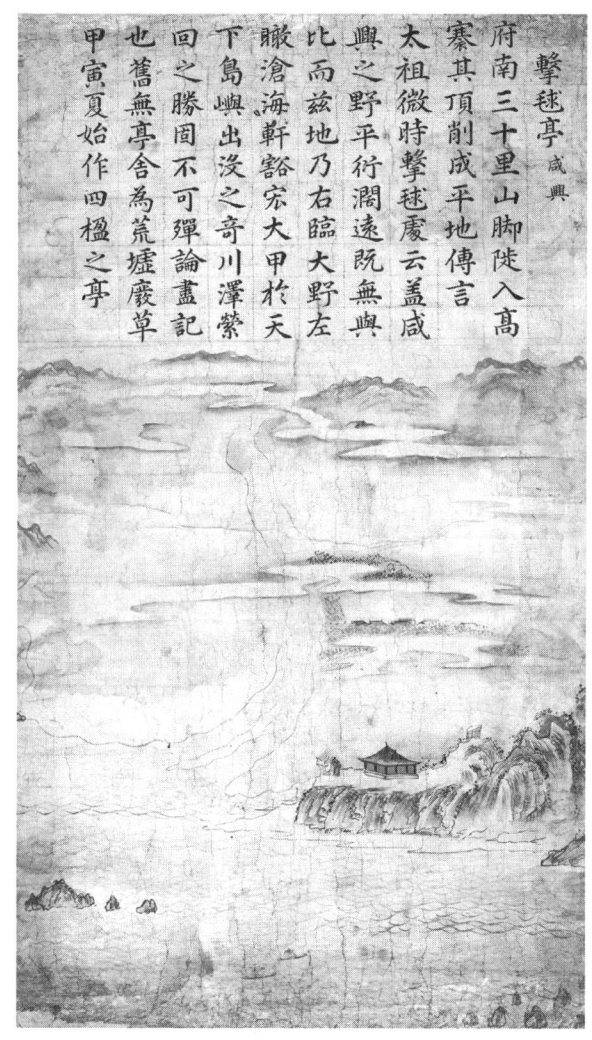

擊毬亭_{咸興}

府南三十里山脚陡入髙
寨其頂削成平地傳言
太祖微時擊毬慶云盖咸
興之野平衍潤遠旣無興
比而茲地乃右臨大野左
矚滄海軒豁宏大甲於天
下島嶼出沒之竒川澤縈
回之勝固不可彈論盡記
也舊無亭舍為荒壚廢草
甲寅夏始作四楹之亭

격구정(擊毬亭)
ⓒ 국립중앙박물관
이성계가 함흥에
서 격구를 즐기던
곳에 세운 정자를
그린 것이며, 위치
정보와 내력을 함
께 담았다.

다. 조선 시대 군사 훈련 목적으로 편찬한 『무예도보통지』에서 따
온 그림이다.

조선 초기에는 말을 타고 하는 기마격구 외에도 막대기로

공을 쳐서 구멍에다 넣는 격방(擊棒 : 棒은 『훈몽자회』에서 막대기 방으로 설명하고 있다)이 있었는데, 오늘날 골프 형태와 같다. 이외에도 필드하키 형태인 장구(杖毬)가 있다. 이러한 타구·격방·장구를 통칭하여 격구라 불렸고, 격구를 타구(打毬) 혹은 장치기나 공치기라고도 했다.

조선 태종 때 혜정교(현 광화문우체국 옆) 거리에서 곽금이·막금이·막승이·덕중이 네 녀석의 타구 놀이가 실록에 나오는데, 갖고 노는 공마다 이름을 붙였으니 태종·효령·충령·하인이었다. 한 녀석의 친 공이 다리 아래 물속으로 굴러 빠지자, 옆에 있던 녀석이 효령군이 물에 빠졌다고 소리쳤다.

지나가던 효령군 댁 유모가 이 소리를 듣고 잡아

효령대군 영정
ⓒ 국가유산청

다 효령군 장인이던 대사헌 정역에게 일러바쳤지만, 10살 먹은 아이들을 요언률(妖言律)로 다스릴 수가 없어 난감한 처지가 되고 말았다. 세자 양녕은 이미 태종 눈밖에 벗어났고, 효령 또한 왕위 계승에서 멀어진 사실이 아이들 놀이에까지 반영된 것으로 보인다.

조선 초기 기록을 보면, 민가뿐만 아니라 왕실에서도 격구가 매우 성행했던 사실을 알 수 있는데, 이때의 격구는 말을 타고

중국 원나라 여인들의 격구 모습
ⓒ 한국체육대학 심승구 교수 제공

하는 것이 아니라 막대기로 공을 치는 격방이었다. 정종이 격구광이었고, 태종과 세종도 종친이나 신하들과 자주 격구를 즐겼다. 그러나 성리학적 통치이념이 서서히 자리 잡히기 시작하면서 궁중에서 격구 하는 모습은 점차 사라지게 되었다.

조선 초기의 상황을 놓고 신하 입장에 서보면, 하루빨리 성리학적 통치이념을 정착시켜야 하겠는데, 임금은 어떻게든 빠져나가 격구와 사냥을 즐길 궁리만 했으니, 참으로 답답한 노릇이었다.

원치 않았던 보위에 오른 정종은 따분한 경연을 탈출하고 싶었다. 수족이 저리고 아프니 격구를 통해 몸을 풀겠다는 뜻을 자주 내뱉었다. 경연관들도 어쩔 수가 없었다. 환관이나 소인배들과 어울리지 말라는 선에서 양보를 했다. 다른 임금과는 달리 유난히 격구를 즐겼던 정종의 모습을 실록은 생생히 전하고 있다.

경연이 열린 어느 날 정종이 돌아보며 옆에 있던 사관 이경생에게 물었다. 마침 내정에서 한판의 격구가 벌어졌기 때문이다.

격구 하는 것조차도 사책(史冊)에 기록하는가?

대신들과 환관들이 신나게 떠들면서 즐기던 광경을 목격한 정종도 한판 끼이고 싶었을 것이다. 하지만 군왕 체면이 있고, 또 사관들이 뭐라고 기록을 남길지 겁부터 났다. 옆에 있던 사관에게 슬쩍 물어봤지만, 대답은 역시 매몰차다.

인군의 거동을 반드시 쓰는데, 하물며 격구 하는 것 이겠습니까?

하지만, 정종은 이에 아랑곳하지 않고 격구를 즐겼다. 조온·정남진·조진 등이 날마다 정종을 모시고 격구 했던 공로로 말 1필씩 하사받기도 했으니 가히 짐작이 간다.

이방원 때문에 어쩔 수 없이 임금 자리에 올랐던 정종이었다. 졸면서 억지로 앉아 있어야 하는 따분한 공부보다는 밖에 나가 격구를 즐기는 게 더없이 좋았다. 그러나 면전에서 직언을 서슴치 않는 간관이 두려웠고, 또 사관들의 사필에 겁 먹지 않을 수는 없었다.

이 일을 사관이 알지 못하게 하라

군주는 백성의 어버이라는 소임을 다하기 위해 소양을 갖취야 한다. 따라서 신하들과 학문을 논하고 군왕의 도를 닦아야 하는 경연에도 빠질 수 없다. 군왕이 익혀야 할 유교 정치사상의 핵심은 명분론과 민본사상이다. 이 양자의 형성배경에는 고대 중국에서 하늘을 대하던 생각과 관념이 들어가 있다. 은나라를 이어받은 주나라는 계보 상 관계가 없었다. 다른 씨족이 천하를 이어받을 수 있게 한 것이 곧 하늘이었다. 하늘이 요구하는 백성을 사랑하는 정치, 이것이 덕치(德治)이고, 이를 행하면 자신의 지위는 천명으로 보장받게 된다. 이씨 왕조를 세우는 근거도 이런 논리를 빌려 온 것이다.

군신과 부자로 대표되는 당시의 인간사회에 있을 수 있는 모든 상하 관계를 절대화시킨 것이 명분론이었다. 이는 하늘의 운행 질서와 일치하는 것이기도 했다. 하늘을 노하게 해서는 안 된다는 인식의 바탕은 여기에서 비롯되었다.

군왕이 선정을 펴기 위해서는 천도를 깨우쳐야 하는데, 그러기 위해서는 항상 몸가짐을 바로 하고, 경연에 나아가 군주의 도를 익혀야 하는 고달픈 일의 연속이었다. 조선을 건국한 태조가 무인 출신이기에 책보다는 활을 가까이 두고 살았고, 그의 아들들 역시 마찬가지였다.

관상에 일가견이 있던 하륜이 이방원을 보고, 하늘을 덮을 만한 영특한 기상이 있다고 할 정도로 타고난 재주를 가지고 있었다. 고려 말에 이미 문과에 급제할 정도로 문장에 능했지만, 그의 호방한 성격은 사냥을 더없이 좋은 놀이와 심신단련으로 여겼다. 활을 들고 과녁 놀이를 즐길 때마다 사관과 간관들이 입시했고, 이를 딱하게 여긴 신하들은 멀리하라는 직언을 자주 올렸다.

임금과 신하들이 함께 심신을 단련하는 강무(講武)는 일종

헌릉(서초구 세곡동)을 지키는 석호와 석양들
ⓒ 국가유산청

의 군사 훈련을 겸하는 것이었다. 사냥을 통하여 진법도 점검하는 등 훈련과 심신을 연마하는 것이었는데, 태종은 강무 이외에도 매사냥을 즐기는 편이었다.

사관들은 군왕과 대신들의 눈총을 받아 가며 따라 다녔고, 그때마다 태종은 노골적으로 싫은 기색을 내보였다. 매사냥 나갔다가 환궁한 태종이 경연 석상에서 시독관 김과(金科)에게 따져 물었다. 전일 사냥터에 사관이 왜 따라왔는지에 대한 추궁이었다. 태종이 싫어했던 진드기 사관 민인생을 두고 한 말이었다. 당시 시독관 김과와 태종의 대화를 잠시 엿들어 보자.

"인군은 구중궁궐에 있어 경계하는 뜻이 날로 풀리고, 게으른 마음이 날로 생기는 것을 누가 능히 말리겠습니까? 그러므로 인군은 오직 하늘과 사필(史筆)

을 두려워할 뿐입니다."

"왜 그런가?"

"하늘은 형상이 없으나, 착한 것은 복을 주고 음란한
것은 화를 주며, 사필(史筆)은 시정의 좋고 나쁜 것
과 행동의 잘잘못을 곧게 쓰지 않음이 없는데, 만세
에 전하여 효자와 자손이 능히 고치지 못하니 두려운
일이 아닙니까?"

"그렇군."

이어서 김과가 또 아뢰었다.

"비록 사관들에게 입시(入侍)하지 못하게 한다 해도
다섯 승지 모두 춘추관을 겸하여 일동일정(一動一靜)
을 모두 기록하옵니다."

대화는 이어져, 군왕이면 경연을 게을리 말아야 한다는데
까지 흘러가고 있었다. 태종이 처음에는 이런저런 사실들을 알지
못하여 소홀히 여겼는데, 그때부터 말과 행동을 더욱 공근하게 했
다고 전한다.

하지만, 타고난 호방한 성격을 바꿀 수는 없는 노릇이라, 대
신들과 사관들 눈을 의식하면서도 자주 말고삐를 잡았다. 즉위한
지 4년이 다 된 그 날도 여느 때와 마찬가지로 사냥에 나섰다. 이리
저리 사냥감을 찾다가 노루를 발견한 태종이 활시위를 힘껏 당겼
다. 그런 와중에 실수하여 낙마하는 사태가 벌어졌지만, 다행히 몸
을 상하지는 않았다. 경황이 없던 상황에서 내뱉은 태종의 첫마디
는,

"이 일을 사관이 알지 못하게 하라."

였다.

정적을 추호도 용납하지 않고 살육을 일삼으면서까지 굳건한 왕권을 지키려 했던 인물이다. 서릿발 같았던 그도 역사를 두려워하는 마음은 어쩔 수 없었으니, 역시 무서운 존재는 하늘과 사관뿐이었다.

세종이 즐기던 독대를 막아라

독대(獨對)란, 벼슬아치 혼자 임금을 만나 정치에 관한 의견을 나누던 것을 말한다. 우리 역사상 큰 파문을 일으킨 독대로는 효종 때의 기해독대와 숙종 때의 정유독대 정도이다. 성리학 정부가 자리 잡은 이후 최고의 금기 사항이었던 독대의 파장은 매우 컸다.

효종이 송시열을 불러들인 기해독대는 주로 북벌문제였다고 알려져 있고, 이튿날 당사자 송시열이 바로 그 구체적인 내용을 『악대설화(幄對說話)』에 담았지만, 오롯이 믿어줄 이 그 누구랴?

숙종 말년에 있었던 정유독대 파장은 말로 다 옮길 수 없을 정도의 대형사건이었다. 장희빈의 아들 세자(경종)를 끌어내리려는 노론 공작 속에, 그것도 노론의 영수이자 좌의정이었던 이이명과의 독대였기 때문이다. 임금이 이이명을 불러들이자 승지와 사관들도 입시하려 했다. 이를 가로막은 숙종의 뒤늦은 허락이 떨어졌을 때

이이명의 조상
ⓒ국립중앙박물관

는 이미 독대가 끝나버린 상태였다. 왕위 계승 문제로 노·소론 갈등의 골은 깊어만 갔고, 노론 사대신으로 알려진 김창집·이건명·이이명·조태채 등은 후일 사약을 받았다. 하지만, 독대 내용에 대해선 여전히 풀리지 않을 숙제이기도 하다.

아무튼, 사관들 입지를 크게 위축시키는 것이 바로 독대이고, 그 시작은 성군으로 칭송되던 세종부터였다. 이때 문제가 되었던 것은 주로 윤대(輪對) 제도 때문인데, 이는 세종 7년(1425) 예문관 대제학 변계량이 진언하면서 시작되었다. 그가 건의한 내용을 잠시 보기로 하자.

이제 우리 전하께서 정부와 육조와 대간에 명하시어, 날마다 모든 일을 진언하게 하시어 정치하는 길에 자료가 되게 하시니, 총명을 넓히고 아랫사람의 심정을 통달하심이라 하겠사오나, 모두가 능히 종용(從容)하고 자세하고 정밀하게 여러 신하들의 심정을 다하지 못하옵고 또 나그네처럼 나아갔다가 또 나그네처럼 물러나며, 피리 부는 데의 수나 채우고, 생선의 눈알이 진주에 섞이듯이 하는 자도 혹 있습니다. 당나라와 송나라의 전성시대에는 모두 돌림차례로 임금께 대답[輪對]하는 법이 있었사오니, 이는 단지 총명을 넓혀서 막히고 가리는 폐단이 없게 할 뿐만 아니오라, 여러 신하의 현부(賢否)까지도 또한 임금의 밝게 비추어 보심에 벗어나지 않을 것입니다. 비옵건대, 옛 제도에 따라 4품 이상에게 날마다 차례를 돌려 대답하게 하시어 더욱 말할 길을 넓히시어, 아랫사람의 심정을 다 아룀으로써 여러 신하의 사특하고 정직함을 살피시면 매우 다행하겠나이다.

이렇게 올린 진언에 대해 세종은 즉시 받아들였다. 동반 4품 이상, 서반 2품 이상의 관료에게 매일 들어오게 함으로써 윤대 제도는 시작되었다. 그러나 시작된 지 얼마 지나지도 않아 판돈녕 김구덕이 입대(入對)하였을 때, 세종은 좌우 시신을 물리치고 독대를 즐겼다.

사간원에서 묵인할 리가 없었다. 독대할 때엔 사관을 반드시 입시시켜야 한다는 직언을 올렸지만, 세종은 단호하게 거절했다. 독대란 말이 『조선왕조실록』에서 처음 사용된 것도 바로 이 대목이었다. 이후 세종의 독대는 다소 주춤했지만, 말기로 갈수록 자주 벌어졌다. 원로대신들과 비밀리 만나는 일이 잦았고, 수양대군이나 안평대군을 불러 깊숙한 논의가 있을 때 독대가 많았다.

세조 때의 윤대는 두 사람씩 들어가도록 했고, 또 사관 입시를 허락하기도 했다. 그러나 윤대에 참여하는 관료들 서로 눈치 살피기에 바쁘고, 옆에는 승지가 배석한 데다 또 그 뒤에는 사관이 눈을 부릅뜨고 지켜보고 있었다. 독대를 허락하거나, 서면으로 제출할 수 있게 해 달라는 요구가 빗발쳤다. 하지만 이런 요구는 번번이 묵살 되다시피 했다.

예종이 즉위한 후 한때 서면으로 제출되는 일이 있었지만, 성종은 달랐다. 성리학적 치국이념을 돈독히 하려는 적극적인 자세를 보였고, 이런 정책 노선이 사림세력들과 연결되면서 더욱 활기를 띠었다. 유교적 대의명분에 맞아떨어지는 윤대에까지 영향을 미쳤다. 윤대에 사관 입시가 당연한 것으로 받아들여졌다.

이런 분위기가 성종 초부터 이루어진 것은 아니다. 성종이 즉위하여 첫 윤대는 1년 12월 2일이었다. 예문관 직제학 유권을 비롯하여 세 사람이 윤대에 들어가자, 성종은 독대를 명하며 승지와 사관을 내보냈지만, 며칠 후 승지와 사관 한 사람씩 윤대에 참여토록 했다.

성종 5년에서 6년 사이는 독대를 허락해야 한다는 신료들의 목소리가 높았다. 독대의 긍정적인 측면만 강조하고 나선 것이다. 대신 정창손도 독대를 지지하기 위해 거들고 나섰다.

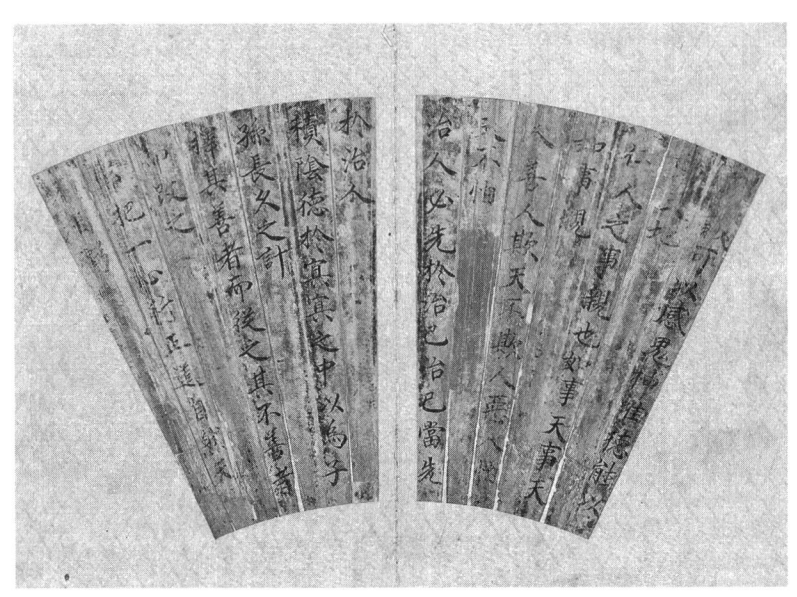

성종대왕 어필
ⓒ 국립중앙박물관

신이 세종조의 윤대를 보건대, 매일 한 사람이 입대
(入對)하였으되, 승지와 사관이 모두 들어갈 수가 없
었는데, 이는 말하는 자가 사람이 들을까 두려워하
여 뜻을 다하지 못함이 있을까 염려하여서입니다.
사람들이 말하기는 독대하면 참언(讒言)이 혹 있다
고 하나, 그러나 지금같이 성명(聖明)이 위에 계시는
데, 어찌 참언이 있겠습니까? 비록 있다 하더라도 어
찌 분변 하기가 어렵겠습니까?

그러나 성종의 대답은 단호했다. 참소(讒訴)하는 사람을 믿지 않더라도, 의심하는 생각을 품으면 이것이 어찌 옳겠는가라는 것이 이유였다. 이 한 마디는 성종의 치세를 대변하고도 남는다. 이를 통해 성종의 인군(仁君)다운 모습을 볼 수 있는 동시에 성리학적 대의명분 정치가 정착하는 단계임을 짐작케 한다.

그 후 성종 12년(1481) 11월에 사섬시 정 박계성 등 5인이 윤대 할 때, 사섬시 주부 송영이 아뢰었다.

인주(人主)의 동정(動靜)과 어묵(語黙)은 사신이 반
드시 기록해야 합니다. 지금 야대에 사관이 참여하
지 않음은 실로 잘못이오니, 청컨대 금후로는 사관
으로 하여금 입참(入參)하게 하소서.

성종 태실(창경궁)
ⓒ 장득진

성종은 고개를 끄떡였고, 십여 일이 지나 야대에까지 사관 입시를 허락했다. 연산군 대를 지나 중종 치세에서 독대 문제로 또 시끄러웠다. 추국에 관한 일로 이줄(李笛)의 독대를 받아들인 것이다. 정현왕후 친정 쪽 인물이었던 이줄은 어릴 때부터 중종과 놀던 막역한 사이였고, 독대 사실을 나중에 알아차린 홍문관에서는 그냥 넘어가지 않았다. 대역의 변이라도 사관이 참석한 연후에 처결해야 한다며, 이줄을 밀계(密啓)한 죄로 다스려야 한다고 목소리를 높였다. 하지만, 홍문관의 거센 요구가 받아들여지지는 않았다.

인조와 명종 조 이후는 독대가 별로 보이지 않는다. 사림 정치가 무르익자, 군신 모두가 독대 위험성을 두려워했기 때문이다. 그러다가 조선 후기 당쟁 속에서 벌어진 두 차례 독대가 큰 파장과 오점을 남기고 말았다.

상번上番·하번下番의 교대 근무

명종 재위 15년 4월에 사관들의 근무 상태가 엉망이라고 사헌부에서 아뢰었다.

> 사관 직책은 책임이 매우 중대하니, 당직인 상번·하
> 번 두 관원은 일각도 물러나 쉴 수 없고, 다른 관원도
> 마땅히 소속 관청에 부지런히 출근하여 시정(時政)
> 을 골라 기록하고, 만일 당직하는 사람이 연고가 생

기면 즉시 대직(代直)하는 것이 상례인데, 당직 관원이 대직자를 기다리지 아니하고 제멋대로 퇴근했을 뿐 아니라 본사(本司) 관원도 전혀 출근하지 아니하여 승정원에 사관이 없게 만들었으니, 병을 칭탁하여 퇴근해 버린 검열 유사신을 파직하고 나머지 미출근자도 모두 죄를 묻고, 아랫사람을 단속하지 못한 봉교 윤승경도 파직하소서.

사관은 시정 기록을 관장하기에 임금께 아뢸 때 반드시 참여하여 듣게 하는 것인데, 지난날 승정원이 유사신 등에게 죄를 물어 따지기를 청할 때 당직 사관이 없었으니, 마땅히 다른 사관이 당도하기를 기다렸어야 옳았습니다. 그런데도 사관이 있고 없는 것을 생각하지 않고 그대로 급히 계사(啓辭 ; 죄의 무겁고 가벼움에 대해 임금에게 올리는 글)하였으니, 이는 전에 없던 일입니다.

사관 8명은 상번(上番) 하번(下番)으로 나누어 2명씩 번을 서는데, '번(番)서다.'라는 의미는 당번 근무를 뜻한다. 시정 기록을 위해서는 사관들이 승정원에서 당직 근무해야만 했다. 6조를 비롯하여 각 관청에서 올리는 현안들 모두가 승정원을 통해 국왕에게 전달되기 때문이고, 사관들 입회 없이 임금께 상달 된다면 문제가 커진다. 사헌부 지적은 바로 이런 것이었다.

사관과 승지, 이들은 항상 임금 곁에 있어야 하는 시종지신(侍從之臣)으로 불린다. 승지 임무는 왕명 출납을 담당하기에 왕의 입과 혀처럼 움직여야 함에 반하여, 사관은 시정 득실과 선악을 평가하는 직임을 수행하기에 군왕의 권한을 견제하는 역할이다. 이렇듯 상반되는 직무상 서로 견제하고 앙숙처럼 비치는 경우가 자주 일어났던 게 당연했다.

사관은 참하관 중에서도 최하위 벼슬에 불과하나, 승지는 당상관이기에 계급에 있어 하늘과 땅 차이다. 그럼에도 신진의 젊은 엘리트로 구성된 사관들은 항상 패기만만한 자신감이 큰 장점이자 무기였다.

사관과 승지 간의 대립과 갈등은 사관들 입시를 놓고 벌어지는

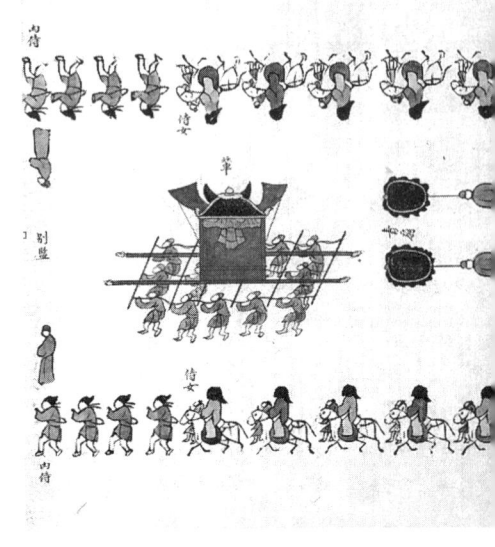

조선 후기 의궤(숙종인현후가례도감도청) 속에 나타난 승지와 사관 모습
ⓒ 규장각한국학연구원

경우가 많았다. 특히 제도가 정착해 가는 과정에서의 첨예한 대립은 나타날 수밖에 없었다. 태종 재위 시절에 시독 김과가 승지 모두 겸춘추였음을 일깨워주었고, 태종 또한 승지가 사관을 겸했다는 이유로 한림들 입시를 제한했다. 이런 추세를 반영이나 하듯 임금을 모시는 승지들도 임금 편에 서게 되었다.

태종 1년(1401) 5월 어느 날 경연에서 열띤 강론이 있었는데, 강이 파하자 주찬을 베풀어 떠들썩하게 마시고 있을 때, 사관 민인생이 나섰다.

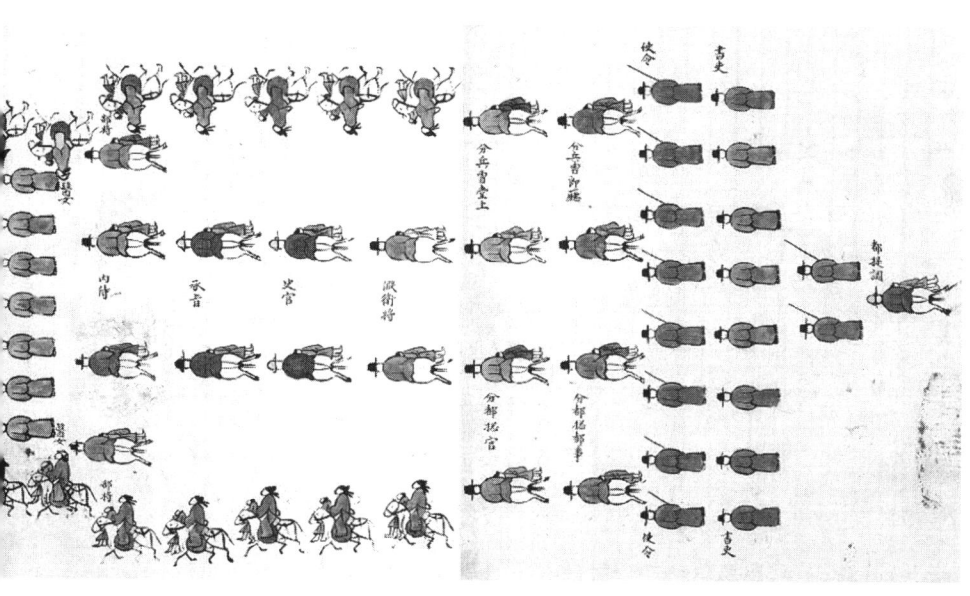

지금 여러 신하들과 더불어 강론하심이 매우 정(精)
하고, 온화한 말씀이 친밀하시니, 원컨대 전하께서
비록 편전에 앉아 정사를 들으실 때라도 사관으로 하
여금 입시하여 아름다운 말을 기록하게 하소서.

말이 떨어지기 무섭게 승지 박신이 가로채 막았다. 경연 입
시는 가하지만, 정사를 볼 때는 승지들도 입시하기 때문에 사관이
필요 없다는 식이었다. 승지들이 사관 입시를 방해한 것은 태종 대
에만 있던 것은 아니다.

문종도 대신이나 승지들을 만날 때면 사관을 따돌리거나,
예에 따라 먼저 나가게 하여 나중에 의논한 일을 듣지 못하게 방해
했다. 이 사실에 분개한 이는 예문 봉교 이인전이었다. 상소를 올렸

으나, 좌승지 정이한은 승지도 사직(史職)을 띠었으니, 한림이 듣지 않더라도 상관없다며 일축했다.

승지는 아침에 열리는 조계가 끝나면서부터 언제든지 계사(啓事)할 기회가 있었고, 또 수시로 왕명을 출납하고 있었다. 여기에서도 단독으로 들어가는 것이 아니라 당직 사관이 따라 들어가 기록으로 남기는 것이 관례였다. 이런 관례를 확고하게 다진 것이 세종 5년(1423) 7월이었다. 도승지에 해당하는 지신사 조서로가 사관이 들어오지 못하도록 환관들에게 지시했다. 사관들은 그냥 넘길 수가 없었다. 그때 동지춘추(同知春秋) 윤회가 나서자, 세종이 사관을 금하지 말라는 분부를 내렸다. 사관들의 한판승 마무리였다.

승지가 임금을 인견(引見)할 때 사관들 입시를 막은 것은 그 후에도 벌어졌다. 세조가 단종을 귀양 보내고 금성대군을 참한 후 단종의 장인 송현수 등의 재산과 처첩을 공신들에게 분배했다. 이 일로 도승지 조석문이 배알 하러 들어가니, 사관도 당연히 따라 들어갈 기세였다. 조석문은 결국 사관을 들어오지 못하게 막고는 혼자 들어갔다. 이때 상황에 대해 『세조실록』에서는, 윤사로가 조석문에게 다가와 송현수 딸을 자기에게 달라는 청을 넣었다는 기록까지 덧붙였다. 결국엔 사관들이 밖에서 들은 것까지 기록으로 남겼을 것이다.

세조 즉위에 좌익공신으로 봉했을 당시 1등 공신에 책봉된 윤사로는 정현옹주에게 장가들어 임금 총애를 한 몸에 받았던 인물이다. 성질이 요사스럽고, 식리에 능하여 외방 농장이 있는 곳에 만석을 쌓아 놓고, 서울 제택의 창고도 굉장하여 몇 리 밖에서도 바라볼 수 있을 정도였다. 그런 그가 또다시 송현수 딸까지 탐을 냈다.

어쨌거나 사관과 승지의 갈등이나 힘겨루기는 계속되었고, 세조 자신도 사관들 입장을 보호하겠노라 천명한 바 있지만, 내전에서 대신들과 의논하거나 술 마실 때는 사관이나 주서들 품계가 낮다는 이유로 들어오지 못하게 했다. 내사(內事)이기 때문에 비밀로 하는 것이 아니라, 승지들이 겸춘추 직을 수행하기 때문이라는 게 이유였다.

이렇듯 사관과 승지의 불편한 관계는 왕권 옹호와 견제라는 근본적인 원인에 기인한 것이기도 하지만, 세종 8년(1426)에 입직 사관도 승지나 주서와 다름없는 시신(侍臣) 반열에 들게 되었다는 것에서 야기된 측면이 강하다. 당상관의 승지가 9품의 검열과 동렬이라는 처지를 생각하면 당연한 생리가 아닌가.

명종이 왕자로 있을 적에 사부였던 신희복을 사관 입시 없이 인견(引見)한 적이 있었다. 사관 입시를 승지가 아뢰는 것이 임무이나, 이를 소홀히 했음을 사간원에서 지적하고 나왔다. 사건 책임자인 도승지를 교체할 수밖에 없었다.

승정원에서의 사관 당직 제도는 이렇게 생겨났다. 상·하번으로 나누어 근무하는 당직 사관은 자리를 비울 수가 없다. 일로 자리를 비워야 할 때는 반드시 대직을 세우도록 했다. 두 명의 사관이 번갈아 입직해야 하는 고달픈 일이었지만, 바른 역사를 남겨야 한다는 사명감은 어느 때보다 충만했다. 현종 때 대사간 민정중이 "한원(翰苑)의 옛 풍습에 하번(下番)인 자는 상을 당해도 나가는 것을 허용하지 않았다."고 한 바와 같이, 사관의 당직 업무가 참으로 무겁고도 중한 일이었다.

선조가 좌정승 이항복을 일로 불렀을 때, 상·하번 모두 병으로 자리를 비우자 패초(牌招 : 임금 명이란 패를 보내 급히 불러들임) 했건만 결국 달려오지 않았다. 불쾌하기 짝이 없었던 선조는 이렇게 내뱉었다.

"임금이 전좌(殿坐)하여 사관을 기다린다는 말이 어
디에 있던가. 오늘은 나의 심기가 평온치 못하니 좌
상은 우선 물러가라."

사관이 자리를 비울 때면 정사도 볼 수 없었던 나라인 것으로 생각되지만, 대개는 겸춘추가 그 일을 대행했다.

4
군왕과 사관들의 샅바 싸움

죽음도 불사한 사관 민인생

조선 초기 사관으로 활약했던 민인생(閔麟生)과 태종이 벌이는 한바탕 설전을 보면 재미가 있다. 목숨까지 걸었던 이 시대 젊은 사관들 노력이 흠결 없는 제도로 가는 지름길이었다는 점에서, 가슴이 뭉클해지고 고개가 저절로 숙여진다. 태종과 사관 민인생의 밀당을 실록에 고스란히 실어놨다는 점도 흥미롭다.

태종이 편전(便殿)에서 정사를 보았다. 사관 민인생이 들어가려 하자, 도승지 박석명이 가로막았다. "어제 홍여강이 섬돌 아래까지 들어왔었는데, 주상께서 말씀하시기를, '무일전(無逸殿) 같은 곳이면 사관이 마땅히 좌우에 들어와야 하지마는, 편전에는 들어오지 말라.'고 하시었다."라는 이유로 밀어낼 태세였다. 어제 동료 사관이던 홍여강이 편전 입시를 하려다가 쫓겨난 일을 두고 한 말이었다.

이대로 물러날 민인생이 아니었다. 직접 하명 받은 바가 없다는 이유로 편전 뜰 안까지 들어섰다. 태종이 그를 힐책했다. 하지만, 당당하게 민인생은, "전일 문하부에서 좌우에 사관 입시를 청하여 윤허하시었습니다. 신이 그 때문에 들어왔습니다."라고 대답했다.

톤을 조금 더 높인 태종이 편전에는 들어오지 말라고 일렀다. 민인생은 아랑곳하지 않고 따지듯 물었다. "비록 편전이라 하더라도, 대신이 일을 아뢰고 또 경연의 강론을 하는데, 신과 같은 사관이 들어오지 못한다면 어떻게 갖추어 기록하겠습니까?"

그제야 태종은 달랠 심산으로 웃으며 말했다. "이곳은 내가 편안히 쉬는 곳이니, 들어오지 않는 것이 가하다. 사필(史筆)은 곧게 써야 한다. 비록 대궐 밖에 있더라도 어찌 내 말을 듣지 못하겠는가?" 이 말은 사관들의 편전 입시를 끝까지 허락하지 않겠다는 최후통첩이나 다름없었다. 비록 편전이라 할지라도 정사를 보는 곳이자 경연 강론이 열리는 곳인데, 사관들을 내 쫓는 처사가 민인생으로서는 불만이었다. 어떤 처벌도 두려워하지 않을 민인생이 따지듯 항변했다.

신이 만일 곧게 쓰지 않는다면 위에 하늘이 있습니다.

유교를 이념으로 창건된 조선에서는 하늘이 가장 무서운 존재였다. 하늘이 곧 백성이었다. 사관은 하늘과 백성을 빽으로 두었으니 무엇이 두렵겠는가. 민인생 같은 인물들이 있었기에 조선 초기 사관제도가 하루빨리 정착해 갈 수 있었다.

조선왕조의 임금 중에서 가장 위엄을 세웠고, 또 신료들 위에서 호령으로 군림한 왕을 꼽으라면 당연히 태종이 첫 번째 순서일 것이다. 동시에 그는 조선왕조를 굳건한 반석 위에 올려놓은 임금이기도 하다. 세종대왕이 그의 재위기간 동안 아무 탈 없이 치적을 높이 쌓으면서 태평성대를 누릴 수 있었던 것도 부왕인 태종 덕분이었다.

태종은 원경왕후 민씨와 등을 돌리면서까지 그의 처남들에게 사약을 먹였고, 그 장인마저도 자진케 하였다. 외척이 발호하면 왕권을 위협하게 된다는 생각 때문이었다. 이렇듯 모든 준비를 완료한 후 셋째이던 충령에게 양위하였다. 왕위에 오르지 못한 양녕을 지방으로 쫓아 버리고, 자신이 죽고 난 후에도 한양 땅에 발을 들여놓지 못하게 한 것 또한 그러한 이유에서이다. 그는 재위기간 동안 조선조의 문물제도 초석을 거의 마련해 놓고 상왕으로 물러났다.

군왕이 싫은 자는 간관(諫官)이었다. 하지만 군왕이 겁내는 자는 사관이었다. 간관은 서슴없이 면전에서 직간을 해대고, 사관은 역사의 붓자루를 잡고 있기 때문이다. 따라서 품계가 보잘 것 없는 사관들이 위엄을 앞세운 태종 같은 군왕과 감히 설전을 벌일 수 있었다.

그 후에도 민인생은 태종이 가는 곳마다 따라 다닐 정도로

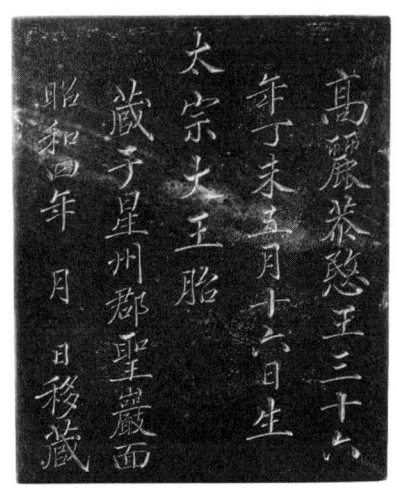

태종 태지석
© 국립고궁박물관

1996년 서삼릉 태실 발굴 조사 때 출토된 것으로, 원래 태종 태실은 경북 성주 조실산에 있었으나, 1930년 서삼릉 경내로 이봉되었다.

귀찮게 굴던 인물이었다. 사냥하는 곳까지 따라나서자 태종 안색은 변했고, 이에 사관으로 감히 직분을 다하기 위해 왔다고 응수했다. 다행히 옆에 있던 총제 이숙번이 사관 직책이 중하니 눈감아 주라고 거들었기에 조용히 넘어갈 수 있었다.

사관 입시(入侍)를 정착시키려고 태종이 앉아 있던 편전을 문밖에서 엿보기도 하고, 휘장을 걷고 엿보아 신하 예(禮)를 잃었다는 죄목으로 변방으로 귀양 가는 신세가 되었다. 아직 사관 입시 제도가 정착되지 못한 상황에서 희생되어 간 인물이었다. 그러나 그의 희생은 사관제도가 정착될 수 있도록 씨를 뿌리고 거름 주며 가꾼 거룩한 것이었다.

조선왕조는 유교적 정치이념을 앞세운 나라다. 조선왕조를 건국했던 정도전 등이 송나라의 유학을 바탕으로 천도(天道)를 강조하였다. 천도란 우주 만물이 살아가며 그 생명을 영원히 유지할 수 있는 것으로 해석된다. 따라서 백성을 편안하게 살 수 있게 해야 하는 왕도(王道)를 실현하기 위해서는 하늘의 도를 본받아야 마땅하다. 즉 천도를 거역하면 패역이 되는 것이다.

민인생과 태종의 대화에서 "사관 위에는 하늘이 있습니다." 라고 한 것은 단순한 하늘이 아니다. 백성이 곧 하늘이다. 신하들이 국왕을 견제하는 유일한 수단으로 하늘을 빌려 온 것도 이 때문이다. 따라서 하늘은 곧 민(民)을 보호하는 수단이니, 여기에서 우리는 조선 시대의 민본사상을 엿볼 수 있다.

조선왕조에서 천문학이 매우 발달했다는 것은 널리 알려진 사실이다. 특히 세종대왕이 장영실이나 이순지 같은 걸출한 천문학자를 배출하여 천문 관측기구와 역법을 계산하는 방법 등을 연구시킨 것도 하늘은 항상 두려움의 대상이었기 때문이다.

물론 자연재해로 인한 두려움 때문이기도 했지만, 왕도를 실현하지 못하면 천문현상에 이상이 생긴다고 여긴 탓이다. 이는 천도를 거역하는 것이기 때문이다. 따라서 전통시대의 역사기록물에는 정치·경제 못지않게 천문에 관한 사항이 매우 자세하게 기록되어 있는 이유가 여기에 있다. 혜성이나 지진이 나타나고, 천문현상에 이상이 생기면 군왕은 피전(避殿)이나 수라상의

혼천의
ⓒ 국립중앙박물관

반찬 수를 줄이는 감선(減膳) 등을 하면서 더욱 자숙해야 한다. 이어 영의정을 비롯한 대신들의 사직을 청하는 상소가 줄을 잇게 된다. 정치를 똑바로 하지 못해 천도를 어겼으니 당연한 절차이다. 만약 사직소를 올리지 않는 대신이 있다면, 간관(諫官)이나 사관이 그냥 두질 않는다. 왕조실록에 남긴 사관들의 사론에 이런 일 때문에 비판당했던 사람들의 예는 자주 보이는 것 중의 하나이다.

이렇듯 조선 시대의 성리학적 우주관과 천문관 때문에 『조선왕조실록』은 세계에서도 유래를 찾아보기 힘들 정도로 장장 500년에 걸친 천문현상들이 빠짐없이 기록되어 있는 보고(寶庫) 중의 보고다.

앙부일구(해시계)
ⓒ 국립민속박물관

사관과 하늘을 무서워하는 군주를 가진 나라. 이런 나라에서 사관이 두려운 존재일 수 있는 것은 직필이 있기 때문이고, 그 위에는 하늘이 있기 때문이다. 또 그 위에는 백성이 있기 때문이다.

사관 입시入侍를 꺼렸던 세종

입시란 대궐에 들어가서 임금을 뵙던 일을 말한다. 그런데 사관들의 입시 허락을 받아내는 일이 여간 어려운 게 아니었다. 사관이 사초를 작성하기 위한 전제 조건이 입시였으니, 직무를 수행하기 위해서는 항상 군왕 옆에 있어야만 했다. 전통 사회는 분명히 군왕 중심으로 움직이는 역사 흐름일 수밖에 없는 것이 현실이었다. 군왕의 공식 일정뿐 아니라 사적인 말과 행동 하나라도 놓치지 않기 위한 힘겨운 노력이 필요했다.

조참(朝參)이나 경연(經筵), 윤대(輪對), 정청(政廳) 등과 같은 행사는 물론이요, 백관회의와 외국사신 접대 및 왕의 나들이까지 반드시 사관이 수행해야 하는 이유도 여기에 있다. 그러나 군왕의 입장에서는 사관들의 눈을 의식하지 않을 수가 없다. 다른 사람의 감시를 받는다는 것은 누구나 본능적으로 싫을 것이다.

하늘의 명으로 인군(人君)의 자리에 올랐으니 하늘을 거역할 수가 없고, 또 유교정치 사상 아래에서 역사를 기록으로 남겨야 하는 대의명분을 거역할 수가 없다. 그러한 이념을 따르자니 싫어도 좋은 척 할 뿐이다. 이리하여 각 군왕들은 사사건건 졸졸 따라다니는 사관 입시를 막을 방법을 찾아 별 궁리를 다하게 된다.

조선 시대 군왕의 하루 공식 일정은 주로 아침 조회로 시작한다. 각 관청에서 그때그때 현안이 되는 문제를 아뢰는 일로, 그 모임을 조참(朝參)이라 하고, 아뢰는 말을 조계(朝啓)라 한다. 주로 정사의 자문과 현황 파악을 위한 자리이다.

경연은 주로 원로대신들을 경연관으로 임명하여 왕에게 유

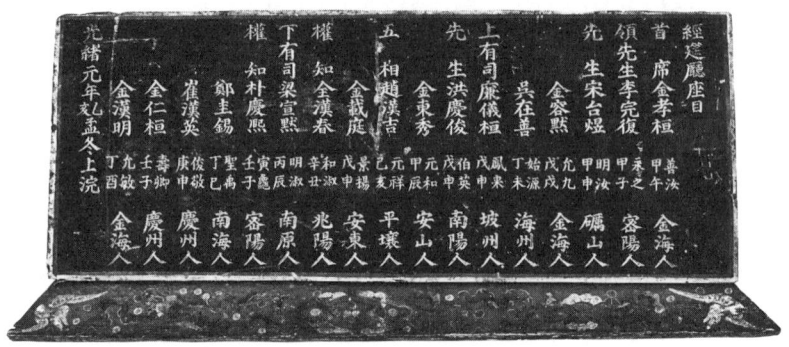

경복궁 경연청에 걸렸던 좌목 현판
ⓒ 국립중앙박물관

교 경전과 역사를 강의한다. 군왕에게 유교적 통치원리를 익히게 하는 교육기관으로의 성격이 강하다. 그러나 이 자리에서는 정책에 대한 문제까지 깊숙이 논의되고, 때로는 신하들의 싫은 잔소리도 들어야 하는 자리이기도 하다.

그러니 경연 참석을 꺼리는 군주는 매우 많았고, 아예 한동안 경연을 폐하는 군주도 있었다. 아침에 이루어지는 경연을 조강이라 부르며, 낮에 이루어지는 것이 주강, 저녁에 이루어지는 것은 석강이다. 세자에게도 경연과 같은 자리를 마련해 주는 제도가 있었는데, 그것이 서연(書筵)이다. 학덕이 높은 자들을 서연관으로 임명하여 세자의 교육을 맡긴다.

윤대는 문무백관들이 한 달에 3번 정도 돌아가면서, 소속 관청의 일을 보고하고, 임금이 궁금한 사항들을 질문하면 이에 답하는 자리이다. 군주와 신하 간에 은밀한 논의사항이나 서로 부탁할 일은 이때 주로 이루어진다. 그러나 독대는 간단치가 않다. 간관과 사관들이 도끼눈을 뜨고, 곱지 않은 시선을 보내기 때문이다. 따라서 사관들의 입시문제를 놓고서 가장 예민하게 부닥치는 부분이 아닐 수 없다.

정청은 인사행정이 열리는 자리이다. 조선 시대 인사권은 이조와 병조에서 나눠 갖는 이원적인 형태였다. 문관은 이조에서, 무관은 병조에서 각각 인사권을 장악하여, 추천된 후보자를 최종적으로 군왕에게 재가를 받는 절차가 정청인 셈이다. 그러나 특히 인사행정은 비밀로 해야 할 일들이 많은 것은 당연하고, 그러한 특성으로 인해 사관 입시가 가장 늦게 허락되었다.

이러한 공식 행사에 사관들이 입시한다는 것은 왕권을 견제하는 수단이자, 동시에 왕과 신하들의 사적인 결탁을 막는 제도이다. 그러니 왕은 왕대로, 대신들은 그들 나름대로 사관 입시가 여간 신경 쓰이는 게 아니다.

전통시대 임금들은 보통 선왕이 죽고 난 뒤 즉위식을 갖는 게 보통이다. 그러나 조선 시대 임금 중에는 살아 있는 동안 세자에게 양위 하고, 뒷전으로 물러 않은 경우가 종종 있었다. 태조 이성계가 재위하는 동안 아들 간에 골육상쟁의 쓴 경험으로 정치에 환멸을 느꼈음인지, 군왕을 길을 버리고 재야로 물러앉았다. 그를 이어 즉위한 정종 역시 방원에 의해 옹립되었기에, 즉위 2년 만에 동생에게 왕위를 물려주고 말았다. 이리하여 정종은 상왕이 되고, 태조는 태상왕이 되었다.

정종에게 왕위를 물려받은 태종 역시 18년의 재위기간 동안 왕권을 확립해 놓고, 셋째 충녕에게 양위하고 상왕으로 물러앉았다. 그러나 이는 전시대의 경우와 좀 다르다. 그는 왕위를 계속 지키고 있을 수 있었음에도 불구하고, 아들 세종에게 양위 했다. 왕권 확립을 위해 충분한 사전 작업을 마무리한 상태에서 왕위를 물려주었지만, 그래도 혹시나 하는 마음에서 병권만은 자신이 장악하고 있었다.

이러니 세종은 그의 부왕이자 상왕이신 태종이 거처하는 수강궁에 매일 문안인사를 가게 되었고, 갈 때마다 국가의 대사를 상왕과 의논하지 않을 수 없었다. 수강궁은 세종이 거처하는 창덕궁에서 그리 멀지 않았기 때문에 걸어서 가게 되고, 이때 비서들인 대언(代言 : 그 당시는 승지를 그렇게 불렀다)과 그 아래 주서(注書) 및 호위하는 병조관들까지 시종하였다.

그런데 당연히 수행해야 할 사관들의 모습이 보이질 않았다. 이를 보다 못한 원숙이 사관들도 마땅히 시종(侍從)하게 해달라는 건의를 올렸지만, 대언들도 편수관을 겸한 것이니, 경은 신경을 쓰지 말라는 냉담한 대답만 돌아 올 뿐이었다.

이는 평소 사관 입시를 꺼렸던 부왕의 심중을 헤아려 그렇게 조치했는지는 알 수 없다. 더구나 이제 막 정사의 첫걸음을 배우는 단계인데, 그의 엄하디 엄한 부왕이 생전에 임금의 자리를 물려주었으니, 상왕의 눈에 거슬리는 행동은 가급적 자제하기 위한 것처럼 생각되기도 한다. 양녕 형님도 상왕의 눈 밖에 나 결국 보위에 오르지도 못한 채 도성 밖으로 쫓겨나지 않았던가.

세종 시대에 사관을 바라보는 눈은 전 시대보다는 훨씬 나아진 것은 틀림없다. 그것은 세종의 인물 자체가 그러하듯 태조나 태종과는 달리 천성이 어질고 학문을 숭상하는 일면 때문에 조선조 최고의 인군이요, 심지어는 성군으로까지 묘사되고 있지 않은가.

세종대왕 왕자군 태실(경북 성주)
ⓒ 박홍갑

정치가 안정되고, 문물의 기초가 닦여지고, 과학 기술이 발달하여 조선조 최고의 태평성대를 맞이한 시대가 세종 대였다는 사실을 모르는 사람은 없다. 그러한 태평성대의 고속도로를 닦아 놓은 사람이 그의 아버지 이방원이었다는 사실도 동시에 알아야 한다.

　　사관 입시에 대한 조치가 전 시대보다 훨씬 나아지고 있음은 여러 군데서 확인할 수 있다. 정사를 보는 자리에서 사관은 언제나 전외(殿外)의 동쪽 층계 위에 엎드려서 임금의 말과 행동을 기록하도록 되어 있었으나, 전내(殿內) 기둥 밖으로 자리를 편하게 해 주는 조치를 내린 임금이 세종이기도 하다.

　　비서실장격인 지신사 조서로(趙瑞老)가 대언들이 임금에게 보고하는 일이 있을 때 환관들로 하여금 사관들이 따라 들어가지 못하도록 막은 일이 있었다. 이 일을 전해들은 세종은 즉각 조서로에게 명하여 사관 입시를 막지 못하게 지시를 내린 바가 있다. 또 세종 6년(1424) 9월에는 경연이 열려 경연관이 강할 때에, 사관도 법식에 따라 들어와 참예하도록 조치를 내렸고, 그의 말년에는 세자가 군왕의 수업을 받는 서연(書筵)에도 사관 입시를 허락하지 않았던가.

　　세종 7년 11월부터는 매일 조계(朝啓)에 2명의 사관으로 하여금 종이와 붓을 가지고 입시하여 기록하게 한 후 대언과 함께 물러가게 하고, 조계한 뒤에는 한 명의 사관이 일을 기록하도록 하였다. 몇 달 전 영춘추관사 이원이 중국 제도를 들먹이면서 사관 2명이 임금 좌우에서 기록해야 하며, 맨 나중에 물러 나와야 빠짐없이 기록할 수 있다는 건의에 대한 화답이었다.

　　아무튼 세종 대에 들어와 사관의 권위와 직무가 보다 크게 인식된 것은 틀림없다. 동시에 장계나 하교한 명령들도 반드시 사관의 기록을 거친 후에 해당 관청에 내리도록 조치한 것도 바로 이 시대였다.

　　세종 시대에는 사관들이 국왕이 정사를 볼 때 곁에 입시하는 문제만큼은 전시대보다 관대한 정책을 펴고 있었다. 그럼에도 불구하고, 신료 몇 명만 만나도록 주선된 윤대에는 사관들의 입시를 끝내 허락하지 않을 기세였다. 보다 못한 사간원에서 간쟁이라는 본연의 업무를 수행하기 위해 직언을 했다.

　　　　옛적에 각 나라가 사관을 두어서 임금의 행동을 반드
　　　　시 적고, 그때의 사실을 반드시 기록하여 후세에 공
　　　　도(公道)를 보였습니다. 지금 우리나라 윤대하는 법
　　　　에 각 관청 4품 이상을 매양 정부와 육조·대간이 조

계(朝啓)한 뒤에 인견(引見) 독대하여 아랫사람들의 실정을 다 아뢰도록 하는데, 이것은 진실로 성대(盛代)의 아름다운 법입니다. 그러나 사관이 참여하지 못하니 그 아름다운 말씀과 착한 행실을 어떻게 해서 후세에 전하겠습니까. 전하께서는 이제부터 윤대할 때에 사관도 참여하도록 하시기를 원합니다.

그러나 세종은 꿈쩍도 하지 않았다. 원래 윤대라는 제도는 아랫사람의 실정을 알아보기 위해 중국의 송 태조에서부터 시작된 제도이다. 이런 제도를 정착시키려는 노력은 좋았지만, 자칫 독대라는 위험도 안고 있는 게 문제였다.

세종은 그의 말년에 독대와 비밀회의를 즐긴 것으로 나타난다. 특히 당시 원로대신들이던 영의정 황희·우의정 하연·우찬성 김종서·우참찬 정분 등을 불러 비밀리에

영릉 세종대왕 신도비(동대문구 회기동)
ⓒ 국가유산포털

경기도 광주(현 서울 서초구)에 있던 영릉을 예종 1년(1469) 여주로 옮길 때 그 자리에 묻었고, 이를 발굴한 1974년 세종대왕기념관으로 옮겨 보존하고 있다.

4. 군왕과 사관들의 샅바 싸움 **131**

만나는 일이 잦았고, 그때마다 사관들은 그 자리에 입시하기 위해 갖은 수단을 동원하였지만, 세종은 자리를 피해 달라고 노골적으로 요구했다. 당시 실록은 그 상황에 대해 이렇게 기록하고 있다.

> 근래에 무릇 일을 의논할 때는 남들이 듣지 않게 하
> 려고 하여, 반드시 먼저 사관을 물리치는데, 사관이
> 또한 물러날 뿐이고 감히 말 한마디도 못했다.

실로 이는 세종의 독단이 아닐 수 없다. 세종은 여기에 그친 것이 아니다. 말년에 양위를 위한 준비작업으로 세자에게 국사 결재권을 많이 넘겨주었다. 이에 의정부와 육조는 물론 중추원과 한성부·대간(臺諫)에 이르기까지 명했다. 세자에게 친히 아뢸 일이 있으면 승정원에 통고하여 접견 허락을 받은 후 승지와 사관이 함께 참석하되, 비밀이나 기밀에 속하는 일이면 승지와 사관은 참석하지 말라는 전교를 내리기도 했다.

세종 말년에 병환으로 궐내에 불당을 짓고, 불교에 심취했다. 유교를 바탕으로 건설한 국가에서 내불당 세우는 것에 대해 대신들과 사관들이 고운 시선을 보낼 리가 없었다. 세종 후기의 실록 내용 또한 그러한 부분들이 여러 군데에서 확인되고 있다. 이를 의식하지 않을 수 없었던 세종은 자주 수양과 안평을 불러 의논했다. 승지와 사관들을 물리치고 비밀리에 만났음은 물론이다. 독대를 즐긴 것이다.

권력에 맞선 역사 바로 세우기

연산 3년(1497) 7월 어느 날 왕이 경연에 참석하자, 기사관 이유녕이 정청에 사관이 입시해야 한다는 요지를 갖추어 임금께 아뢰었다. 정청에서 비단 전교만 맡을 것이 아니라, 전조(銓曹 : 인사권을 가진 이 병조)에서 인물을 선정 임명하는 것도 기록해야 한다는 건의였다. 그와 아울러 인사행정이 이루어지는 정청에도 참여해야 한다는 뜻을 담았다.

그러자 연산군은 전례가 어떻게 되는지 물었다. 기사관 정희량이, 지금껏 사관들이 정청에 들어가지 못하게 되어 있다고 답했다. 이유녕이 재차 아뢰었다. 잡인이 정청에 출입할 수야 없지만, 사관은 국가의 비밀을 모두 참예하여 들어야 하는 직책이니, 참여하는 게 마땅하다는 논리였다.

그런데 윤필상 대감이 거들고 나섰다. 선 왕조에 없었던 일일 뿐더러, 승지가 겸춘추로 정청에 들어가 참예하니, 사관은 들어가지 않아도 된다는 의견을 제시했다. 노 대신으로서야 당연한 소리였다. 젊은 선비 정희량은 뜻을 굽히지 않았다. 지방의 조그만 고을 일도 옛날은 야사(野史)가 있어 빠짐없이 다 기록해 왔는데, 하물며 사람을 등용하는 큰 정사야 말할 것이 못된다는 주장이었다.

이를 지켜보던 연산군은 이 안건 처리가 당장은 어렵다는 것을 느꼈다.

이는 과연 폐해가 없겠다. 다만 조종 조에서 없었던 일이라 경솔하게 하는 것은 불가하니 마땅히 수의하여 처리하도록 하라.

사관의 정청 참여에 대해 긍정적으로 검토하는 듯했지만, 한 달 후 신료들과 논의 과정에서 이 문제는 원위치로 돌아가고 말았다.

5년이란 세월이 흘렀다. 무오년의 참혹했던 상처가 아물어 갈 무렵, 사관들은 또 다시 정청 과정을 기록으로 남겨야 한다고 주장했다. 묵살 할 수 없었던 연산군은 경연에서 예조판서이자 지경연사였던 이세좌 등에게 하문했고, 경연관들은 기다렸다는 듯이 아뢰었다.

신 등은 조종 때로부터 시종(侍從)하기를 이미 오래 하였는데, 사관은 경연에서 붓과 벼루를 가지지 못하며 머리를 숙이고 땅에 엎드릴 뿐입니다. 지난 신해년(성종 22)에 성종께서 북쪽 여진족을 정벌하려 할 때, 정문형이 경연에서 징벌하지 말기를 계청(啓請)하였으나, 사관이 잘못 듣고 '신(臣) 세좌가 아뢰었다.' 말하니, 성종께서는 사관들이 잊어버리는 일이 있다고 생각하셔서 비로소 붓과 벼루를 가지고 머리를 들고 듣도록 윤허하시었습니다. 지금 나아가서 듣고자 한다면 이를 윤허해도 무방하겠습니다.

연산군 8년(1502) 10월 28일에 열린 경연이었다. 경연에 배석한 사관들이 붓과 벼루도 없이 엎드렸다가, 나중의 기억을 더

듣어 기록해야 하는 참으로 어처구니 일들을 매듭지으려는 결의였
다. 이를 들은 연산군의 자세는 긍정도 부정도 아니었다. 그리고는
더 이상의 진전 없이 세월만 흘러갔다.

　　연산군 9년 9월 어느 날 양로연이 열린 자리에 술잔이 오갔
다. 거나해질 무렵 배석한 신하들에게 연산군이 돌림잔을 내렸다.
술 단지 옆에만 가도 취하던 이세좌였으니, 바짝 긴장된 모습이었
다. 어탑에서 내려진 술잔을 실수로 엎질러 용포를 적셨다. 발끈한
연산군은 이세좌를 추국하라 명했다. 며칠 지나 또 다시 파직시켜
버렸다.

　　이제는 대신들이나 대간들이 나서 줄 것이라 여긴　연산군
은 분노했다. 모두가 꿀 먹은 벙어리였기 때문이었다. 참다못한 연

이세좌의 묘(충북 괴산)
ⓒ 장득진

산군이 예전 일을 끄집어냈다. 임금을 모신 연회에서 기생에게 과일을 던져 희롱한 이계동을 두고는 벌떼 같이 탄핵하던 대간들이었다. 이세좌 가중 처벌에 대한 문제에 입을 다물고 있던 자들이 너무나 괘씸했다. 이세좌의 막강한 권세 때문이라 여겼다.

이세좌 아들 이수의는 한림 벼슬에 있었고, 이수정은 홍문관 수찬이었다. 한림과 언론기관에 포진하고 있던 아들이 무서워 입을 다문다고 대신들을 다그쳤다. 둔촌 이집 이래 정승 판서를 연이어 배출한 당시 광주 이씨 위세가 가히 하늘을 찌르고도 남음이 있었던 것은 사실이다. 이세좌는 전라도 무안으로 유배되었다가 풀려나긴 했지만, 연이어 터진 갑자사화로 결국 죽음을 당했다.

폐비 윤씨에게 사약 내릴 당시 이세좌는 형방 승지였다. 그가 가지고 간 사약을 마신 윤씨는 피를 토하고 죽어갔다. 이세좌가 집으로 돌아와 자리에 누웠는데, 폐비문제가 어떻게 돌아가는지 아내가 물었다. 이미 사약을 내렸다고 전하자 벌떡 일어난 아내가, "이제 우리 자손은 종자도 남지 않게 생겼구나."라며 탄식했다. 그의 두 아들도 끔찍한 참형에 처해졌다.

이 이야기는 갑자사화 참상의 한 부분에 지나지 않는다. 말로 형용하기 어려울 정도의 참상들이 한 차례 휘몰아 가고 난 다음 조용하게 지나가나 싶더니, 연산군이 일을 또 벌였다.

전일 경연에서 사관을 정청에 참여시키도록 청하는 자가 있었는데, 그 사람은 얼굴이 검고 수염이 많았으니, 이는 반드시 이현보일 것이다. 신진으로서 감히 의논드리는 것은 지극히 불가한 일이니 잡아다가

농암 이현보 초상
ⓒ 한국국학진흥원

장형에 처하고, 현보가 계청하기 전에도 또한 말한
자가 있었으니 아울러 상고하여 아뢰라.

느닷없이 잡혀 온 이현보 엉덩이엔 피로 물들었다. 연산군
10년(1504) 12월에 벌어진 이 사건 배경을 알기 위해서는 2년 전
으로 거슬러 올라가야 한다. 폭군이 기억해 낸 그날이 연산군 8년
10월 28일이었고, 검은 얼굴에다 수염이 긴 인물 역시 기사관 이현
보가 틀림없었다. 바른 역사를 남기기 위해 그가 건의한 내용은 다
음과 같다.

신이 사관이 되어 모든 일을 자세히 듣고 갖추어 기록하여 후세에 전하고자 하지만, 전하께서 경연에 납실 적에 신 등의 자리가 제일 멀기 때문에, 대간이 아뢴 말을 미처 자세히 들을 수 없으면 밖으로 나가 대간에게 물어서 쓰게 되니, 일이 온당치 못합니다. 하물며 전하께서 전교하실 때 미처 듣지 못하는 일도 있으니, 신의 생각으로는, 사관이 대간 앞으로 나가서 들으면 비록 미처 다 쓰지 못하는 일이 있더라도 밖으로 나가서 잊어버리는 일은 없을 것으로 여겨집니다. 또 전에 사관이 정청(政廳)에 참여할 것을 아뢰었으나, 하교하시기를, '승지가 춘추관을 겸하고 있고 전조(銓曹) 낭관 또한 이를 겸하고 있으므로 좇을 수 없다.' 하셨지만, 겸춘추는 한 달 단위로 중요한 일을 기록하다 보니 어찌 다 갖추어 기록할 수 있겠습니까? 그런 까닭으로 비록 긴요한 일인데도 사관들은 전해 듣고 기록하게 되니, 만세에 남겨 전할 역사를 어찌 전해 듣는 것을 가지고 믿음을 얻을 수 있겠습니까? 신의 생각으로는, 〈정청에〉 참여하는 것이 온당하다 여기옵니다.

이에 대해 연산군은 "내 말소리가 분명하지 못하니 비록 자세히 말하더라도 과연 다 듣지 못할 것이다. 하지만, 정청에 사관들을 참여시키는 일은 조종의 고사가 아니니 좇을 수 없느니라." 하면서 넘어가려 했다. 그러다가 경연관 이세좌나 안침 등에게 재차 검

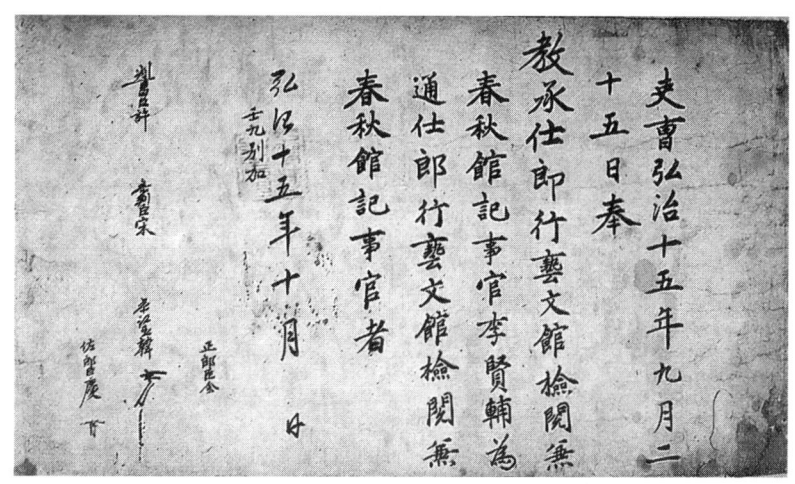

홍치 15년(연산군 8년 10월 25일) 예문관 검열 겸 춘추관 기사관 이현보 교지
ⓒ 한국국학진흥원

토 의견을 구한 바 있으니, 그 상황에 대해선 앞에서 본 그대로다.

아무튼. 이현보를 갑자기 잡아다 죄를 물은 것은 사화 여파가 채 가시기 전이었고, 사간원 정언으로 있던 이현보가 서연관들의 세자 시강 문제를 제기했다가 안동으로 귀양 간 적이 있는데, 이런 사정들이 겹쳐 연산군 뇌리에 각인되었을지 모를 일이다.

이세좌나 이현보가 아뢴 내용들이 당면과제였던 역사바로 세우기는 틀림없으나, 폭군 연산군은 또 다시 이를 문제 삼아 세상을 뒤집어 놓고야 말았다. 시정기에 담긴 내용들이 양날의 검이었기 때문이다.

시정기 속에 숨은 양날의 검

폭군들도 두려워했던 한림들의 붓놀림과 대간들의 직간을 담은 시정기가 때론 빌미가 되어 큰 화를 불러 왔다. 연산군 재위 11년 2월 8일에 춘추관 당상 유순·허침·박숭질·강귀손·김수동에게 명하여, 시정기에 적힌 대간들의 논계(論啓) 일을 샅샅이 조사·보고하라는 명이 떨어졌다. 연산군 눈에 거슬린 이들이 살아남지 못했음은 물론이다. 죽은 자에게는 무덤을 파헤쳐 뼈를 산산조각 내는 끔찍한 형벌로 앙갚음 했다. 하지만, 참혹했던 실상을 후일 『연산군일기』에 고스란히 담아냈으니, 이것이 참 역사가 아닌가 싶다.

첫째, 경신년(연산군 6년) 10월 21일에 임금이 경회루에 납시어 시사(試射)할 때에 윤필상·한치형·성준이 '북풍이 매우 찬데 오래도록 추운 곳에 계시니 마음에 참으로 미안합니다.'라고 아뢴 일을 갖고, 전교하기를, "필상 등은 자기들 찬바람이 싫어 이처럼 말하였으니, 진실로 통렬히 징계해야 하겠다. 그 자손으로서 아직 죄 받지 않은 자를 몽땅 찾아 결장(決杖)시켜 출송(出送)하라." 하였다.
둘째, 계해년(연산군 9년) 11월 20일에 내한매(耐寒梅 ; 궁중에 동원되던 기생)를 글제로 시를 짓도록 명했으나, 대사헌 이자건, 집의 이계맹, 장령 이맥, 지평 유희저가 짓지 않았던 일을 갖고, 전교하기를,

"짓지 않았을 뿐만 아니라 창아(娼兒)로 글제를 삼아 짓도록 명함은 온편치 못하다고 말한 자가 있었으니, 아랫사람은 임금의 명을 한결같이 좇아 어김이 없어야 하거늘, 어찌 감히 이러한가? 그때 내가 대비전을 위하여 향연을 베풀어 술에 취해 희롱한 것인데도 이렇게 말하였으니, 먼저 발언한 자를 이자건에게 묻고, 시를 짓지 않은 자를 잡아다 국문하라." 하였다.

셋째, 임술년(연산군 8년) 10월 28일에 경연에 기사관 이현보가 '정청에 사관이 들어와 참석하게 하소서.'라고 아뢴 일을 갖고, 전교하기를, "이현보를 잡아와 국문하라." 하였다.

넷째, 정사년(연산군 3년) 7월 6일 경연에서 대간이 어사를 보내어 적간(摘奸)하기를 청하니, 지사 이세좌가 '그 간사함을 적발하고서 어서를 보내 추국함이 옳으며, 때 없이 보내어 한 도를 시끄럽게 해서는 안 됩니다.'라고 아뢴 일을 갖고, 전교하기를, "세좌는 뼈를 부수었는지 상고하여 아뢰라." 하였다.

다섯째, 계해년(연산군 9년) 2월 15일에 경연에서 대사헌 최한원이 '한어(漢語)는 경연에서 진강하기에 마땅하지 못하니, 만약 폐지할 수 없다면 경연 뒤에 보시는 것이 진실로 마땅합니다.' 하고, 정언 정침이 '임금의 일은 본디 많으므로 전업(專業) 하기는 못하실 듯합니다.'라고 말한 일을 갖고, 전교하기를, "정침 등을 잡아와 국문하라." 하였으나, 유순 등이 아뢰기를, "그때에 굳이 간쟁한 자를 『시정기』에 상고하여도 없었습니다." 하니, 전교하기를, "굳이 간쟁한 자가 유세침이라고 생각되는데, 어찌하여 쓰지 않았는가? 임금의 일은 자잘하더라도 다 쓰면서 이와 같이 변변치 않은 무리의 말은 쓰지 않았으니, 그때의 사관을 국문하여 치죄하라." 하여, 기사관 양계벽·조계형을 의금부에 하옥시켰다.

여섯째, 정사년(연산군 3년) 7월 29일에 경연에서 기사관 이유령이 '정청에서는 전교만 하고 마는 것이 아니라 정조(政曹)가 인물을 논계(論啓)한 말도 써야 하므로, 앞으로는 정청에 승전색(承傳色)이 드나들 때에 오가면서 참청할 것'을 아뢴 일을 갖고, 전교하기를, "유령의 뼈를 부쉈는지 상고하라." 하였다.

일곱째, 기미년(연산군 5년) 1월 13일에 사간원 정언 윤은보가 '요사이 유자광이 석화(石花)·생복(生鰒) 따위를 사사로이 바쳐 임금 은총 굳히기를 바라니, 그 간사함이 아주 심합니다. 먼저 자광의 아첨한 죄를 다스려서 간신이 총애를 굳히려는 생각을 징계하소서.'라고 아뢰고, 사헌부 지평 권세형이 '자광이 함경도에 봉사(奉使)함은 해착(海錯)을 위한 봉사가 아니거늘, 역로의 피폐를 돌보지 않고서 주·군에서 거두어 모으고 역마를 마음대로 징발하여 세 짐바리나 많은 것을 사사로이 바쳐서 아첨하였으니, 어찌 유

식한 자가 차마 할 바이겠습니까.'라고 아뢴 일에 책
임을 물어, 전교하기를, "이처럼 말한 데에는 반드시
뜻이 있으리니, 실정을 고할 때까지 형신하라." 하였
다.

여덟째, 무오년(연산군 4년) 9월 14일에 한치형이
'어젯밤에 창경궁 자순왕대비전(慈順王大妃殿)의 실
화로 대비께서 반드시 놀라셨을 것입니다. 이는 비
록 사람이 삼가지 못한 데에 말미암았으나 재변이 아
니라고 할 수 없으니, 명일의 열무(閱武)를 멈추소
서.'라고 아뢰고, 이극균이 '신이 연경에 갔을 때 궁
중에 밤에 화재가 있었는데, 황제가 조회를 보지 않
으매, 신하들이 정사 보기를 청한 지 4일 만에 따랐
습니다. 요즈음 재이가 이러한 데도 문득 이런 거조
(擧措)가 계시니, 신은 바깥사람 소문에 온당치 못함
이 있을 것 같습니다.'라고 아뢰니, '화재는 사람의
소치로 말미암고 대비께서도 강녕하시며, 무사(武
事)는 늦출 수 없으므로 시행해야 할 것으로 생각한
다.'고 전교하매, 치형 등이 '어젯밤에 이와 같은 재
변이 있었으니 바깥사람이 어찌 대비께서 안녕하신
줄 아오리까.'라고 아뢴 일을 갖고, 전교하기를, "치
형이 비록 한때는 재상이었으나 어찌 사리를 알겠으
며, 극균이 중국 고사에 의거하여 말했으나, 이런 일
이 있고 없음도 알 수 없는데 이처럼 말한 것은 그 마
음에 다른 뜻이 있는 까닭이다. 그 자손에게 죄를 가

하라." 하였다.

아홉째, 계해년(연산군 9년) 9월 2일에 대사간 유헌, 사간 곽종원, 집의 유세침, 장령 유숭조와 유희철, 헌납 정사걸, 정언 김언평과 서후가 '이점이 흰 꿩을 바쳤으니, 이는 아첨하는 것이므로 체직하여 국문하소서.'라고 아뢴 일을 갖고, 전교하기를, "이는 반드시 뜻이 있으리니, 실정을 고할 때까지 형신하라." 하였다.

이렇듯 시정기에 올랐던 간쟁 건들을 샅샅이 뒤져, 죽은 이들은 뼈를 산산조각 냈을 뿐 아니라 자손들까지 처형했고, 산 사람들은 모조리 잡혀 와 모진 고문을 당했다. 만대에 전할 실록을 편찬하기 위해 활용되어야 할 시정기가 폭군의 언로 탄압 근거로 활용되었으니, 이는 참으로 역사의 큰 비극이었다.

연산군이 처음부터 폭군 모습을 보인 것은 아니다. 그의 생모이던 폐비 윤씨의 죽음이 어떠했나를 조금씩 알면서부터 폭군 기질이 나타나기 시작했다. 폐비 사건이 어린 연산에게는 감추어 진 사실이었지만, 그의 성장에 미친 영향이 전혀 없었다고는 볼 수가 없을 것 같다.

아무튼 연산의 폭군적인 모습은 집권 후반기로 갈수록 극에 달했다. 반정이 일어나기 보름 전까지도 사관들에게 시정만 기록하고 임금의 일을 기록하지 못하게 하는 전교를 내렸으니, 그토록 폭정을 일삼으면서도 역사를 두려워했다는 사실에 측은한 생각마저 든다. 시중들던 승지 강혼에게 물었다.

폐비 윤씨의 회묘(고양 서삼릉 경내)
ⓒ국가유산포털

서울 회기동(현 경희의료원)에 있었으나 1969년 서삼릉 능역으로 이장했다. 갑자
사화 당시 제헌왕후(齊獻王后)로 복위되면서 회릉으로 승격되었다가 중종반정으
로 삭탈되면서 묘로 격하되었지만, 능 조성 당시 석물은 그대로 남아 있다.

임금이 두려워하는 것은 사서(史書)뿐이다. 『춘추』
에 이르기를 '어버이를 위하는 자는 은휘한다.[爲親
者諱]' 하였으니, 사관은 시정만 기록해야지 임금의
일을 기록하는 것은 마땅치 못하다. 근래 사관들은
임금의 일이라면 남김없이 기록하려 하면서 아랫사
람의 일은 은휘하여 쓰지 않으니 죄가 또한 크다. 이
제 이미 사관에게 임금의 일을 쓰지 못하게 하였으나
아예 역사가 없는 것이 더욱 낫다. 임금의 행사는 역
사에 구애될 수 없다. 전조의 예왕(睿王)의 시에 이
르기를, '이때 한 잔 술이 없다면, 울적한 생각을 어

연산군 묘(서울 방학동) 문석인
ⓒ 국가유산포털

찌 씻으랴.' 하였으니, 호탕하고 방일(放逸)하기 이를 데 없다. 진나라 2세의 말에 '눈과 귀가 좋아하는 바를 다하고, 마음과 뜻이 즐거운 것을 다한다.' 한 것을 후세에 모두 그르다 하나 불가할 것이 없다. 옛날 급암이 한무제에게 간하기를 '속에 욕심이 많으면서 겉으로만 인의를 베푼다.' 하였는데, 급암이 아무리 고지식할지라도 임금 앞에서 이렇게 할 수는 없는 것이다. 만약 죄주기로 한다면 간신들 보다 앞서야겠는데, 경은 생각이 어떤가?

폭군의 이런 하문에 아부하는 강혼의 대답 또한 걸작이다.

『춘추』는 공자가 쓴 것인데, 노나라는 부모의 나라이므로 '어버이를 위하는 자는 은휘한다.' 한 것입니다. 역사를 쓰는 사람은 마땅히 사실에 의거하여 바르게 쓰되, 시정을 기록할 뿐 임금의 일을 쓰는 것은 옳지 못합니다. 예왕은 성격이 문아(文雅)를 좋아하여 항상 곽여와 더불어 창화(唱和)하되, 시사(詩辭)가 극히 호일(豪逸)하였으니, 그러는 것이 무슨 해롬이 있겠습니까. 급암의 말은 과연 옳기는 했지만 너무 지나쳤기 때문에 무제가 '심하도다, 급암의 고지식함이여'라고 탄식한 것입니다. 고지식하다는 것은 곧 어리석고 곧다는 뜻이니, 성상의 하교가 지당하십니다.

이렇듯 임금에 관한 기록을 금지하는 데까지 이르게 된 것이다. 일주일 전에도 "대간으로 언사가 무례한 자를 사관으로 하여금 써서 아뢰도록 하되, 만약 바르게 쓰지 않으면 형신(刑訊)을 면치 못하리라."라고 윽박지르며, 사관을 탄압하지 않았던가.

연산군의 사관 탄압은 주로 폭정이 극에 달하던 재위말년부터 나타나고 있다. 시정기를 5년에 한 번만 수찬하도록 했고, 또 쓰지 않아야 할 일을 기록하면 죄로 다스린다는 엄명도 내렸다. 뿐만 아니라, 자신이 즉위한 이후의 『일기』를 자기가 살아있

연산군이 잡인의 출입금지를 알리는 금표비(고양 덕양구)
©국가유산포털

던 당대에 편찬하기 위해 겸춘추의 가사(家史)까지 거두어 들였고, 바치지 않거나 고친 자는 중죄로 다스렸다. 이때의 상황을 『연산군일기』에서는 이렇게 묘사하고 있다.

사신(史臣)이 자기의 악(惡)을 썼나 의심하여 이런 명이 있었는데, 사관들은 죄를 얻을까 두려워 걸리지 않는 잔일만 적어 바치고, 실적(實跡)을 적은 것을 모조리 불살라 없앴다. 그리하여 역사를 수찬할 때에 다시 시사(時事)를 기억해 내지 못해 왕의 허물을 빠뜨린 것이 많았으므로, 그 실적을 다 기록할 수 없었다.

그 이후는 아예 사초 기록조차 막아버렸고, 시정기 기록도 군왕에 관계되는 사항을 금지 시켰으니, 그의 재위기간 동안 역사 말살 현장은 고금을 통해서도 찾아보기 힘들다. 그러나 역사적 사실을 숨길 수 있지만, 역사를 말살했다는 사실은 영원히 남을 뿐이다.

제2편
사초에 담긴
500년의 진실

1
사초와 시정기

사초란 무엇인가?

사초란 사관들이 기록해 놓은 역사 편찬 자료들이다. 개인이 그날의 일들을 매일 기록하는 일기 류 같은 것이나, 실록을 편찬하는 기초 자료로 쓰인다는 것을 전제로 한다는 점에서 개인이 쓰는 일기와는 상이 한 점이 있다.

예문관에 8명의 전임 사관을 두고 있으니, 봉교(7품), 대교(8품), 검열(9품) 등이 그들이며, 이들이 기록하여 비밀리 간직하는 것을 가장사초(家藏史草)라 하는데, 일반적으로 사초라 할 때 이를 두고 일컫는 말이다. 그 외 승정원 주서(7품)가 기록한 당후일기(堂

后日記)도 사초 범주에 넣을 수 있다.

승정원은 주로 왕명 출납을 담당하는 기구였기에 오늘날 대통령 비서실에 해당한다. 초기에는 군국 기무까지 담당했지만, 태종 때에 이르러 왕명 출납을 전문으로 한 기구로 개편되었다. 여기에는 오늘날 비서실장에 해당하는 도승지 아래 5명의 승지가 포진하고 있는데, 당상관에 해당하는 좌승지, 우승지, 좌부승지, 우부승지, 동부승지가 그들이다.

이들 여섯 명의 승지들이 각각 이·호·예·병·형·공조의 업무를 분담해 왔으니, 오늘날 분야별로 경제수석 혹은 안보수석·정무수석 따위의 비서관들이 업무를 나누어 보좌하는 체제와 비슷한 것이다. 이 승지들은 춘추관의 사관을 겸하고 있다.

그런데, 승정원에는 승지뿐 아니라 그 아래 정7품에 해당하는 주서 2명이 있어서 실무를 담당하였다. 이들이 업무를 보면서 거처하는 곳을 당후(堂后)라 하였기에, 특별히 당후관이라 부르기도 했다. 당후관인 승정원 주서 역시 사관을 겸하는 직책이었다. 이들이 기록한 사초가 당후일기이고, 현재 몇 종류의 당후일기가 남아 있다.

제출된 사초나 시정기를 근거로 실록을 편찬할 때 초고(草稿)는 초벌 원고에 해당하는 초초(初草)와 수정 원고에 해당하는 중초(中草) 등으로 나누어진다. 실록 편찬이 마무리된 뒤, 초초·중초 원고들은 물론 사초와 시정기를 씻어내는 세초(洗草)를 거친다. 실록 내용이 공개되는 것을 막기 위한 것이 첫째 목적이고, 종이를 재생하는 것이 두 번째 목적이다.

세초하기 전에 우선 잘게 자르는데, 오늘날 문서 절삭기에

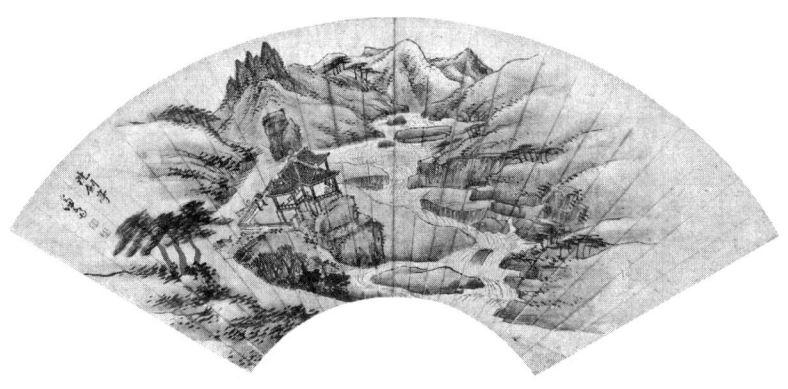

세검정
ⓒ국립중앙박물관
겸재 정선이 그린 세검정엔 흐르는 물과 차일암을 잘 표현하고 있다.

넣는 것과 같은 작업을 좌작(剉斫)이라 부른다. 주관 부서 선공감에
서 좌작에 필요한 보계판(補階板 ; 행사 때 마루를 잇대어 임시로 넓
게 만든 마루)과 전판(剪板 ; 똑바로 칼질 할 수 있게 눌러 주는 나뭇
조각), 그리고 자른 종이를 담을 빈 섬과 망을 준비했다. 실록청에
모인 선공감 소속 책 만드는 장인[冊匠]과 종이 만드는 장인[紙匠]들
이 좌작하여 세검정으로 싣고 가면, 지장과 세초군(洗草軍)들이 홍
제천 물을 길어 방망이로 두드리거나 지통(紙筒)에 넣어 섬유질을
분해한 다음 차일암 바위 위에 걸어놓고 말린다. 그러면 호조 낭청
이 수거하여 비축했다가 재사용하는 식이다. 미리 좌작하지 않고
차일암에서 동시에 진행할 때도 있다.

　　　조선 시대 종이를 만들고 공급하는 관청이 조지서(造紙署)
인데, 창의문 밖에 있었으니 오늘날 세검정 가는 길목이다. 따라서

세초는 거의 세검정 부근의 차일암(遮日巖)에서 이루어졌다. 그 바위에는 세초 할 때 햇볕을 가리기 위해 차일을 쳤던 흔적이 지금까지 선명하게 남아 있다.

사초는 사관이 직필을 원칙으로 하지만, 주관적인 요소가 많이 내포되는 것은 당연하다. 즉, 인군과 신하들의 선악을 기록하는 포폄(褒貶) 성격에다가 시비를 적은 것이기에, 이로 인한 필화사건 위험성이 항상 내포되어 있다.

따라서 사초는 임금이 죽고 난 후 실록청이나 일기청 같은

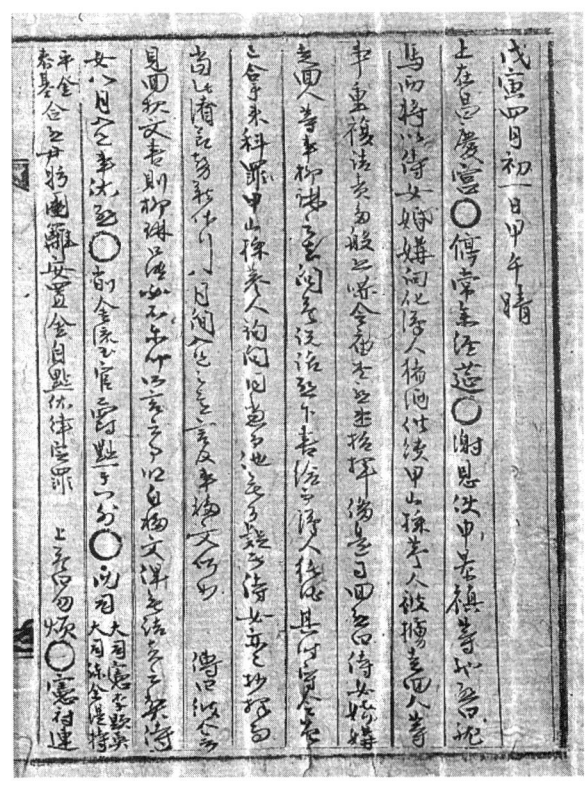

정태제 사초

ⓒ 국사편찬위원회

정태제 사초는 시정기 양식과 거의 동일하다.

사국(史局)이 열리면 그때 제출하는 것이기에, 작성자가 누구인지 알지 못하도록 무기명으로 제출하는 것이 원칙이었다. 그러나 사초의 무기명 원칙은 명분상의 허울에 불과했고, 때에 따라서는 사국이 열릴 때 사초에 성명을 기입 한 후 제출하라는 명이 갑자기 내릴 때도 있었다. 따라서 군주와 대신들이 합세하여 사관들의 활동을 위축시키기 위한 수단으로 이용되기도 했다.

아울러 사초는 왕을 비롯하여 대신들이 함부로 열람할 수 없게 되어 있었다. 따라서 희대의 폭군으로 알려진 연산군도 사초를 보고자 하였으나, 신하들의 반대가 워낙 심해 사초를 초록하여 볼 수밖에 없을 정도로 비밀이 보장되는 것이 원칙이었다.

이렇다 보니 군왕들은 사초에 부정적으로 기록되는 것을 방지하기 위하여 모든 수단을 동원하지 않을 수 없었다. 가장 쉬운 방법은 사관들의 입시(入侍)를 가로막아 기록을 원천적으로 봉쇄하는 방법이었다.

사관들의 입시를 꺼리던 임금으로는 태종을 들 수 있는데, 이는 사관 제도가 정착되기 전이란 상황과 결부해 볼 수도 있겠다. 제도가 정착된 이후에도 연산군은 사관들 입시를 노골적으로 방해하여 사초 기록을 할 수 없도록 만들기도 했다.

실록을 편찬할 때 사초에 근거하여 "사신 왈(史臣曰)…… "이라 적는 것이 사론(史論)이다. 주로 인물에 대해 평한 것이 많은 양을 차지한다. 조선 초기에는 사론이 별로 보이지 않다가 세조 이후부터 나타나기 시작하더니, 성종 때부터 급격히 증가하는 추세를 보이고 있다.

그러나 조선 후기와 비교하면 이 역시 숫자상으로 매우 적고, 또 인물을 혹평하는 경향은 드물다. 이는 조선 후기 당쟁의 과정에서 상대방을 비방하는 농도가 훨씬 진하게 나타나기 때문이다. 따라서 조선전기 사론은 객관성이 있는 인물평이라 볼 수 있으나, 조선 후기에는 객관성을 잃은 사론이 많다는 점에 유의해야 한다.

사초 제출은 이렇게

태조 이성계가 즉위하던 날 고려의 제도를 이어받은 예문춘추관을 두었고, 그로부터 한 달이 더 지났을 무렵에 건의서 한 장이 올라왔다.

- 매양 정전(正殿)에서 만기를 재결하고 신료들을 접견할 때 사관을 좌우에 입시(入侍)케 하여 일의 크고 작은 것을 논할 것 없이 모두 듣도록 하소서.
- 겸관(兼官)으로 수찬 이하 관직에 오른 사람은 각기 보고 들은 바를 기록하여 사초(史草)로 만들어서 모두 예문춘추관으로 보내게 하소서.
- 서울과 지방의 모든 관청에서 시행한 일이 정령(政令)에 관계되거나 권계(勸戒)에 전할 만한 것은 반드시 예문춘추관에 공문서로 보내게 할 것이며, 사계절 마지막 날에 기록한 조례(條例)를 예문춘추관으로 보내 검사받게 하고, 이것을 일정한 법

식으로 삼게 하소서.

　사관 역할이나 작성된 사초 납부에 대한 법적 근거를 담은
이 건의서를 받아들였으니, 장대한 역사의 나라 시작을 알리는 것
이나 다름없다. 그렇지만 태조도 사람인지라, 자신의 통치행위 기록
이 궁금했던 것은 당연지사, 재위 4년째 되던 해에 사초를 가져오라
명했다. 당 태종의 고사가 있기 때문이었다. 이를 만류한 대간의 의

태조 어진
ⓒ 국가유산포털

지가 완강해 태조는 뜻을 이룰 수 없었다. 그로부터 몇 년이 흐른 태조 7년(1398)에 사관에게 명하여 왕위에 오른 이후의 사초를 바치게 한 후 도승지 이문화에게 물었다. 그러자 문화가 대답했다.

> 역사는 사실대로 바로 써서 숨김이 없어야 하는데, 만약 군주와 대신(大臣)이 스스로 보게 된다면 숨기고 꺼려서 사실대로 바로 쓰지 못함이 있을까 염려한 까닭입니다.

그러함에도 태조 의지는 단호했다.

> 나도 또한 역사 쓰는 법이 이와 같은 것을 알고 있다. 그러나 당 태종이 역사를 본 옛일이 있으니, 내가 이를 보고자 하는데, 사신(史臣)이 굳이 이를 거역한다면 어찌 신하 된 의리이겠는가? 마땅히 사고(史庫)를 열어서 빠짐없이 바쳐야 될 것이다.

이렇듯 태조의 강경한 의지는 이행 사초 사건 때문이었다. 고려 말 우왕 창왕과 변안렬 죽음을 놓고 이성계로 결부시킨 사초로 홍역을 치른 사건이었다. 그런 후 왕위에서 물러났던 태조가 태종 8년(1408)에 승하했다. 이듬해 『태조실록』 편수를 명 받은 영춘추관사 하륜은 태조 재위 시절의 사초 수납조치를 내렸다. 하지만, 옛 사기(史記) 모두 3대 후에 이루어졌다는 반론이 만만치 않았다. 그러자 하륜이 얼굴을 붉혔다.

태조의 일을 사관이 어떻게 다 갖추어 기록하였겠소? 족히 사실로 삼을 수 없소! 마땅히 노성한 신하가 살아 있을 때 본말을 두루 기록하여 실록을 만들어야 하오. 지금 대간(臺諫)에서 사람의 과실을 말하는 것도 꺼리지 아니하는데, 하물며 서법(書法)으로 사람을 포폄 하는 것이겠는가? 예전 사람이 문헌이라고 말하는데 문(文)은 사기(史記)이고, 헌(獻)은 노성한 사람을 말함이오. 나는 불가함을 알지 못하겠소.

칼자루를 쥐고 있는 하륜의 반박에 맞서는 사람들은 없었다. 며칠 후에도 이 문제는 다시 거론되었고, 황희 역시 사초는 3대를 지나 나오는 것이 마땅하다는 뜻을 굽히지 않았다. 그렇지만 태종의 의지가 워낙 강해 실록 편찬은 착수될 수밖에 없었다. 그런데도 사초 납부가 잘 지켜지지 않아 내린 조치는 다음과 같다.

태조 재위 기간(임신 7월~경진 11월) 수찬관 이하의 사초(史草)를, 서울은 10월 15일까지, 외방은 11월 1일까지 기한을 정해 바치도록 독촉하였는데, 지금까지 바치지 않은 자가 매우 많으니, 빌건대, 명나라 사신으로 간 자를 제외하고 금년 정월 안에 바치지 않는 자는 해당 관청에 넘겨 죄를 묻고, 끝내 바치지 않는 자는 자손 등용 금지와 아울러 은 20냥을 물린다.

사초 납부가 잘 지켜지지 않았던 것은 『태종실록』 편찬 때에도 마찬가지였다. 재위 18년 동안 사관 직책을 수행했던 이들에게 동일한 처벌 규정을 적용했다. 고민이 많았던 세종은 사관이 사망할 경우 사초를 바로 납부시키는 안을 제시했다. 이에 봉교 이하 사관들이 반대하는 글을 올리려 하다 중지했고, 이 소식을 전해 들은 세종은 자신의 안을 철회했다.

그러자 사헌부에서 조사한 내용이 보고서로 올라왔다.

사초를 바치지 아니한 사람으로, 관찰사 권완은 자식이 없고, 구종지·박습·이관·정안지·유기 등은 가산을 이미 관에서 몰수하였으므로, 이제 조사하여 논죄할 수 없으나, 죽은 참지의정부사 박석명의 아들 박거비, 죽은 판서 이승상 아내 이씨, 죽은 검교 한성윤 배중륜 아들 배구, 죽은 사예 최진성의 딸 최이승, 김한로, 김과 아들 김우부 등이 사초를 제대로 간직하지 못한 탓으로 불에 태워 유실하게 하였사오니, 모두가 마땅치 못한 일이온즉 전에 내리신 교지에 따라 각각 백은(白銀) 20냥을 징수하고, 자손은 금고(禁錮)하게 하소서.

여기에서 주목되는 것은, 공신 가족은 처벌하지 않는다는 것과 아울러 양녕 대군 장인이었던 김한로의 사초 소실 사건이었다. 자신이 훔쳐 온 여인 어리를 숨겨주기까지 했던 장인을 위해 양녕 대군은 팔을 걷어붙이고 나섰다.

신의 장인 김한로가 지난번 집에 화재를 만나 사초를
태워버렸기 때문에 조정에 올리지 못하였습니다. 그
래서 조정에서 백은 20냥을 바치게 하고 그 자손을
금고 하였는데, 백은은 진실로 준비할 수 있사오나,
자손 금고는 특별하신 은전을 입기를 바라나이다.

이를 접수한 세종은 단호했다. 사사로이 공법을 폐할 수 없
음을 천명한 것이다. 이를 계기로 사초 유실자 처벌 문제들이 자주
거론되기 시작했다. 자손을 금고하고 은 20냥의 벌금은 고려의 제
도를 답습한 것이었는데, 이것이 너무 과중하다는 것이었다. 춘추
관에서 이를 검토한 결과 『대명률』 조서(詔書) 기훼(棄毁) 조에 따라
장 90대에 도(徒) 2년 반에 처하고, 자손들이 유실한 것도 이에 준
한다는 안이 제시되었다.

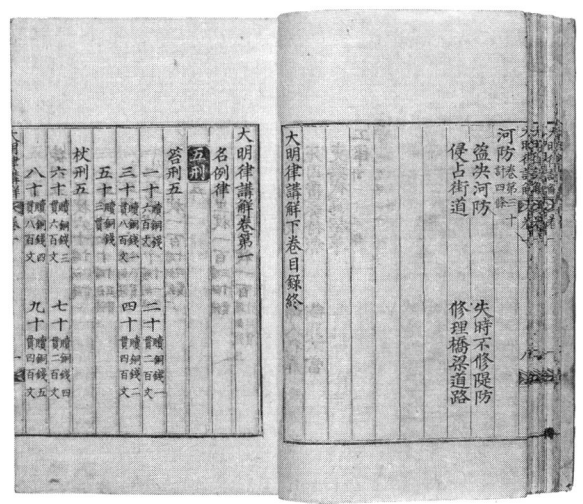

대명률
ⓒ 국립중앙박물관

조선 시대에는 명
나라 대명률을 차
용하여 현행법·보
통법을 적용하는
사회였다.

양녕 대군이 제기했던 문제가 7년의 논의 끝에, 사초를 잃은 사람에게는 은 20냥을 징수하고 서용하지 않으며, 그 자손으로서 전해 받아 잃은 사람에게도 같이 적용한다는 쪽으로 결론이 났다. 『대명률』 조서(詔書) 기훼(棄毀) 조항보다 무거운 형벌로 결정된 것은 세종의 의지 때문이었다. 국왕이 내린 조서를 훼손한 것보다 사초를 훼손하거나 분실한 것이 더 무거운 중죄라는 인식을 내보인 것이다.

사초 실명제

사초란 사관이 작성하여 비밀리 자기 집에 간직했다가 당대 임금이 죽고 난 후 실록을 편찬하기 위한 실록청이 만들어지면 제출하는 것이기에, 익명성이 보장되는 것은 당연하였다. 누가 어떻게 기록했다는 사실을 알면, 후환이 두려워 직필하지 못한다는 것이 가장 큰 이유였다.

그런데 사초에 작성자의 이름을 기록하여 제출하라는 명령이 하루아침에 내려진다면 어떻게 되겠는가. 그 목적이 가장사초(家藏史草)가 주 대상이었음은 말할 나위가 없다. 이런 사초 실명제 깜짝 쇼는 그 이후 사관들의 직필 분위기를 완전히 꺾게 만드는 처사였다.

이는 실록을 편찬할 당시 임금이 그의 선왕에 대한 행적을 사관들이 어떻게 평가했을까 하는 두려움과 그 선왕이 재임할 때

같이 손발을 맞췄던 신료들의 동병상련으로 만들어 낸 공동작품이다.

따라서 사초 실명제를 놓고 사관들과 군왕이나 대신들 사이에서 신경전이 날카롭게 전개되는 것은 당연한 이치였다. 고려 시대에도 간혹 사론 중에는 작성자 이름이 밝혀져 있는 것이 있다. 이로 미루어 고려 시대에서도 사초를 실명으로 제출한 경우들이 있었다고 보여진다.

조선 초기에도 한때 사초에다 이름을 밝힌 것으로 보인다. 그것은 『정종실록』에서 길재 인물평인 사론 작성자로 홍여강이란 사관 실명이 나타나는 것에서 알 수 있다. 이는 『조선왕조실록』에 수록된 수천 개의 사론 중에서 유일하게 사관 이름을 명시한 것이기도 하다.

그런데 조선 시대 사초 실명제는 명확한 지침 없이 왔다 갔다 한 것으로 보인다. 그러다가 사초 실명제로 사화의 소용돌이가 크게 일어난 사건이 민수(閔粹)의 사옥(史獄)이다.

세조를 이어 즉위한 예종은 그의 부왕에 대한 사관들의 기록에 대해 매우 많은 관심을 가졌고, 여기에다 세조 당시의 공신들 또한 여기에 동조하면서 갑자기 실명제 명령이 내려졌다. 세조 통치 기간에 사관으로 활약했던 민수는 마침내 제출했던 사초를 도로 갖고 와 수정하였다가 발각되어 동료들은 처형되고, 그 또한 귀양길에 오르면서 사화가 마무리되었다.

이후 연산군과 중종 때에는 사관들 활동이 매우 위축된 시기였다. 김일손 사초에서 비롯된 무오사화 때문에 과거 급제자들이 사관으로 나가는 길을 기피 할 정도로 매력 없는 직업이 된 것이다.

이때에도 사초 실명제를 놓고 갈등은 계속되고 있었다. 사관들은 간관(諫官)들이 임금 면전에서 직간을 하지 못한다고 틈나는 대로 비난했지만, 사초 실명제를 두고서는 의견을 한데 모을 수 있었다. 그것은 오로지 직필을 소중히 하자는 대의명분과 같은 사림 출신들인 사관을 보호하자는 차원이었다.

인종이 즉위하자 사간원에서 춘추관에 보관하는 시정기처럼 가장사초 또한 이름을 적지 말아야 한다고 요구하고 나섰고, 인종이 한때 이를 받아들인 적이 있으나, 명종 대에 들어가 몇몇 대신들의 반대로 다시 실명제로 돌아가고 말았으니, 오늘날 자기들의 행위를 숨길 목적으로 자료들을 인멸시키는 일부 몰지각한 사람들과 무엇이 다르겠는가?

시정기란?

춘추관 소속 사관들이 기록하는 시정기는 사초와 함께 실록을 편찬하는 가장 기본적인 자료가 된다. 오늘날 대통령 비서실 업무일지에 해당하는 승정원일기를 비롯하여 공적 업무수행에 관한 사실을 적은 기록도 마찬가지다.

『경국대전』 예전(禮典)의 시정기 규정에 "승정원일기 및 각 관청의 긴요한 문서를 매년 말에 묶어 책 숫자를 보고한다."라고 한 바와 같이, 왕명 출납을 담당하는 승정원에서 작성한 일기와 각 관청의 행정문서 등이 주요 내용으로 된 것을 알 수 있다. 이렇게 작성된 시정기는 3년마다 묶어 춘추관과 의정부 및 사고에 보관하도록 규정하고 있다.

따라서 사초는 사적인 기록임에 반하여, 시정기는 공적인 기록인 셈이다. 시정기의 원 사료가 되는 승정원일기는 언제든 열람 가능하나, 사초와 시정기는 그 누구도 열람할 수가 없다.

시정기는 『자치통감』에 의하면, 중국 당나라 때 재상이던 요숙(姚璹)이 무후에게 건의하여 국가가 행하는 정사를 기록하여 사관(史館 : 역사기록 관청)에 보내게 함으로써 비롯되었다는 것이다.

고려 시대에도 시정기는 있었다고 추측만 될 뿐 구체적인 자료는 없다. 그 후 조선이 건국되고 나서 역사를 편찬할 자료를 삼기 위해 사초와는 별도로 각 관청에서 시행한 것 중 후세에 귀감이 될 만한 일들을 기록하여 춘추관에 보관하게 하였던 것에서 비롯된 것으로 보인다. 세종 16년(1434)에는 이런 원칙이 구체적으로 나타난다.

■ 첫째, 예문직제학과 직관으로 하여금 사관으로 겸임시켜, 춘추관에 앉아 크고 작은 관청에서 보고하는 문서를 점검하여 날짜별로 편찬하고, 이를 송나라 고사에 따라 시정기라 이름 할 것.

■ 둘째, 당상 한 사람이 매월 한 차례씩 춘추관에 앉아 시정기 수찬(修撰)을 잘하는지 엄하게 감독할 것.

■ 셋째, 시정기 한 벌을 3년에 한 번씩 포쇄(햇볕 쪼이는 일)하는 해에 법에 따라 충주사고에 보관할

것.

- 넷째, 대간의 상소, 신하들의 상서(上書)는 기사관
  으로 하여금 기록하여 바칠 것.
- 다섯째, 사신으로 나가는 사람은 처음부터 끝까지
  자세하게 기록하여 바칠 것.

예문관 직제학과 직관만이 시정기를 편찬한다는 것인데, 이는 후일 예문관 전임사관이던 봉교(정7품), 대교(정8품), 검열(정9품)도 함께 시정기를 찬집하는 것으로 바뀌어 갔다. 시정기 편찬 시기는 한 달에 한 번씩 책으로 만들어지나, 기사가 많을 때는 2책으로 묶는 경우도 있고, 연말에 국왕에게 총 책 수를 보고하도록 되어 있다. 그러나 반드시 지켜진 사항은 아니며, 후대에 가면 4, 5년 혹은 10년 치를 한꺼번에 편찬하는 예도 있었다 한다.

시정기는 공적인 기록이기에 작성하는 격식이 정해져 있다. 또 시정기를 만들 때 부본과 초서로 된 것을 따로 만들어 보관하였는데, 이를 비초(飛草)라 하여 춘추관 당상들이 사관 근무 성적을 평가할 때 참고로 하는 것이다.

시정기 체제를 『육전조례』 춘추관조에 따라 살펴보면, 첫째 줄에는 해당 임금의 모년 간지(중국 연호 : 작은 글씨) 모월 모일 간지, 날씨와 그 아래 기상이변 등을 작은 글씨 두 줄로 적는다.

둘째 줄에는 임금이 어느 궁에 계시며, 상참(常參) 혹은 경연의 참석 혹은 불참을 적는다.

셋째 줄부터는 그날의 필요한 기사를 적는데, 그 요령은 다음과 같다.

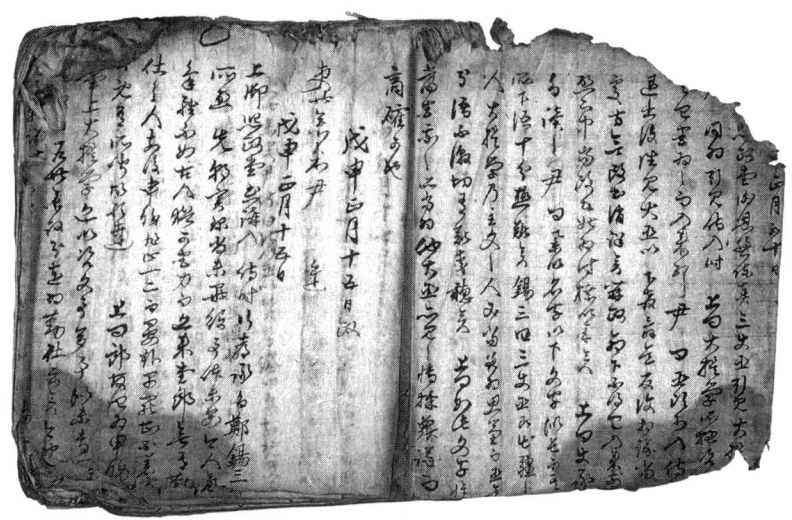

영조 4년 무신년 정월 15일의 시정기
ⓒ 국립중앙박물관

- 연혁 시비 같은 것은 상세히 기록하고, 인물에 대한 포폄사항은 별도 강목을 만든다.
- 대간에서 아뢰는 말(啓辭)은 아주 신랄한 것 외는 모두 기록한다. 그 아뢰는 자의 성명은 밝히지 않는다. 다만 매우 중대한 일의 경우 논의를 제기한 사람과 반대자의 이름을 쓴다.
- 소장(疏章)의 긴요한 것은 등재하여 기록하되, 쓸데없는 넋두리 말이나 필요하지 않는 것은 빼버린다. 만약 관직에 나아가고 물러나는 일, 시비가 시정에 관계되는 일은 기록한다.
- 길흉사 등 예(禮)와 관계되어 후일 참고가 될 만한

일은 번거로워도 기록한다.

- 과거에 합격한 자는 대표자 이름을 쓰되, 누구 외 몇 명이라 쓴다.
- 벼슬한 사람은 고관과 현직(顯職) 및 중요 외직(外職)으로 진출한 사람만 쓰고, 제수할 때 잡음이 있었던 사람은 미관말직이라도 기록한다.
- 기록은 신중하게, 포폄은 공정하게 하여 한 글자라도 가벼이 해서는 안 된다.

위에서 살펴 본 시정기의 첫째 줄과 둘째 줄 이하 서술 방식이 『조선왕조실록』과는 판이하게 다른 데 비해, 『승정원일기』 체제와 거의 같다. 예문관 봉교 이하 한림 팔원들 중에서 하번(下番) 검열이 승정원에 출근하여 《승정원일기》를 베껴 내는 것이 주 업무였다.

이에 비해 상번 한림들은 춘추관으로 출근하여 여러 관청

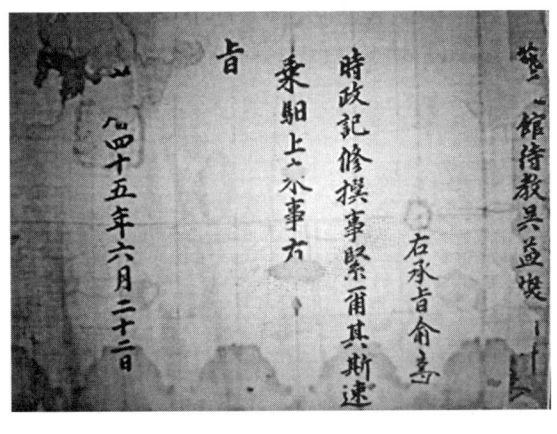

만력 45년(광해군 9년) 예문관 대교 오익환에게 시정기 수찬 일이 시급하니 역마를 타고 빨리 상경하라고 통지하는 승정원 발급 문서(우승지 兪 아래 수결은 兪大建의 것이다)
ⓒ 고령군 죽유종택 소장 고문서

목을 내놓을지언정 붓을 꺾진 않으리

의 문서들을 가져다 시정기를 찬수한다. 만약 하번이 작성한 시정기 내용이 소루하면 상번이 가려내 재작성하고, 그래도 미진함이 있으면 차차 윗선으로 올려 규검하게 했다.

이렇게 편찬된 시정기를 춘추관 당상관이 모두 모여 살펴보는데, 이는 인사 고과의 매우 중요한 사안이었다. 즉, 선임 한림인 봉교가 승육(乘六)으로 참상관에 승진할 때엔 자신이 작성한 시정기 관련 보고서, 곧 수사장(修史狀)을 이조로 보내야만 다른 관직에 임명될 수 있었다. 그런데 임진란을 겪은 뒤부터 하번 검열이 대충대충 엮어내고 상번 이상의 관원들도 제대로 살펴보지 않은 일이 다반사였던 점이 지적되기도 했다.

2
사초 수정, 사건과 사고

황희 정승을 비난한 사초와 『세종실록』

사관들이 객관적인 눈으로 세상을 바라본다 해도 감정이나 편견이 개입되지 않을 수는 없다. 사초의 엄중함과 중요성을 강조하지 않을 수 없는 부분이다.

실록 편찬을 위한 실록청이 가동되면 사초 제출 기간이 정해지고, 사관들이 비장했던 사초들이 공개됨과 아울러 객관성을 점검받기 마련이다. 이러한 검증 절차 없이 실록에 바로 실을 수 없기 때문이다. 하지만, 검증 절차 역시 인간이 하는 일이라 말도 많고 탈도 많았으니, 세종대왕 재위 31년 7개월 분의 실록을 편찬할 때 그런 문제점들이 여지없이 노출되고 말았다.

　문종이 보위를 이어받았던 때는 『고려사』와 『고려사절요』 마무리가 시급한 상황이어서, 이를 해결한 이듬해에 실록 편찬에 착수할 수 있었다. 왕명을 받은 황보인·김종서·정인지 등이 총재관으로 감수 일을 맡았고, 그 아래 허후·김조·박중림·이계전·정창손·신석조 등이 재위 기간별 편찬을 분담한 6방(房)을 각각 맡았다.

　그러는 사이 문종이 승하하고 단종 임금에까지 그 편찬 사업이 이어졌는데, 『세종실록』 편찬 책임을 맡은 지춘추관사 정인지가 황희 정승 관련 문제점을 지적하고 나왔다. 세종 시절 사관으로

황희 초상
ⓒ 국립중앙박물관

근무했던 이호문의 사초에 대한 진실 여부였다. 단종이 즉위한 지두 달 만에 벌어진 일이었다.

영춘추관사 황보인은 곧바로 감춘추관사 김종서와 지춘추관사 허후 등 춘추관 당상들을 소집했다. 이호문의 사초 속에 황희가 황군서(黃君瑞) 얼자(孽子)라고 한 것부터 따지기 시작했다. 황희가 서자 아닌 얼자라면, 어머니가 첩실 중에서도 종의 신분이었음을 말한다. 황희 자신도 일찍이 스스로 정실 아들이 아니란 사실을 말한 적이 있다는 것이 주위 사람들의 평가였다.

정작 복잡하게 얽힌 문제는 다른 데 있었다. 청렴결백을 상징하는 황희가 뇌물을 좋아하는 탐관오리였다는 것인데, 황희에게 뇌물을 먹인 자로 지목된 이가 설우라는 승려였다. 설우는 세종 치세에 나름 역할을 부여받았던 조말생 형이었다. 설우에게 사찰 그릇을 녹여 금괴와 은괴로 만들어 바치게 한 일이 있었는데, 이를 빼돌렸다는 혐의가 덧씌워졌다. 조씨 집안에서는 조기에 사건을 무마시키려 했지만, 쉽게 일이 풀리지 않자 빼돌린 금괴 일부를 대사헌 김익정과 황희에게 건넸다는 것이 사초 내용이었다. 그 외에도 상속받은 것보다 너무 많은 노비를 부리고 있던 것에다 매관매직에 더하여 형량을 깎아주면서 축재한 것은 물론 박포 아내와 간통 했다는 사실까지 포함된 놀랄 만한 내용이었다.

이에 대한 진실 여부를 따져야 했던 황보인이나 김종서 같은 이는 평생을 황희 정승과 함께 뒹군 이력의 소유자였으니, 고개를 갸우뚱할 수밖에 없었다. 이호문이 제출한 사초에 대한 의심은 커져만 갔다.

황희 정승을 황금대사헌이라 야유했던 사초를 두고 쟁쟁한

황희선생영당(파주 문산)
ⓒ 국가유산포털

실록청 당상들이 숙의했건만, 결론은 쉽게 나질 않았다. 이때 결정적 증거를 찾아낸 이가 성삼문이었다. 이호문의 사초가 오래전의 것이라 누렇게 변색 되었건만, 황희를 비난한 부분만 깨끗한 종이였으니, 이호문이 사초를 새로 손댔을 가능성이 큰 것이었다.

　　이호문이란 인물로 치자면 사관으로 아침조회에서 졸다가 견책받기도 했고, 지방관으로 파견되어서도 파직되는 일도 잦았다. 이천 부사로 재직할 때 이웃 고을 관기를 불러 수청 들게 했다거나, 이웃 고을 처녀를 데려다 희롱하고 관비와 간통까지 저질렀을 뿐 아니라, 관곡 횡령으로 사헌부 탄핵을 받아 파직되기까지 했었다. 그리고 이 사건을 처리한 이가 황희 정승이었다.

　　사초 심의에 참여했던 이들은 사필(史筆)이라고 다 믿을 수 없는 노릇이라며, 만일 한 사람의 사사로움으로 쓰게 되면 천만세를 지나도 능히 고칠 수 없음에 두려워했다. 대책과 묘책이 필요했던 순간, 당초 사초 문제를 끄집어냈던 정인지가 나섰다.

> 내 일찍이 세종의 교지를 친히 받들 적에, 경들 또한 사신(史臣)이니 자세히 알고 있는 일은 추가로 기록하는 것이 옳다고 말씀하셨다. 일개 한림(翰林)이 쓴 것 또한 사초(史草)라 하니, 대신에게 감수시키는데 훤하게 아는 일을 홀로 쓰지 않는 것이 가하랴? 우리 또한 사신(史臣)이니, 근거가 없음을 알고서 고치지 않는다면 어찌 이를 직필(直筆)이라 하겠는가?

직필을 위해 사초 수정도 불사해야 한다고 넌지시 던졌지만, 사초를 함부로 고치고 수정하는 일에 신중해야 한다는 황보인 의견도 설득력이 있었다. 최항과 정창손은 절충안을 내놓았다. 이번 일은 명백한 것이니 삭제해도 무방하지만, 한 번 실마리를 열어 놓으면 그 폐단을 감당하기 어려워 가벼이 고칠 수 없다는 신중한 주장이었다. 이때 성삼문을 비롯한 젊은 기주관(記注官)들이 나섰다.

> 사신(史臣)이 쓴 것이 만일 정론(正論)이라면 이같이 하는 것이 옳지마는, 만일 사사로운 감정에서 나왔다면 정 판서(鄭判書)의 말이 마땅하지 않겠는가? 더구나 그 좋지 않은 일에 대해서는 사서(史書)에 써서 두고, 그 좋은 일에 대해서는 믿을 수 없다고 하여 삭

제해 버리니, 어찌 그리 상반되는가? 어찌 이것이 좋은 장점을 기리고, 악한 단점을 미워하는 의리이겠는가?

참으로 어려운 순간에 성삼문은 말을 이어갔다.

이호문의 사초(史草)를 살펴보건대, 오랫동안 연기와 먼지에 찌들어 종이 빛이 다 누렇고 오직 이 한 장만이 깨끗하고 희어서 서로 같지 아니한데, 이것은 사사로운 감정으로 추서(追書)한 것이 분명하니, 삭제한들 무엇이 나쁘겠습니까?

성삼문이 의견을 내자, 동조하는 눈빛들이 많아졌다. 그리고 단종 즉위년(1452) 7월 4일, 사초로 벌어진 갑론을박은 여기에서 끝났다. 『세종실록』을 편찬하는 동안 사초 누설 사건으로 시끄럽기도 했고, 최윤덕 졸기(卒記)를 두고 장황하게 찬양했다는 시비에 휘말리기도 했다. 이런저런 잡음이 끊이지 않았지만 2년 1개월 만에 완성되었으니, 단종 2년(1454) 3월 30일이었다.

『조선왕조실록』을 편년체 역사서술의 모범이라 하지만, 『세종실록』은 그렇지 않다. 편년체(권1~권127) 역사서술에 이어 오례(五禮)·악보(樂譜)·지리지·칠정산 따위의 지(志 ; 권128~135)를 덧붙였다. 재위 기간이 길어 분량이 방대한 점이 고려되기도 했지만, 세종이 이룩한 문화 사업의 양과 질이 워낙 폭이 넓어 편년체 서술로는 모두 수용할 수 없었기 때문이다.

『세종실록』 국조오례의, 지리지, 칠정산내외편, 악보
ⓒ 국사편찬위원회

　　『세종실록』은 분량이 너무 방대하여 붓으로 베낀 한 벌만
춘추관에 두었다가, 세조 12년(1466) 양성지의 건의로 주자 인쇄를
시작해 성종 3년(1472)에 완료했다. 『조선왕조실록』 최초의 인쇄본
이 되었는데, 이때 찍어낸 3부를 충주·전주·성주 사고로 옮겼고,
초본(草本)은 춘추관에 보관하다 임진왜란을 맞게 되었다.

　　그렇다면, 시끄러웠던 이호문 사초는 어떻게 처리되었을
까? 『세종실록』 10년 6월 25일자 내용엔 좌의정 황희가 사직을 청
하는 기사가 실려 있다. 지방에서 일어난 조그마한 사건이 황희 정
승 뇌물 혐의로까지 번져 사직을 청한 것이었다.

　　파주 동파역에서 일하던 박용이란 자가 큰 재물로 한양의
재상들까지 교분을 맺고 있었다. 판관 조연이 그곳을 지나다가 시

비 끝에 안하무인이란 이유로 의금부에 고소하게 되었다. 그 조사 과정에서 박용 아들 박천기가 황희에게 말 한 필을 주고 잔치를 베풀었다고 진술했고, 용의 아내 또한 권세가 집으로 찾아다니며 확인 편지까지 받아 왔다는 것으로 밝혀지자, 사헌부에서 황희를 비롯한 관련자를 탄핵하기에 이르렀다. 이런 혐의를 받게 된 좌의정 황희는 더 이상 직책을 수행할 수 없다 하여 사직 소를 올릴 수밖에 없었고, 세종이 이를 만류하는 내용까지 실록에 오르게 되었는데, 그 기사 끝자락에 황희에 대한 세평이 추가되어 있다. 세평이란 곧 사관들이 제출했던 가장사초를 근거로 싣는 게 일반적이다.

> 황희는 판강릉부사 황군서(黃君瑞)의 얼자(孽子)이었다. 김익정과 더불어 서로 잇달아 대사헌이 되어서 둘 다 중 설우(雪牛)의 금붙이를 받았으므로, 당시의 사람들이 「황금 대사헌」이라고 하였다. 또 난신 박포(朴苞)의 아내가 죽산현에 살면서 자기의 종과 간통하는 것을 우두머리 종이 알게 되니, 박포의 아내가 그 우두머리 종을 죽여 연못 속에 집어넣었는데 여러 날 만에 시체가 나오니 누구인지 알 수가 없었다. 현관(縣官)이 시체를 검안하고 이를 추문하니, 박포의 아내는 정상이 드러날 것을 두려워하여 도망하여 서울에 들어와 황희의 집 마당 북쪽 토굴 속에 숨어 여러 해 동안 살았는데, 황희가 이때 간통하였으며, 포의 아내가 일이 무사히 된 것을 알고 돌아갔다. 황희가 장인 양진(楊震)에게서 노비를 물려받은

것이 단지 3명뿐이었고, 아버지에게 물려받은 것도 많지 않았는데, 집안에서 부리는 자와 농막에 흩어져 사는 자가 많았다. 정권을 잡은 여러 해 동안에 매관매직하고 형옥(刑獄)을 팔아 〈뇌물을 받았으나,〉 그가 사람들과 더불어 일을 의논하거나 혹은 고문(顧問)에 대답하는 등과 같을 때에는 언사가 온화하고 단아하며, 의논하는 것이 다 사리에 맞아서 조금도 틀리거나 잘못됨이 없으므로, 임금에게 소중하게 여겨진 것이었다. 그러나 그의 심술은 바르지 아니하

『세종실록』 10년 6월 25일 황희 관련 부분
ⓒ 국사편찬위원회

니, 혹시 자기에게 거스리는 자가 있으면 몰래 중상하였다. 박용의 아내가 말[馬]을 뇌물로 주고 잔치를 베풀었다는 일은 본래 허언이 아닌데, 임금이 대신을 중히 여기는 까닭에 의금부가 임금의 뜻을 받들어 추국한 것이고, 대간들이 거짓으로 죄를 아뢴 것이다. 임금이 옳고 그른 것을 밝게 알고 있었으므로 또한 대원들을 죄주지 않고, 혹은 좌천시키고 혹은 고쳐 임명하기도 하였다. 만약에 정말로 박천기(朴天己)가 공술하지도 아니한 말을 강제로 〈헌부에서〉 초사를 받았다면 대간의 죄가 이와 같은 것에만 그쳤겠는가.

이렇듯 장황한 내용의 세평은 실록 편찬 당시 문제 되었던 이호문이 제출했던 사초를 근거로 한 것이 틀림없을 것 같다. 사관이 제출한 가장사초의 세평이나 인물평을 실록에 실을 때는 통상 관련 내용 말미에 "사신(史臣)왈(曰)"이란 관용구로 시작하며, 이를 사론(史論)이라 부른다. 이런 사론은 『단종실록』부터 보이고 있으니, 그 관례가 세조 치세 이후 시작되었음을 뜻한다. 따라서 『세종실록』에서 "사신(史臣)왈(曰)"이란 관용구가 없다 할지라도 이는 이호문의 사초에 근거했다고 보아 무방하다.

『세종실록』 편찬 과정에서 시끄러웠던 이호문 사초를 그 당시는 반영하지 않을 분위기였다. 그럼에도 『세종실록』에 그대로 실을 수밖에 없었던 이유는 무엇일까? 우리는 그 참 의미를 찾아야 할 것 같다. 훼손된 사초라 할지라도 역사를 대하는 우리 선조들의 시각은 바로 이런 것이었다.

　　단지 후세의 평가를 바랄 뿐이노라.

김종서는 왜 사초 수정을 번복했을까?

　　『세종실록』을 편찬할 당시 사초 문제로 시끄러웠던 것이 한두 번이 아니었다. 보위를 이어받은 문종이 부왕의 실록 편찬에 신경이 곤두섰지만, 그때까지 사초에 대한 인식이나 태도가 사림들이 정권을 유지해 나가던 시절과는 큰 차이가 있었다.

　　　　『세종실록』을 비로소 찬술하였는데, 허후·김조·박
　　　　중림·이계전·정창손·신석조 등은 연대를 나누어 찬
　　　　수(撰修)하고, 황보인·김종서·정인지는 총재 감수하
　　　　였다. 이때 사관들로서 피기(避忌)하는 자가 많았으
　　　　므로, 혹은 먹으로 사초의 자구(字句)를 지우고 고쳐
　　　　쓴 것도 있었고, 혹은 다만 『승정원일기』만 베껴서
　　　　책임을 면할 뿐이었다.

　　문종 2년(1452) 2월 22일의 기사 한 토막이다. 이처럼 초창부터 실록 편찬의 난제가 많았고, 우여곡절 끝에 실록 초본이 완성된 후에도 춘추관 당상 황보인과 김종서 등의 지루한 감수가 이어졌다. 그러던 중, 이미 고인이 된 안숭선 사초가 또 말썽을 일으키고 말았으니, 그때가 단종 1년(1453) 5월이었다.

중국 황제가 송골매를 구하니, 그때 잡은 것이 7련
(連)이었다. 임금이 중국에 진헌할 숫자를 의논하게
하니, 안숭선이 마땅히 모두 진헌하여 후환이 없도
록 하여야 한다고 아뢰었다. 이때 좌승지 김종서가
마땅히 2련(連)은 머물러 두어서 전하의 놀이용으로
삼으라고 아뢰었다.

실록 편찬 책임자로 앉아 있던 춘추관 당상 김종서가 이를
본 순간 성낸 얼굴로 하늘을 가리켜 맹세하면서 아니라 우겼다. 안
숭선이 자기를 싫어했기에 터무니없이 매도한다는 것이었다. 그리
하여 춘추관 기사관으로 있던 김필을 불러 문제의 부분을 삭제하게
했으니, 그냥 넘어갈 상황은 아닌 듯하다.

안숭선은 이미 이 세상 사람이 아니었건만, 사초를 살피던

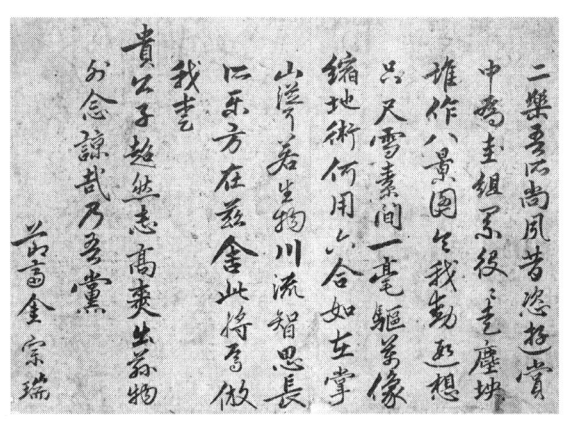

김종서의 글씨
(간찰)
ⓒ 국립중앙박물관

김종서가 매양 말이 안숭선에게 미치면 그의 과실을 헤아리고 배척하기 일쑤였다. 참다못한 기주관(記注官) 성삼문이 한마디 거들었다.

이 어찌 재상의 도량인가? 이미 죽어서 진토가 되었는데도 오히려 조그마한 혐의를 잊지 않으니, 어찌 그렇게 도량이 좁고 작은가?

이 소리에 충격 받았는지 모르나, 몇 개월 뒤 김종서는 춘추관에 일하던 어느 젊은 기사관(記事官)을 불렀다.

전에 지워 버린 몇 자는 실로 〈나와〉 이해가 없는데 〈사초를〉 마음대로 고쳤다는 비난이 있을까 두려우니, 다시 이를 쓰도록 하라.

위의 사실로 보건대, 김종서 깨달음이 뒤늦은 감은 있지만, 큰 그릇의 모습이 잘 드러난다. 성삼문의 뼈아픈 충고를 잘 새겨들었기 때문일 것이다.

수양대군이 계유정란을 일으킨 때가 단종이 즉위한 이듬해 10월 10일이었다. 이날 밤 김종서와 황보인을 비롯한 구신들이 죽임을 당했으니, 이런 소용돌이 정국 속에서 사초가 바탕이 된 역사 기록이란 게 대개는 이러했다.

명나라 사신 오양이 여진족 쇄환하는 일로 왔는데,

기생을 사통(私通)하고자 하였다. 세종이 재상으로
하여금 의논하게 하니, 황보인과 김종서가 이를 허
락하라고 의논하였다.

이를 확인한 황보인과 김종서가 사실과 다르다 하여 수정
하도록 명했던 사실에 대해 『단종실록』엔 이렇게 평가하고 있다.

두 사람은 스스로 세종 구신(舊臣)이라 일컫고, 30년
동안의 일을 친히 읽어 보고서, 무릇 대신의 풍절(風
節)이나 시정 득실 중에 이해관계에 따라 기사를 더
하고 빼고 하였으니, 일이 진실되지 못했다. 특히 김
종서는 성질이 사납고 거칠어 모두 두려워하여 감히
반박하지 못했다.

『세종실록』 편찬 과정에서 잦은 사초 문제가 발생한 이유는
재위 30년이 넘는 긴 세월의 사초란 점도 있겠지만, 그것이 단종 시
절에 편찬되었다는 이유가 더 클 것 같다. 말도 많고 탈도 많았던 사
초 사건들이 『단종실록』에, 그것도 황보인과 김종서에 집중되어 있
다. 그들을 처단한 세조 공신들이 『단종실록』을 편찬했기 때문이다.

재상들이 볼까 두렵소, 민수의 사초

민수(閔粹)가 한림 직을 제수받은 것이 세조 5년(1459)이니, 세조 정권 중반기쯤에 접어드는 시기였다. 세조 공신들에 얽힌 이런저런 일들이 눈에 띄었고, 그때마다 사관의 눈으로 사초 기록에 충실했다. 한림으로 직책을 다한 후 승진하여 자리를 옮겼다. 세조가 승하하고 둘째아들 해양대군이 왕위를 이어가니, 조선조 8대 임금 예종이었다.

즉위한 예종은 부왕의 실록을 빨리 편찬하고자 했다. 선대 임금이 죽고 나면 바로 편찬하는 전례가 있었기 때문이다. 세조 집권을 도왔던 공신들도 속내는 마찬가지였다. 춘추관에 실록청이 마련되고, 당시 사관으로 재직했던 사람들에게는 사초를 제출하라는 명이 내려졌다.

봉상시 첨정으로 근무하던 민수는 갑자기 고민이 생겼다. 한림으로 있을 당시 기록해 두었던 사초를 실록청에 제출해야 하지만, 고관대작들의 비리 행위

『세조실록』
ⓒ 국사편찬위원회

를 낱낱이 기록한 게 마음에 걸렸다.

사초에 작성자 이름을 기재해야 한다는 논란이 일전에도 있었지만, 설마 이름까지 적어 제출하는 것은 아니겠지라는 생각으로 일단 춘추관에 제출했다. 혹시나 하는 마음으로 예문 봉교 이인석에게 넌지시 물어보니, 사초에 이름을 써야 한다는 것이었다.

다급해진 민수는 이인석의 집으로 찾아가 "내가 양성지를 비롯한 몇몇 대신들의 비리를 기록한 것이 마음에 걸리는데, 양성지가 지금 춘추관 당상으로 있으니 내 사초를 직접 볼 것이 아닌가."라며, 도로 찾아와 고치고 싶다는 뜻을 전했다. 그러나 "그대의 사초는 나의 담당도 아니거니와, 또 국사를 함부로 고칠 수가 없다."는 대답만 돌아왔다. 다급해진 민수는 자신의 사초를 담당하는 사람이 누구인지 다그치자, 그제야 조안정·강치성·최철관이란 사실을 알려주었다.

춘추관 기사관 강치성은 민수와 절친한 사이였다. 강치성에게 매달려 하소연하니, 사초를 빼내 와 옷소매에다 슬쩍 넣어주었다. 집으로 내달려 온 민수는 떨리는 손으로 사초를 수정한 뒤 춘추관에서 일 보던 아전 이귀림에게 넘겼고, 집에 보관하던 초고본은 불태워 버렸다.

실록 편찬을 위해 사초를 점검하던 기사관 최철관은 민수가 제출한 사초에 눈이 꽂혔다. 동료 양수사에게 의논함과 동시에 수찬관 이영은에게 보고했다. 이를 전해 들은 이영은은 즉시 동료들과 사초 검토에 들어갔다. 민수가 사초를 고친 흔적은 모두 여섯 군데였다. 영의정 한명회를 비롯한 대신들에게 직보된 민수의 사옥(史獄)은 이렇게 시작되었다.

양성지의 사당 귀암사(충남 금산)
ⓒ 국가유산포털

　　문제의 사초엔 공조판서 양성지 이름부터 나왔다. 그가 감
찰 수장이던 대사헌으로 있을 때 뇌물 사건 혐의가 있었지만, 세조
은혜로 구차하게 용서되었다는 내용이었다. 양성지는 즉각 사의를
표하지 않을 수 없었다. 성종 8년(1477)까지도 양성지는 이 사건의
꼬리표를 달고 살아야 했다. 그가 풍헌 자리에 제수된 순간, 사헌 지
평 김제신이 그때 일을 새삼스럽게 거론하고 나선 것이었다.

　　칠삭둥이 한명회도 민수의 사초를 피해 가지는 못했다. 예
종 장인이기도 한 한명회가 자신에게 혐의가 씌워졌으니, 영의정으
로 겸하는 춘추관의 우두머리 영춘추관사 사직 소를 올렸다. 예종
은 당시 사정을 자신이 잘 아는 상황인 데다, 『승정원일기』에 기록
된 것도 있어, 의심하지 않는다는 전교를 내렸다.

추국(推鞫) 현장은 살벌했다. 부모 병환으로 고향 죽산으로 내려갔다던 강치성도 잡혀 와 있었고, 전부터 사초에 이름을 쓰는 것은 옳지 못하다고 목소리를 높인 사간원 정언 원숙강도 보였다. 사초를 빼내기 위해 처음 만났던 이인석도 보였다. 민수는 잡혀 오기 전에 자결하려 했으나, 집안 식구들 때문에 실행에 옮기지 못했다.

예종의 친국이 시작되었다. 분노에 찬 얼굴로 사초를 지우고 고친 이유를 따졌고, 민수의 대답이 이어졌다.

"처음에는 직필이었으나, 고치고 지운 것은 진실로 재상을 두려워했기 때문입니다."

"어찌 유독 재상뿐이겠는가, 숨김없이 말하라." 하고는 곤장을 10여 대를 쳤다.

"신이 두려워한 재상은 정인지·정창손·김질·윤자운·노사신·한계미·임원준·홍응·이극증·서거정·강희맹·한계희·구치관·성봉조·성임·이석형·류자광·어유소·권맹희·정효상·한계순·윤계겸·김겸광·이세겸·어세공·정난종·오백창입니다."

민수 입에서는 범 같은 대신들 이름이 줄줄 나왔다. 한명회와 신숙주가 왜 빠졌는지는 의문이다. 실록 편찬 과정에서 삭제한 것인지, 애초에 민수 입에서 거론되지 않았는지 알 수 없는 노릇이다. 친국은 며칠 동안 이어졌다. 민수에게 사초 고친 일을 또다시 다그치자, 민수는 그래도 안간힘을 다했다.

"전초(前草)의 말이 서로 맞지 않은 부분이 있어 그 말을 약간 완곡하게 고쳐 썼으나, 그 실상을 없애지는 않았습니다."

"너는 옛날 서연관(書筵官)이었기 때문에, 내가 너를 잘 안다. 그러나 너는 대신의 허물을 헤아려서 쓰지를 않았느냐? 너는 선비로서 어찌 국사를 증감한 죄를 알지 못하느냐?"

"신이 알지 못한 것은 아니로되, 단지 신이 용렬하여 생각이 여기까지 미치지 못하였고, 재상의 원망을 두려워하여 고쳐 썼으나, 그 말은 약간 완곡해진 것이지 그 실상을 없애지 아니하였습니다."

민수가 처음부터 이런 뜻으로 말했다고 한명회가 거들었다. 그런 때문인지 예종은 민수가 곧다고 여겼다. 예종은 강치성을 취조하기 시작했다.

"민수가 사초를 내오길 청하였을 때, 너는 누구와 의논하여 내어 주었느냐? 네가 민수와 사귄 지가 오래이니, 반드시 공모하였을 것이다."

"신은 신진의 사류(士類)이기 때문에, 조정 법도를 미처 알지 못하여 사초를 내주었습니다."

정직하지 못하다는 이유로 강치성에게 장(杖) 5도(度)를 치게 했다. 그래도 자복하지 않을 기세이자 원장(圓杖)으로 치게 하여 3도(度)에 이르렀다.

"남과는 의논함이 없었고, 또 공모함도 없으며, 다만 민수는 신과 같이 합격한 생원 동기생으로 장원했기 때문에 주었을 따름입니다."

"네가 사초를 꺼내어 주었는데, 공모자가 없다면 어찌 굳이 숨기느냐?"

"민수가 고쳐 쓴 뒤 단지 성숙과 더불어 말했는데, 성숙이 탄식하기를, '민수가 왜 이렇게 할까?' 하였습니다."

예종이 성숙에게 물었지만, 들은 사실이 없다고 답했다. 신이 들어 알았다면 어찌 성상 앞에 감히 숨기겠느냐고 항변했다. 예종은 강치성과 성숙을 대질시켰다. 성숙의 말이 자못 곧다고 여겨 방면했지만, 강치성은 임금을 속인 죄로 참형에 처했다. 최명손·이인석은 장(杖) 1백 대에 변방으로 쫓아 충군(充軍) 시켜버렸다.

예종이 세자로 있을 때 민수는 서연관이었다. 스승이 눈물로 대답했고, 외아들로 태어나 아직 부모가 살아 계신다는 점이 참작되어, 장 1백에 제주도 관노비로 영속시킨다는 처분을 내렸다.

본관이 여흥인 민수는 민충원 아들로. 세조 2년(1456) 생원시에 장원할 정도로 총명한 인물이었다. 생원이 되고 나서도 부지런히 학문 연마하기를 3년, 또다시 대과인 식년문과에서 1등을 했

민수의 묘(대전 대덕구 삼정동)
ⓒ 장득진

다. 시험관이 그를 장원으로 올렸지만, 동방 급제 고태정 책문(策文)을 본 세조는 재주가 아깝다며 장원으로 올렸다. 민수는 인수부 승을 거쳤다가 예문관 검열로 제수되었다. 정9품의 한림이지만, 임금을 지근거리에서 모시어 보고 들은 바를 기록하는 사관이었다. 하지만, 그의 예리했던 역사적 안목이 오히려 발목을 잡고 말았으니, 참으로 안타깝다.

　　민수의 손자 민제인도 할아버지 길을 따라 걸었다. 중종 때 급제한 후 승정원 주서(정7품)가 되어 시정기를 찬집하는 겸춘추 역할에 충실했고, 이어 예문관 검열에 제수되어 사관으로 활약했다. 승승장구하여 의정부 종1품 좌찬성에 이르렀지만, 문정왕후를 등에 업은 소윤들이 대윤을 척결하는 과정에서 그도 야인 신세가

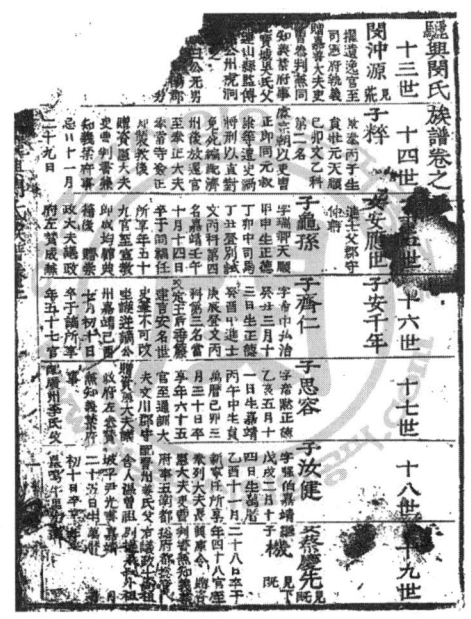

여흥민씨족보 임술보(1802)
ⓒ 한국학중앙연구원

되었다. 소윤들이 안명세가 작성한 시정기를 수정하려 들자, 이를 가로막은 죄로 귀양길에 올랐다가 생을 마감했다. 사초로 인한 대를 이은 희생이었다. 하지만, 그 후손들의 사환이 끊이질 않아 조선 후기 최고의 명가를 일궈냈으니, 인현왕후를 비롯하여 명성황후와 순명효황후까지 배출했을 정도였다.

민제인이 한림으로 있을 적에 남긴 시 한 편을 음미하다 보면, 사관으로서의 사유 세계가 맴돈다.

> 사람 없는 깊은 원엔 꽃 봉우리 저절로 열렸는데
> 　深院無人花自開
> 한 귀퉁이 뜰의 이끼 색깔이 창 가까이 넘어왔네.
> 　一庭苔色近窓來
> 춘추관 안에는 어인 일로 앉았는고?
> 　春秋館裏坐何事
> 붓을 잡았지만, 사관 재목 못 미침이 부끄럽네
> 　秉筆慙非良史才。

수정한 여섯 군데의 사초

민수가 사초를 수정한 곳은 여섯 군데이다, 기라성 같았던 훈구대신들에 대한 치부들이었으니, 그가 살아남은 것만도 다행이라 할 것이다. 당대를 휘어잡던 세도가들 비행에 대한 첫 번째는 양성지에 관한 내용이었다.

> 사헌부의 관원이 옥사를 다스리다가 모두 좌천되었
> 다. 처음에 부상(富商) 수인(數人)이 있어 재화(財貨)
> 를 다투다가 송사가 일어나자 헌부로 하여금 안치(按
> 治)하게 하고, 임금이 친히 송사의 상황을 물으니,
> 사헌부 집의 이숭원 등이 대답을 잘못하였으므로,
> 즉시 하옥시켰다가 잠시 후 용서하였는데, 대사헌
> 양성지는 홀로 구용(苟容)하여 그 일에 관여되지 않
> 았다는 이유로 그대로 재직하였다. [司憲府員 以治獄
> 皆左遷 初有富商數人 爭貨發訟 下憲府按治 上親問訟
> 狀 執義李崇元等 失對卽下獄 尋赦之 大司憲梁誠之 獨
> 以苟容 不與其事 仍在職]라고 썼는데, 뒤에 '구용(苟
> 容)' 2자를 삭제하였다.

당시 송사가 일어나 이를 파악하는 과정에서 대사헌 양성
지도 연관되었던 모양인데, 양성지가 '구차하게 용서되어', 혹은 '구
차하게 용서를 빌어'란 내용을 끼워 넣었던 것이 마음에 걸렸던 모
양이다. 양성지는 이 사건으로 성종 때까지 젊은 대간의 탄핵을 받
는 등 곤욕을 치르기도 했다. 오래도록 소환된 그의 흑역사였다.

두 번째는 홍윤성에 관한 내용이다.

> 인산군 홍윤성이 아비 상 중에 기복(起復)되어 함길
> 도절제사가 되었다. 그때 일찍이 한 집에 이르러 잠

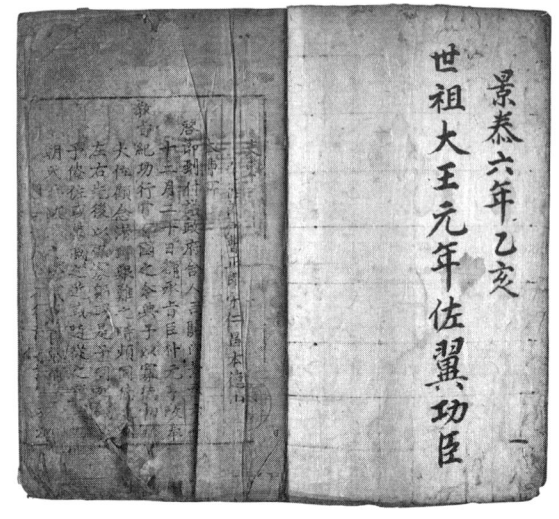

세조 즉위에 공을
세운 좌익공신록
ⓒ 국립중앙박물관

을 자니, 그 집주인이 우리 처녀를 간통했다고 고소
(告訴)하므로, 홍윤성을 하옥하여 추핵하였는데, 그
집주인은 무고로 죄를 받게되었으며, 마침내 홍윤성
이 그 처녀를 데리고 사는 바가 되었다. [仁山君洪允
成 居父喪起復 爲咸吉道節制使 其時嘗至一家宿 其家
人奸我處女 發訴下允成獄推之 其家人坐誣訴 竟爲允
成所畜]라고 썼는데, 뒤에 '거(居)' 자로부터 '시(時)'
자까지를 삭거(削去)하고, 여기에다가 '승취(乘醉)' 2
자(字)를 첨부해 넣었으며, '좌(坐)' 자부터 '축(畜)'
자까지를 지워 없앴다.

홍윤성에 관한 것은 "아비 상중에 기복되어 함길도절제사
가 되었다."를 삭제하는 대신 "술에 취하여"를 첨가했고, 또 "무고로

홍윤성 묘와 신도비각(부여 은산)
© 장득진

죄를 받았고, 마침내 홍윤성이 그 처녀를 데리고 사는 바가 되었다."를 지웠다.

당시 관료가 상을 당하면, 3년 상을 치르는 동안 관직을 떠나는 것이 관례였다. 3년이 지난 후에 임금 부름을 다시 받는 것이다. 이것은 조선조 유교 사회의 일면을 보여주는 것이기도 하다. 그럼에도 관례를 깬 홍윤성은 부모상 중에 함길도 절제사로 임명되어 파견되던 길에 온갖 행각을 다 벌였기에 민수는 이 사실들을 사초에 올렸고, 이것이 큰 문제가 된다는 생각으로 다시 지웠다.

홍윤성으로 말하자면, 자기 숙부를 때려죽여 앞마당에 파묻었을 정도로 포악한 인물이었지만, 예종 시절에도 승승장구하여 영의정까지 오른 인물이었다. 야사에서는 살인마 정승이라 부를 정도의 인간형이었으니, 이런 내용을 사초에 담아놓고도 불안에 떨어야 했을 것이다.

셋째는 윤사흔에 대한 내용이다.

윤사흔이 술기운을 부려 취하면 문득 용렬한 언사로 남을 욕되게 하였다. [尹士昕 使酒 醉則輒以庸言辱人]라고 썼는데, 뒤에 '사(使)' 자를 제거하고, '기(嗜)' 자를 고쳐 써넣었다

'사(使)'자는 사역의 의미가 내포되어 있으니, 일부러 술기운을 빌렸다는 의미가 내포되어 있다. 따라서 이 표현을 완곡하게 하기 위해 '즐기다 혹은 좋아하다'의 표현인 '기(嗜)' 자로 고쳤다는 내용이다. 퇴고(推敲)의 고사는 너무나 유명해 널리 알려진 바다. 문을 밀었다고 해야 할지 두드렸다 해야 할지 고민했던 옛 고사가 생각나는 대목이 아닐 수 없다. 아무튼, 세조 비 정희왕후 동생이 윤사흔이었으니, 그를 냉정하게 평가한 부분이 마음에 걸려 수정했을 것이다.

훗날 성종 16년(1485)에 윤사흔이 죽자 실록의 졸기(卒記)에 덧붙였던 사관 논평을 보면, "외척으로 좋은 벼슬을 고루 거쳐 1품에 이르렀고, 의정부에 제수되었을 적에는 대간들이 논박하였으나 임금이 들어주지 않았다. 윤사흔이 크게 취하여, '너희들 마음대로 해 보아라. 나는 이미 대광(大匡)을 얻었다.'라고 했다. 성질이 소탈하고 검속(檢束)이 없으나, 술에 취하면 선비들을 예로 대하지 않아 비방을 받기도 했다."라는 평을 받았으니, 민수 혼자만 그렇게

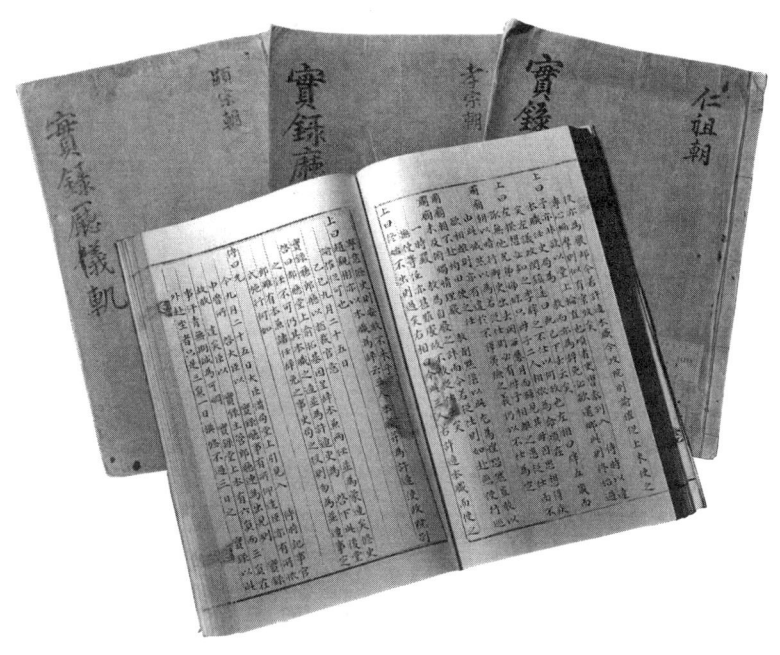

『실록청의궤』
ⓒ 국사편찬위원회
실록 편찬 과정을 기록으로 남긴 것이다.

생각한 것이 아니란 사실이 증명되고도 남는다.

넷째는 신면 형제에 관한 것이다.

전첨(典籤) 신정이 건너뛰어 승진하여 예문관 직제학이 되었는데, 이때에 신정의 형 신면은 도승지로서 전형(銓衡)에 관한 일을 상주하였으며, 안상계(安桑鷄)를 전첨으로 삼았다. [典籤申瀞 超遷爲藝文直提學 時瀞兄沔爲都承旨 掌奏銓衡 以安桑鷄爲典籤]라고

썼는데, 뒤에 '시(時)' 자부터 '첨(籤)' 자까지를 삭거
(削去)하였다.

신정이 품계를 건너뛰어 초고속 승진했던 것은 도승지로 있
던 그의 형 신면이 임금께 아뢰어 가능했다는 사실을 지워 버렸다.
다섯째는 김국광에 관한 사항이다.

김국광(金國光)은 성품이 절개가 없어 소절(小節)에
구애받지 아니하였고, 탐욕스럽다는 이름이 많았다.
[金國光性無介不拘小節貪名多]라고 썼는데, 뒤에 '무
(無)' 자부터 '다(多)' 자까지를 삭거하고, '통편(通偏)
하여 설설(屑屑)한 것을 가지고 어짐을 삼지 않았고,
오래도록 권좌에 있어 비방이 많았다. [通偏 不以屑
屑爲賢 久權多謗]라고 고쳐 썼다.

오늘날 광산 김씨들이 삼한갑족으로 대접받고 있는 것이
현실인데, 이 시기에 김국광이 있었다면, 조선 후기엔 김장생의 존
재감 때문이었다. 사초에서 김국광의 탐욕스러웠음을 지운 후 보다
완화된 글귀로 순화하지 않을 수 없었다.
여섯째는 신숙주와 한명회에 관한 내용이다.

이때 이시애(李施愛)가 거짓으로 신숙주(申叔舟)·한
명회(韓明澮)가 강효문(康孝文)과 더불어 불궤(不軌)
를 함께 도모하였다고 하였다. [時李施愛詐 以申叔舟

목을 내놓을지언정 붓을 꺾진 않으리

韓明澮 與康孝文 同謀不軌]라고 썼는데, 뒤에 '불궤
(不軌)' 2자를 지우고 '위난(爲難)' 2자로 고쳐 썼다.

함경도절도사 강효문은
당시 길주 이북 땅에서 가렴주구
의 대명사로 통했다. 이시애가
반란군을 끌어 들일 수 있었던
것도 그 때문이었다. 이시애가
반란을 일으켜 역공을 취하기 위
해 세조가 가장 신임하는 신숙주
와 한명회를 끌어들였다.

민수는 사초에 이 사건
을 기록하면서 불궤(不軌)라는
표현을 한 것이 두려웠다. 불궤

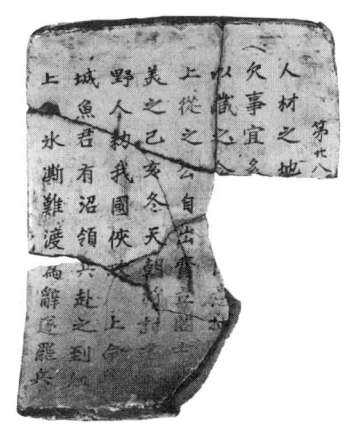

한명회 묘지석 조각
ⓒ 국립중앙박물관

란 반역을 도모했다는 뜻이다. 이시애가 반란을 일으킬 때 한명회
와 신숙주를 끌어들였다는 것이 거짓으로 밝혀졌음에도 불구하고,
반역에 관계되는 단어를 함부로 쓴 금기를 어겼다.

세조와 권람을 까버린 원숙강의 사초

민수의 사옥을 계기로 춘추관에 납부된 모든 사초가 수난
당했다. 민수 외에 사초를 고친 자가 또 없는지 전면 재조사에 들어

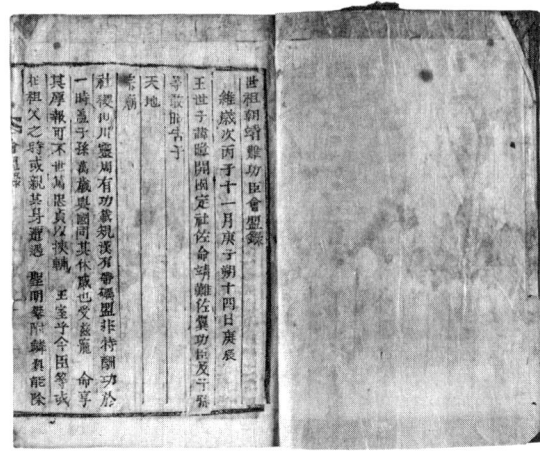

정난공신회맹록
ⓒ 국립중앙박물관

단종 1년 김종서 등을 제거한 수양대군과 권람·한명회 등이 정난공신으로 책봉되어 모임을 가진 회맹록이다.

갔다. 편수관 김계창이 예종의 명을 받아 제출된 사초들을 이리저리 살펴보고 있는데, 원숙강 사초에 수정한 흔적을 발견했다. 세조는 물론 그의 오른팔 권람에 얽힌 내용이었다. 권람은 이미 고인이지만, 아뢰지 않을 수 없었다.

권람 한명회 등이 수양대군을 도와 계유정난을 성공시켜 1등 공신이 되었다.

처음에 원숙강 사초를 보니, '권람이 졸(卒)하였다.[權擥卒]'고 쓴 아래에, '임금이 부처[佛]를 좋아하였다.[上好佛]'는 것과 '권람이 큰 저택을 지었다. [擥治第]'는 말이 있었는데, 지금은 그 말을 삭제하고 단지 그 '졸(卒)' 자만 쓰여 있습니다. 편수관 성숙 또한 이 일을 보았습니다.

수양대군을 왕좌에 앉힌 1등 공신의 최고 권력자가 바로 권람이었고, 그를 세조와 묶어 비난했으니, 예종으로서는 황당하기 짝이 없었다. 급히 성숙을 불러 확인하니, 김계창의 말과 같았다. 원숙강을 잡아다 심문하니, 다만 "졸(卒) 자 아래에 다른 일을 썼습니다."라는 대답이었다. 김계창을 대질시킨 연후에 비로소 원숙강이 자백했다.

> 내가 처음에는, '권람이 졸하였다.[擥卒]'라고 쓴 다음에 이르기를, '계유정란(癸酉靖亂) 때의 일등 공신으로 여러 번 승진하여 승지가 되고, 다시 이조 판서가 되었으며, 백의(白衣)에서 재상이 되기까지 10여 년도 채 못 되었다. 이때에 임금이 자못 부처를 좋아하였는데, 권람은 섬기지 않았지만, 항상 들어가 곁에서 모시었다.' 임금이 조석문에게 이르기를, '경의 치재술(治財術)은 소하(蕭何)와 더불어 누가 나은가?' 하니, 조석문이 말하기를, '만약 소하와 같은 시대였다면 누가 더 나을지 모릅니다.' 하니, 임금이 웃었는데, 권람이 말하기를, '전(傳)에 이르기를, 취렴(聚斂) 하는 신하가 있는 것보다는 차라리 도둑질하는 신하가 있는 것이 낫다고 하였으니, 조석문은 취렴지신(聚斂之臣)이요, 윤사로는 도신(盜臣)입니다.'라고 하였다. 권람은 복건(幅巾)과 여장(黎杖)으로 송백(松栢) 사이에서 소요하였으나, 일찍이 남산 아래에 저택을 짓고 '호야(呼耶)' 하는 소리가 수년 동

권근 권제 권람의 3대 묘역(충북 음성)
ⓒ 국가유산포털

안 그치지 않았으므로, 사람들이 이로써 기롱(譏弄)
하였다. 을유년에 병으로 졸하니, 나이가 53세이었
다. [歲癸酉靖亂 功居第一 歷遷爲承旨 轉爲吏曹判書
自白衣爲相 不數十載 時 上頗好佛 肇不事焉 常人侍側
上謂曹錫文曰 卿之治財 孰與蕭何 錫文曰 若使何同時
未知誰居其右 上笑之 肇曰 傳曰 與其有聚斂之臣 寧有
盜臣 錫文聚斂之臣 尹師路盜臣也 肇幅巾黎杖 逍遙松
柏間 然嘗治第南山下 呼耶之聲 數年不絶 人以此譏之
歲之酉 以病卒 年五十三]라고 써서 춘추관에 바쳤는
데, 그 뒤에 이름을 썼으므로, 사람들에게 원망을 살
까 두려워 가만히 수취(收取)하여 '졸(卒)' 자 하나만 썼습니다.

한명회를 비롯한 세조 공신들은 발끈했다. 원숙강 사초 수정 사실을 명백하게 밝혀야 한다고 주장했다. 예종이 몸소 친국하기 시작했다.

"너는 먼저 스스로 사초를 삭제했으면서, 마침내 사초에는 이름을 쓰는 것이 불가하다고 말한 것은 무엇 때문이냐?"
"직필함이 없을까 저어했기 때문입니다."
"너는 국사를 증감했다가 주살되는 것을 알지 못하는가?"
"신은 알고 있었지만, 단지 생각이 여기에 미치지 못하였을 뿐입니다."
"그러면 너는 무엇 하러 고치고 지웠느냐? 네가 권람의 일을 기록하였다가 삭제하였는데, 그 늙은이는 이미 죽은 사람이 아니냐? 반드시 연유가 있을 것이다."
"신이 조석문의 일 때문에 고쳤습니다."
"너는 재상의 허물을 지우고 쓰지 않으면서 임금의 허물은 썼으니, 무엇 때문이냐?"
"인군의 정사는 의정부와 육조의 등록에 실려 있으므로 신이 비록 쓰지 않더라도 자연히 문적에 등재되어 있고, 다만 재상의 일은 모름지기 사초를 기다린

후에 알게 되기 때문에 신이 썼을 따름입니다."

"인군의 허물은 쓰면서 재상의 허물은 삭제하였으
니, 그 이유가 무엇이냐?"

"대신을 거스르면 그 화가 더 빠르기에, 신이 삭제하
였습니다."

"너는 대신에게는 아부하고, 인군을 두려워하지 않
는구나!"

인군보다 대신들을 더 두려워하는 태도가 괘씸하기 짝이 없
었다. 원숙강 공초에는 '재상을 추성(推誠)하고, 인군을 경멸하였
다.[推誠宰相 輕蔑人君]'는 죄가 추가되었다. 그러니 참형을 피해갈
수 없었다. 선비로서의 참형은 대단한 치욕이었다. 인군을 능멸한
원숙강 사초에 대한 철저한 보복이었다. 김일손도 세조와 관련된
사초를 남겼다가 죽음을 면치 못했으니, 동병상련이란 생각도 든다.

갑자기 실시된 사초 실명제로 크나큰 사옥(史獄)이 일어났
고, 사관들의 직필을 보장받지 못할 것이란 의구심이 커져만 갔다.
곧고 바르게 서술할 수 없는 공포감 속에서 편찬된 『세조실록』이었
다. 그렇다면 판이 어떻게 짜여 질 것인지는 자명하다. 옥사에 연루
되어 화를 입었던 자들의 평가는 후세에 재평가되어야 할 것 같다.
우선 『세조실록』에서 사옥 연루자들에게 가해진 인물 평가를 한번
보자.

○ 강치성은 광망(狂妄)하여, 처음에 과거에 급제하
였을 때 전교서 박사를 제수하였으나, 동료들이 강

치성은 신진으로 행수(行首)를 삼는 것이 마땅치 않다고 하여 박사 김질을 추대하여 상관장(上官長)으로 삼았다. 강치성이 이를 매우 한스럽게 여겼고, 자못 동렬(同列)의 약속을 받아들이지 않았으며, 동렬 역시 물리치고 한데 어울리지 아니하였기에 앙심을 품고 춘추관 기사관이 되기를 구하여 춘추관 벼슬을 할 수 있었다.

○ 민수는 이름 내기를 좋아하여 촌간 척독(寸簡尺牘)에도 반드시 기이한 말과 아름다운 글씨로 사람들에게 특이하게 보였으며, 소소한 장난에도 남의 아래가 되는 것을 부끄럽게 여겼다. 그러나 성품은 의심이 많고 결단성이 없었다.

○ 원숙강도 경박하여 마침내 이러한 실패를 저질렀다.

○ 이인석은 온유하고 수미(粹美)하여 붕우와 더불어 사귐에 있어 비록 불쾌함이 있어도 싫은 말과 기색이 없고, 성품이 또한 청렴결백하여 이명간(利名間)에 구차한 뜻이 없어, 그 귀양 가게 됨에 미쳐서도 담소 자약하였다.

역시 실록은 3대쯤 지나 편찬되는 게 좋았을 텐데, 『태조실록』을 태종 자신이 살아 있는 동안 편찬하고자 했고, 그 선례가 조선을 지배했다. 한번 삐뚤어진 역사가 또 삐뚤어진 역사를 잉태하니, 이것이 불행의 씨앗이었다. 격화되는 당쟁 구도 속에서 수정실록이 나온 배경이기도 하다.

3
비전秘傳된 사초와 불태워진 사초

무덤까지 갖고 간 정태제 사초

현존하는 사초는 드물기는 하지만, 상태가 잘 보존된 것도 있다. 가장사초는 물론이요, 시정기까지 사초로 포함 시킬 수 있지만, 이들은 실록 편찬이 끝난 뒤 비밀을 보장하고 종이를 재생하기 위해 세초(洗草) 하기에 희귀할 수밖에 없다.

가장사초의 경우 비밀리에 원본을 후손들에게 전해줄 수도 있으나, 필화사건의 위험성 때문에 쉬운 일은 아니다. 시정기 또한 규칙에 따라 작성하고, 정해진 날짜에 제출하여 묶어서 보관하다 실록이 편찬되고 나면 반드시 세초 하는지라 남아 있을 확률이 매우 낮다.

그런 의미에서 본다면, 여기에 소개하는 사초들은 우리가 타임머신을 타고 직접 그 시대를 여행하는 것처럼 당시의 화면을 생생하게 보는 것이나 다름없다.

1987년 3월 중순 경 동래정씨사암공파 종친회에서는 경기도 여주 능마리에 있는 선영 이장작업을 하고 있었다. 사암 정대년의 고손인 정태제(鄭泰齊) 묘를 파헤치자 시신이 300년이 넘게 부패되지 않은 채 미라로 발견된 것이다. 그런데, 관속에는 그의 시신뿐만 아니라 함께 묻었던 사초도 발굴되어 주위 사람들을 더 놀라게 했다.

무덤까지 갖고 가야만 했던 사초, 그 수수께끼는 과연 무엇인가?

발굴된 사초는 국당 정태제가 춘추관 기사관으로 일할 당시 인조 15년(1637)에서 16년에 걸쳐 작성한 시정기였는데, 단순

정태제 묘에서 발굴된 미라 모습
ⓒ 동래정씨사암공파 문중

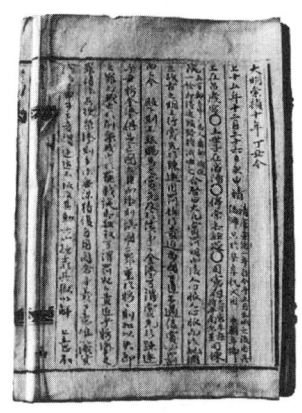

정태제 사초
ⓒ 국가유산청

한 정무 기록만 나열한 것이 아니라 주요 사건과 인물에 대한 사평(史評)을 곁들인 것이어서, 그가 속한 소서(少西) 계열 당색을 엿볼 수 있다는 점에서 흥미를 끄는 자료가 아닐 수 없다.

상·하로 나누어진 이 사초의 상권에는 인조 15년 12월 26일부터 이듬해 5월 22일까지, 하권에는 인조 16년 6월 13일부터 9월 17일까지로 되어 있다.

이 사초를 국사편찬위원회에서 분석한 후 탈초(脫草)하여 책으로 간행한 적이 있다. 당시 사초가 있던 방에 들어가면, 발굴된 지 7, 8년이 지난 그때까지도 말로 표현할 수 없는 악취로 향을 피우곤 했었다.

정태제는 우의정 강석기의 맏사위이니, 비운의 왕자 소현세자와 동서간이다. 병자호란으로 소현세자는 그의 아우 봉림대군과 함께 중국 심양에 볼모의 몸으로 있다가 8년 만에 강빈과 함께 돌아왔다. 돌아온 지 두 달 만에 세자가 의문의 병으로 죽었고, 강빈 또한 수라상 독약으로 시아버지 인조를 죽이려 했다는 후궁 조소용 모함을 받아 결국 사약을 받았다. 이 사건을 강빈옥사라 부른다.

소현세자 아우인 봉림대군이 인조 뒤를 이어 보위에 오르니 그가 효종이다. 소현세자가 보위를 이었다면, 천주교가 더 일찍 조선 땅에 정착했을지도 모른다. 볼모의 몸으로 심양에 있을 때 서

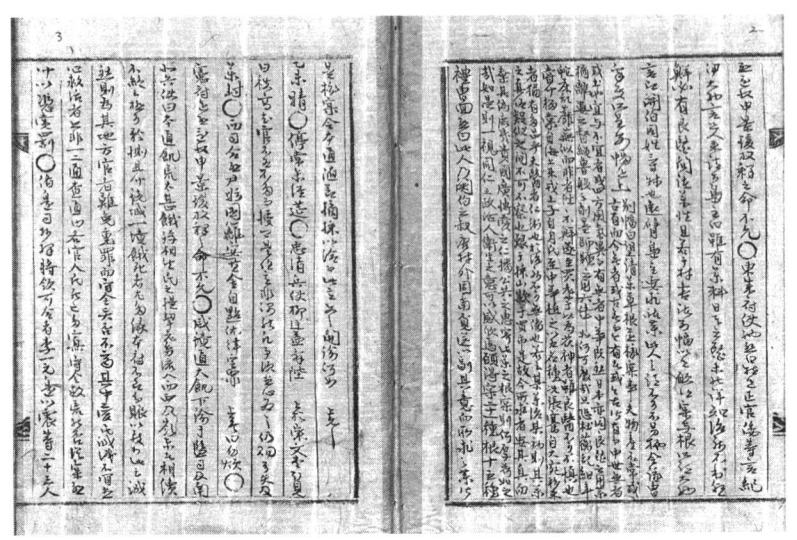

정태제 사초
ⓒ 국사편찬위원회

양 선교사들과 돈독한 친분을 맺었고, 또 천주에 관한 높은 관심을 보인 인물이었기 때문이다.

아무튼, 강빈옥사로 정태제 처가 쪽 강씨 집안은 풍비박산 났고, 소현세자의 어린 아들 3형제는 제주도로 귀양 갔다. 정태제에게도 그 혐의가 돌아올 수밖에 없었고, 다른 역모 사건에 엮여 함경도에 6년간 유배당했다가 풀려났다.

이렇듯, 당시 붕당 정국의 소용돌이 한 가운데 있던 인물이라는 점에서, 정태제가 무덤까지 갖고 갔던 사초가 이해될 듯도 하다. 이 사초엔 『인조실록』이나 『승정원일기』에는 보이지 않는 내용들이 많아, 조선 후기 당색에 따른 실록 편찬 방침을 느낄 수도 있다는 점에서 현장감을 더해주는 생생한 자료이기도 하다.

당후일기와 춘추관일기 등 여러 사초들

정태제의 사초와 함께 인조 당시의 정국을 푸는데 열쇠가 될 수 있는 또 하나의 사초가 『인조무인사초(仁祖戊寅史草)』이다.

이는 인조 무인년(1638) 6월 13일, 7월 23일에서 9월 17일까지 시정을 비초(飛草)한 것이다. 비초란 시정기를 작성할 때 깨끗하게 정서한 정본(正本) 외에 초서로 된 부본을 만들어 두던 것을 말한다. 이 비초는 사관들의 근무성적을 매기는 데, 자료로 이용되기도 한다.

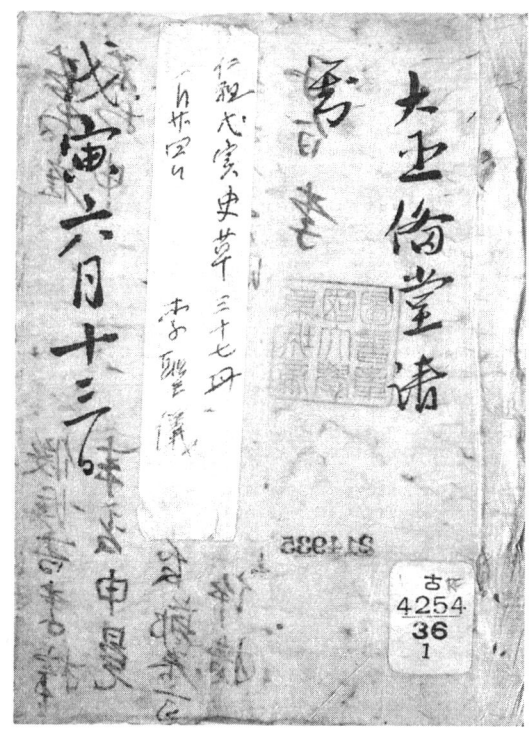

인조무인사초
ⓒ 규장각한국학연구원

무인년은 병자호란 직후이기 때문에 국가 기강이 해이해져 갖가지 폐단을 야기하고 있던 때였다. 따라서 당시의 정치 상황뿐만 아니라 사회상까지도 잘 나타내 주는 자료가 인조 무인사초이다. 이 사초 작성자가 누구인지 정확한 기록이 없어, 인조 무인년 때 사관이었던 신면(1607~1653)이나 허적(1610~1680)의 기록으로 추정되기도 했지만, 그 이후 조선 중기 문신이던 이현(李俔 : 생몰년 미상)이 작성했던 사초로 밝혀졌다. 현재 규장각에서 소장하고 있는 자료이다.

현존하는 사초 중에서 빼 놓을 수 없는 것이 권벌이 남긴 사초이다. 권벌은 성종 9년(1478) 안동에서 태어나 중종 2년(1507) 문과에 급제하였다. 급제하던 해에 한림 벼슬이던 예문관 검열(9품)에 제수되었고, 이듬해 봄 대교(8품)에 승진하였는데, 사관 직책을 수행하던 이 기간에 기록한 사초가 『한원일기(翰苑日記)』이다. 즉, 중종 2년 12월 초하루부터 다음 해 12월 26일까지 그가 한림직을 수행하던 약 1년 동안의 중요한 역사적 사실을 적은 것이다. 한원이란 문한서, 한림원으로도 불리던 예문관의 별칭이기 때문에 제목을 한원일기로 붙였던 것으로 보인다.

『당후일기(堂後日記)』는 권벌이 한림 벼슬인 대교에서 승정원 주서(7품)로 옮긴 후 당후관 직책을 수행하면서, 겸사관으로 활동하던 시기에 작성된 사초이다. 이와 함께 별도의 『승선일기(承宣日記)』가 있는데, 이는 승정원 승지로 발탁되어 겸사관으로 활동하던 시기인 중종 13년(1518) 5월 15일부터 11월 6일까지 기록한 것이다. 초서로 되어 있어 전문가들도 보기가 어렵다. 이 일기들은 당시 실록과 글자까지 일치하는 부분이 많아, 실록을 편찬하는 데 사

충재 권벌 종가의 청암정 전경(경북 봉화)
ⓒ 장득진

초가 기본적인 자료였음을 입증하고 있다. 또한 실록에 누락되어
있는 부분도 있어 당시 상황을 보완해주는 중요한 자료이다.

　　그가 승정원에 근무하면서 겸사관으로 사초를 작성했던
『당후일기』나 『승선일기』는 당시의 『승정원일기』를 복원할 수 있
는 자료로 평가되기도 한다. 현재 『승정원일기』는 조선 후기의 것
만 남아 있기 때문이다. 이후에 소개되는 당후일기 사초들도 마찬
가지이다. 권벌이 남긴 이들 3종류 사초는 현재 경북 봉화 유곡리
종가댁의 충재선생유물관에 전시 중이며, 보물 261호로 지정되어
있다.

　　『당후일록(堂后日錄)』은 승정원 당후관으로 근무하던 권두
기(權斗紀)가 남긴 사초이다. 권두기는 효종 10년(1659)에서 경종 2

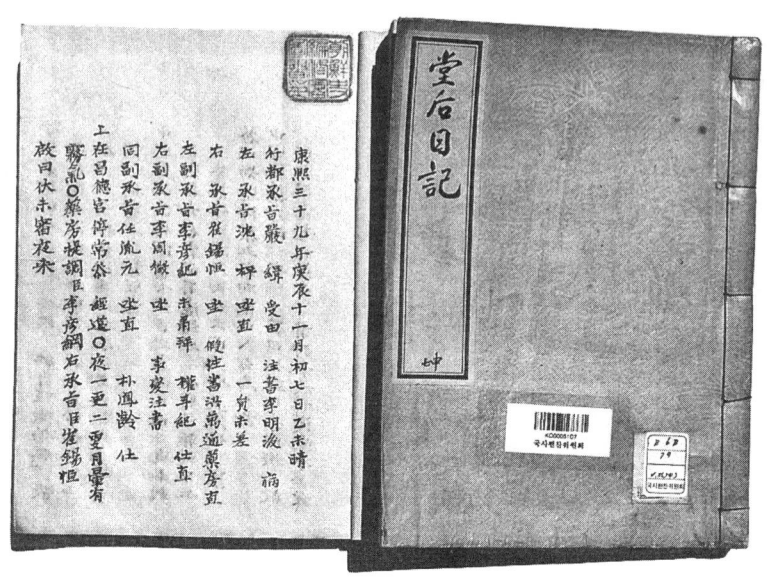

권두기의 당후일록
ⓒ 국사편찬위원회

년(1722)까지 살았던 인물이다. 안동 권씨이며, 여러 종류의 사초를 남긴 충재 권벌의 5세손이다. 숙종 22년(1696)에 문과에 급제하여 승문원 권지로 관직 생활을 시작하였다. 그 후 당후관인 승정원 주서로 일하면서 기록한 사초가 『당후일록』인데, 건(乾)·곤(坤) 2권으로 되어 있다. 앞 권인 건에는 1700년 11월 7일부터 1701년 2월 2일까지 기록이나, 실제로는 12월과 1월의 기록이 누락되어 있다. 뒷 권인 곤에는 이를 이어 1701년 2월 3일부터 12일까지 기록이다.

　　그 내용은 연월일의 날짜와 날씨가 기록되어 있고, 그 다음에 자세한 기사의 내용들이 기록되어 있는데, 주로 승정원 관리들의 전입과 전출을 적은 입사좌목(入仕座目), 임금이 거처하는 궁궐

목을 내놓을지언정 붓을 꺾진 않으리

과 경연 참석 여부, 기타 각 시정에 관한 사항들이 기록되어 있다. 이 사초 원 소장자가 경북 봉화의 권철연(權徹淵)씨로 되어 있는데, 일제 시기인 1929년에 조선사편수회가 지방 사료 채방 사업의 일환으로 등사한 사본이 현재 국사편찬위원회에 소장되어 있다.

『필재당후일기(畢齋堂后日記)』는 점필재 김종직이 남긴 당후일기이다. 그는 세종 13년(1431)에 태어나서 성종 23년(1492)까지 살았던 인물인데, 영남사림파의 거두로 널리 알려져 있다. 생전에 '조의제문(弔義帝文)'이라는 글을 지었는데, 이는 항우가 초회왕(楚懷王)을 죽였던 고사를 인용하여, 세조가 어린 조카를 죽인 사실을 빗댄 내용이었다. 이를 그의 제자 김일손이 사초에 실었다가, 무오사화라는 변을 당하여 관을 쪼개고 시체를 베는 끔찍한 부관참시형을 당했다.

이때 그의 저술들이 많이 소실되어, 문집을 비롯한 몇 가지 정도만 남아 있는데, 이 일기는 그중의 하나이다. 성종 13년(1482) 11월 초하루부터 12월 25일까지 약 2개월 동안의 기록이다. 서술 양식은 연월일과 날씨, 경연의 참석 여부 등을 기재한 후 본문이 작성되는 걸로 미루어 시정기의 형식을 취하고 있다. 점필재 17세손인 김병식씨 소장이며, 1책 44장으로 된 필사본이다. 책의 앞 뒤 장이 마모되어 낙장 된 부분이 있으나, 대체로 보관 상태는 양호한 편이다.

『당후일기초본(堂后日記草本)』은 운천(雲川) 김용(金涌)의 경연 기록이다. 본관이 의성인 그는 학봉 김성일의 조카이자, 퇴계 이황 선생의 손녀사위이다. 임진왜란이 일어나자 김용은 고향인 안동에서 의병장으로 활약했고, 여러 관직을 두루 거치는 동안 춘추

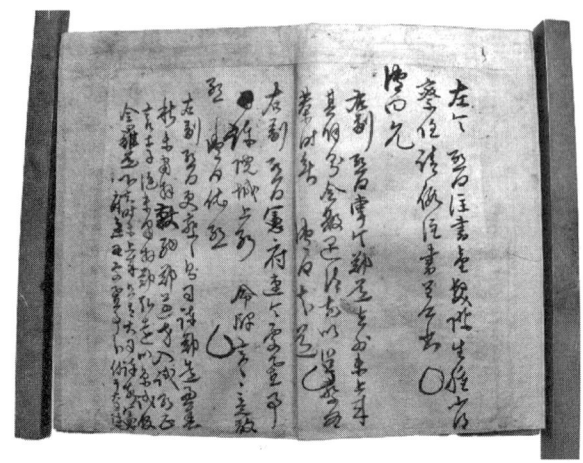

당후일기초본의
한 부분
ⓒ 국사편찬위원회

관 편수관을 겸하면서 『선조실록』 편찬에도 참여했다. 광해군 7년(1615) 윤8월 초6일부터 이듬해 6월 18일까지의 경연 내용을 기록한 것이나, 빠진 날짜가 많은 것이 흠이다.

원래 표제는 『운천선조경연주대(雲川先祖經筵奏對)』이고, 천(天)·지(地)·인(人) 3책으로 된 필사본이다. 이 표제는 후손들이 붙인 것으로 보인다. 당후일기초본은 일제 때 조선사편수회에서 각 지방의 사료들을 채방하는 과정에서 재 등사하여 책으로 제본한 것이 국사편찬위원회에 소장되어 있다.

『마애부군유묵(磨厓府君遺墨)』은 마애 권예(權輗)가 남긴 사초이다. 표제가 『마애부군유묵』으로 되어 있으나 좌측에 '정덕기묘사월일 봉교시사초(正德己卯四月日 奉敎時史草)'라고 되어 있는 것으로 미루어, 1519년 그가 봉교로 재직할 때 기록한 사초인 것으로 보인다. 권예는 경북 영풍군 순흥의 안동 권씨 가문에서 태어나 중종 11년(1516)에 문과에 급제하여 처음에는 승문원 권지로 관직 생활을 출발했다.

2년 후 예문관 검열이 되어 한림 직을 수행하였고, 그 이듬해 정월에 봉교로 승진하였으니, 이때에 기록한 사초이다. 책으로 만들어져 배접한 상태로 되어 있는데, 그 후손들이 작성한 후서(後書)가 붙어 있어 총 면수가 52장에 이르나 실제 원 사초는 45장 분량이다. 이 사초는 연월일 등 날짜에 대한 기록이 없고, 날씨에 대한 기록 역시 없는 점이 특징이다. 또한 내용상 앞뒤 순서가 맞지 않는 부분들이 많다. 후손들이 배접하고 책으로 묶으면서 혼동으로 인한 것으로 보인다.

당시 종계변무를 위해 명나라 주청사로 남곤 등을 파견한 내용이 보이는데, 『대명회전(大明會典)』에 이성계가 고려 말 그의 정적이던 이인임의 아들로 기록되었다거나, 공민왕 이하 4명의 왕을 살해했다는 잘못 기록된 상황을 수정해 달라는 주청(奏請)이 당시 외교 현안의 큰 쟁점이었다. 성암고서박물관에 소장된 사초이다.

춘추관 기사관으로 근무하던 이류(李瀏)가 남긴 『춘추관일기(春秋館日記)』도 현존하고 있다. 이류는 경종 3년(1662)에서 숙종 42년(1716)까지 살았던 인물이다. 원주 이씨 강릉공파 인건의 7세손으로 숙종 16년(1690)에 문과에 급제하여 봉상시 봉사(8품)를 거쳐, 숙종 20년(1694)에 예조좌랑으로 승진한 후 춘추관 기사관을 겸하였다.

이 일기는 그가 춘추관 기사관을 겸하고 있을 당시 초록(抄錄)한 사초이며, 난초(亂草)로 되어 있다. 기재 양식은 임금이 어느 궁에 거처하며, 경연 참석 여부 등과 함께 날짜와 좌목을 기록한 다음, 본론인 조정의 시사를 기록하였다. 원래 날짜별로 분책되어 있던 것을 후에 1책으로 합본하여 그 규격이 일정치가 않다. 종손인 전남 해남의 이기욱(李基旭)씨 소장이다.

불태워질 상소문을 구해 낸 직간

　양녕대군은 조선조 비운의 왕자였다. 이름은 제(禔)이고, 태종과 원경왕후 민씨의 맏아들로 태어났다. 엄격한 부왕 밑에서 자라 세자로 책봉되었으나, 부왕의 뜻이 그의 동생 충령에게 쏠렸음을 알고 스스로 미치광이 짓거리를 일삼으며, 미련 없이 왕위를 팽개친 인물이다. 그리하여 4대가 지나도록 적장 승계를 하지 못했다.

　양녕의 기인에 가까운 행동이 왜 나타났는지, 그 원인을 어디에서 찾아야 할지를 정확하게 추론하기는 어렵다. 왕세자로 있으면서도, 군왕의 자질을 키우는 학문 연마에는 별 관심을 보이지 않고, 늘 사냥하고 주색과 가무를 즐긴 것으로 전해오는 후세의 이야기들이 과연 그를 정당하게 평가하였던 것인지는 의문이다.

　『연려실기술』에는 양녕에 관한 다양한 기록들을 토대로 엮어 낸 바가 있는데, 재미있는 사실 몇 개만 소개해 보기로 하자.

　양녕의 스승이었던 빈객 이래(李來)가 얼마나 충고하고 타일렀던지, 그만 보면 머리가 아프고 마음이 산란하여 꿈에 볼까 두렵다고 할 정도였다. 공부에 마음을 두지 못했던 양녕은 뜰에다 새 덫을 만들어 놓고 새가 걸리기만 기다리기 일쑤였다. 또 궁에서 매를 놓고 키우면서 놓아 부르다가 그의 스승 이래에게 싫은 잔소리

양녕대군 묘역(동작구)
ⓒ국가유산청

를 들어야 했으니, 악착같이 공부를 시키고자 했던 이래가 얼마나 싫어졌겠는가. 이런 반면에 남대문 현판으로 남아 있던 〈崇禮門〉이란 글씨가 그의 작품이라는 설도 있는 것을 보면, 머리가 갸우뚱 해질 수밖에 없다.

하루는 태종이 대궐 안에 감나무를 심어 그 열매를 구경하는데, 까마귀가 와서 찍어 먹고 있었다. 보다 못한 태종이 탄자(彈子) 잘 쏘는 사람을 구해 오라 하니, 옆에 있던 신하들이 "조정에는 마땅한 사람이 없고, 오직 세자라야만 능히 맞출 수 있을 것입니다" 하므로, 세자에게 시키니 두발이나 명중시켰다. 태종은 양녕의 행실을 미워하여 오랫동안 보지 않다가, 이날 처음으로 빙그레 웃었다는 이야기가 전한다.

이처럼 기인으로 살았던 양녕이었다. 그가 미친 척 방랑하고 있을 때, 그의 아우 효령은 장차 양녕이 폐세자 될 것을 짐작하고, 매사에 삼가면서 글 읽기를 부지런히 하였다. 세자의 다음 차례가 자신이었기 때문이다. 어느 날 양녕이 효령 처소를 지나다 들어와 발로 차면서, 어리석은 사람아, 충령이 성덕(聖德)이 있음을 알지 못하는가라고 호되게 꾸짖었다. 그제야 효령이 크게 깨닫고, 뒷문 절간으로 뛰어가 북 하나를 잡고 가죽이 늘어지도록 두드렸다는 이야기가 전한다. 그래서 부드럽게 늘어진 것을 보면, 후세 사람들이 효령대군 북 가죽 같다고 했다는 것이다.

태종이 세자를 폐하고, 그의 셋째인 충녕에게 보위를 물려주기로 결심을 굳혔다. 외척세력이 발호하면 나라가 망한다는 생각으로 처가 쪽 세력을 완전히 제거하는 등 왕권은 비교적 안정된 뒤였다. 대신들을 불러 모은 태종이 세자를 폐하려 한다는 심중을 밝히자, 이조 판서이던 황희와 이직 등이 경솔히 바꾸어서는 안 된다고 반대하고 나섰다. 그러나 멈출 태종이 아니었다. 황희와 이

『세종실록』
ⓒ 국사편찬위원회

직을 좌천시키고, 귀양 보내면서 까지 밀고 나갔다.

양위를 한 후 상왕으로 물러났지만, 그가 죽고 난 후 왕권다툼이 걱정되는 바가 없는 것도 아니었다. 적장자 계승이 아니라 마음 놓을 수가 없었다. 양녕에게 자신이 죽고 난 후에도 도성 안으로 한 발자국도 들어오지 못하도록 엄명을 내렸다.

그러나 세종의 돈독한 형제애는 남달랐다. 사냥 간다는 핑계로 양녕을 만났고, 때론 술과 안주를 보내기도 했다. 심지어 서울에 자주 모셔 술대접하기도 했다. 반대하는 목소리가 여기저기서 높아지기 시작했고, 상소가 빗발치듯 올라왔다. 세종 재위 기간 동안 양녕에 관한 상소만도 부지기수였다.

사간원에서 상소(上疏)를 올렸다.

양녕대군 제는 심지가 광혹(狂惑)하고, 불의를 많이 행하여 군부(君父)에게 죄를 짓고 종사에 끊음을 당했습니다. 태종 전하께서 외방으로 내쫓으시고, 또 명하시기를, '내가 죽고 난 후에도 서울에 왕래하지 못한다.' 하셨으니, 유훈이 엄하셨습니다. 지금 전하께서 대궐 안에서 불러 보시고 밤이 되어서야 돌아가게 하시니, 이것은 비록 전하의 우애이신 지극한 정리이지마는, 그것이 태종의 유훈에 어찌 되겠습니까. 삼가 바라옵건대, 대의로서 결단하시어 다시는 불러 보지 마시어, 위로는 태종의 훈계에 따르시고, 아래로는 신민의 기대에 부응하소서.

사헌부에서도 가만있질 않았다. 대사헌 신개(申槩) 등이 또다시 상소를 올렸다.

양녕대군 제는 군부에게 죄를 얻었는데, 우리 태종께서 그의 생명을 보전시키고자 하여 외방에 내쫓아 두기를 명하셨습니다. 이미 내쫓아 둔다고 하셨다면 비록 변방 밖의 땅에서도 마땅히 돌아다니는 것을 마음대로 할 수가 없을 것이온데, 근년 이후로는 공공연히 서울에 들어오니 이미 옳지 못한 일입니다. 지금 또 아무런 꺼림이 없이 서울에서 유숙하게 되니, 태종의 유훈인 먼 곳으로 내쫓는다는 뜻에 어긋남이 있사옵니다. 더군다나, 그의 광패(狂悖)하고 용한(勇桿)한 자질을, 어찌 방자하기를 이 지경에 이르게 하겠습니까. 대소 신민들이 놀라지 않는 사람이 없습니다. 이것이 비록 전하의 우애의 정리가 지성에서 나왔지마는, 그러나, 조종의 훈계를 따르지 않는다면 어찌 효도가 되겠습니까. 삼가 바라옵건대, 전하께서는 대효(大孝)를 따르시고 사은(私恩)을 억제해 끊으셔서 다만 존문(存問)만을 통하고 그 왕래를 끊는다면, 제의 남은 수명도 보전되어 지성으로 우애하여 길이 세상을 마칠 수 있을 것이니, 종사에 매우 다행하겠습니다.

세종의 귀에는 인간의 정리를 끊으라는 소리로밖에 들리지 않았다. 서릿발 같은 명을 내렸다.

진부한 말들을 주워 모아서 소(疏)로 써서 올리니,
전후에 올린 장소(章疏)를 모두 다 불태워 버려라.

모름지기 상소문을 불태우는 일은 없었다. 있어서도 안 되
는 일이었다. 만약에 불태운다면, 이것이 선례가 되어 훗날 무슨 일
이 일어날지 가름조차 어려운 상황이었다. 상소는 반드시 군왕에게
전달되어야 하고, 그 처리 또한 겸허하게 해야 하는 것이 아닌가. 임
금을 가까이서 모시고 있던 안숭선·정갑손 등이 다급했다.

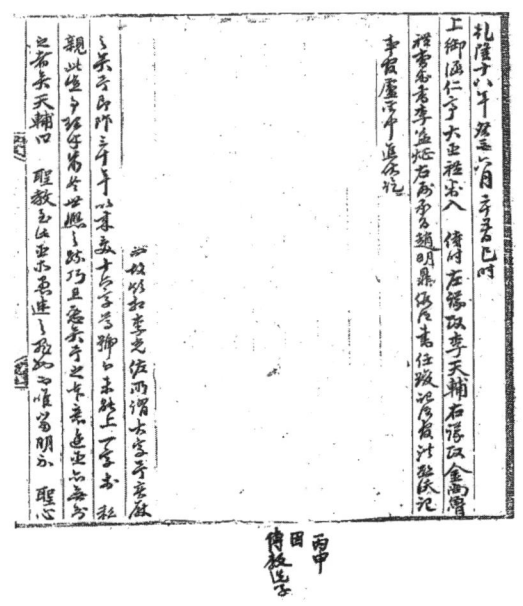

『승정원일기』의 사도세
자 관련된 예민한 부분
들이 세손(정조) 요청에
따라 모두 삭제되고 말
았다.
ⓒ국사편찬위원회

대간의 말은 일찍이 옳지 않은 것이 없으며, 성상께서 윤허하지 않으시는 것도 또한 옳지 않은 것이 없사온데, 어찌 간하는 소(疏)를 불태워서 뒷 세상의 평판을 끼치겠습니까. 비록 이 소를 불태우시더라도 사관이 모두 이를 쓰게 되니, 무엇이 이익이 있겠습니까.

이 직간 한마디가 세종 마음을 녹였다. 임금의 모든 행동 하나 하나가 훗날의 거울이 되고, 그 거울 됨은 사관이 있어야만 하니, 사관의 붓 자루는 참으로 위대한 것이 아닐 수 없다.

사초를 불구덩이에 던지고 도망간 사관들

선조가 통치 기간 40년을 넘겼지만, 즉위로부터 재위 25년 초까지의 실록 내용은 부실하고 빈약하기 이들 데 없다. 총 221권의 실록 중에서 선조 25년 이전의 것은 25권밖에 되질 않는다. 분량과 내용만 빈약한 게 아니라, 여기에 실린 사론(史論) 676개 중에서 임진왜란 이전의 것은 1개의 불과할 정도다. 사론이란 게 가장사초를 바탕으로 실록에 담아내는 것이니, 선조가 즉위한 이래 25년간 작성된 가장사초들이 몽땅 없어졌다는 사실을 나타내 주는 지표이기도 하다.

조선조 4대 문장가로 알려진 참 선비 신흠의 「상촌휘언」에 따르면, 당시 사관 조존세·박정현·김선여·임취정 등이 사초를 불태우고 도망갔기 때문에 선조 즉위 이후 25년간의 사적이 깜깜하게 되었다고 안타까워 한 바가 있다.

선조 25년(1592) 4월 14일 정발이 지키던 부산이 함락되고, 다음날 송상현이 방어하던 동래성까지 함락되자 일본군은 파죽지세로 북상하기 시작했다. 세 방향으로 진격 루트를 잡은 제1군이 밀양, 대구, 상주, 문경새재를 거쳐 충주에 도착했고, 제2군은 울산, 영천을 거쳐 충주로 집결했으며, 제3군은 추풍령을 넘어 북상하고 있었다.

급보를 전해들은 조정에서는 신립을 도순변사로 삼아 충주로 급파했다. 충주까지 무너진다면 한양에 적군이 밀려드는 것은 시간 문제였기 때문에 조정에서도 급박한 상황이었다. 충주로 파견된 신립은 남한강 줄기를 뒤로 한 탄금대에서 배수의 진을 쳤다. 여기에서 후퇴란 곧 낭떠러지 물길 속으로 떨어지는 것을 의미할 뿐이었다. 그러나 배수의 진도 결국 무너져 버렸고, 선조는 하는 수 없이 한양을 버리고 몽진 길에 올라야만 했다.

호위하는 군사와 시종하는 신하들 행진의 줄이 길게 이어졌다. 남쪽에서 들려오는 전황은 한양이 불바다가 되었다는 참담한 소식만 전해질 뿐이었다. 안주에 도착하기도 전에 긴급 대책 회의가 열리자, 압록강 건너 요동까지 피난해야 한다고 결정되었다. 호종하던 신하들의 동요하는 눈빛이 역력하게 나타났다. 이미 임금을 버리고 혼자 살겠다고 도망한 신하들도 수없이 나온 상태였다.

예문 봉교 조존세, 검열 김선여, 승정원 주서 임취정·박정현 등도 사관 직분으로 처음부터 선조를 호종해 왔다. 침문을 떠나

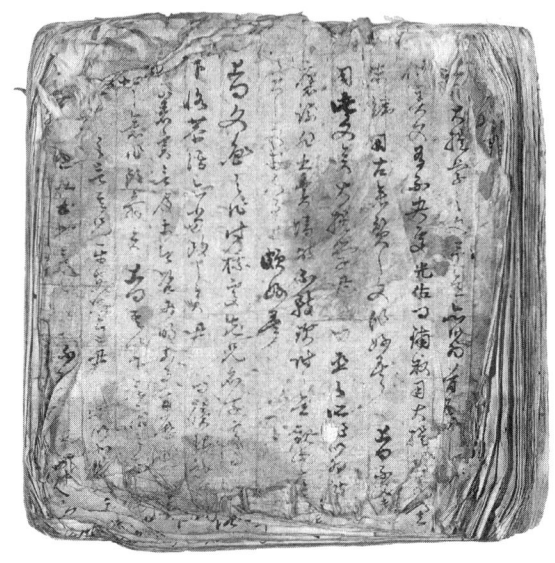

시정을 기록한 사초책
ⓒ 국립중앙박물관

지 않았던 그들에게 선조 또한 아들처럼 아껴 주었다. 6월 초하룻
날 밤 요동까지 몽진가야 한다고 결정되자, 모의한 네 사람은 각자
짊어지고 다니던 사초책(史草冊)을 구덩이에 던졌다. 그리고는 불
지른 뒤 어둠을 타고 사라졌다.

　　선조는 불길한 생각들이 머리를 떠나지 않았다. 자주 뒤돌
아보며 사관이 어디 있느냐고 물었지만, 돌아 온 대답은 없었다. '김
선여가 탄 말이 허약한데 걸어서 오느라 뒤 쳐졌는가?' 혼자서 내뱉
는 선조의 말이었다. 새벽이 되어서야 도망친 것을 알아차린 선조
는 참담했다.

　　도망간 네 사람 모두 당대 명문거족 자손들이었고, 또한 당
시 촉망받던 신진이었다는 점에서 선조의 배신감은 더 컸을 것이
다. 그들 관작이 삭탈되었음은 물론이거니와, 복위된 뒤에도 한직

한 지방 수령으로 떠도는 것이 고작이었다.

　불태워진 사초는 영원히 복구할 수가 없다. 대신이던 정경세가 나라는 망할 수 있으나 역사는 없을 수 없다고 했듯이, 잃어버린 역사를 되찾기 위해 부단한 노력을 기울이고 있었다. 사관을 지낸 자의 가장 일기 수습은 물론이요, 호남이나 관서 등 병화 피해가 적은 지방 중심으로 조보와 정목(政目)이나 사초 일기를 찾아 나서기도 했다. 또한 중앙 관료는 물론이요, 지방 수령의 겸춘추 중에서도 총명하고 기억력이 뛰어난 자를 골라 기억을 더듬어내게 했다.

　조선 후기 실학의 선구적 업적을 쌓은 이수광은 그의 저서 『지봉유설』에서 "시정기는 허물어져 남은 것이 없고, 나라에서 야사를 금지하였으므로 사삿집에도 간수한 사고(史稿)가 없어, 20여 년 동안의 아름다운 말과 착한 정사를 증빙하여 적을 수 없었으니 아깝도다."라고 토로했다. 이렇듯 사관들에 의해 불태워진 사초 외에도 전란으로 인한 엄청난 피해 때문에 임란 이전의 기록은 영원한 역사 이면으로 묻히고 말았으니, 후세에 이를 바라보는 우리들의 심정 또한 그저 안타까울 뿐이다.

　사초를 불태우고 도망간 네 인물에 대한 평가는 선조와 광해군 실록에 자주 등장하고 있다. 그럼에도 불구하고 긍정적으로 평가받는 인물이 있는가 하면, 부정적으로 평가받는 이도 있었다.

　【네 사람은 모두 이산해(李山海)의 문하인이다. 김선
　여는 김첨경의 아들로 가장 문망(文望)이 있었다. 임
　취정은 임국로의 아들이고, 박정현은 박계현의 종제
　이고, 조존세는 조사수의 손자로서 모두 명문의 세

신(世臣)이었다. 임금이 도성에 돌아온 뒤 네 사람도 돌아와 모였는데, 다시 사관으로 천거하자, 임금이 '어찌 도망한 자들에게 다시 사필(史筆)을 잡게 할 수 있겠는가. 백집사(百執事)의 경우는 가하다.'고 하였는데, 이 때문에 모두 외직 벼슬로 내 보냈다. 선여는 일찍 죽고 존세·취정 등은 광해 조에 귀척을 빙자하여 진용 되어서는 대관(臺官)이 되었다.】

전란이 수습되어 가던 선조 32년(1599) 6월 24일에 발표된 인사 내용을 보면, 조존세·김선여를 예문관 대교와 검열에 다시 제수하고 있다. 그런데, 이전과는 달리 인사내용 아래 굳이 인물평을 보태는 형식으로 편집한 특징이 보이는데, 그들 이름 뒤에는 사초를 불태우고 도망한 자라는 꼬리표를 반드시 붙일 정도였다.

사초를 불태우고 도망한 자를 다시 한림으로 앉히기는 하

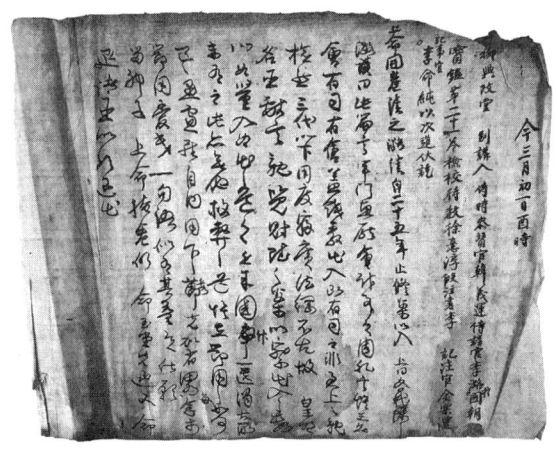

1820년 3월 1일 사관 이용민(李容敏)이 기록한 사초
ⓒ 소수박물관

였으나, 사초와 역사를 복원하려는 춘추관의 피나는 노력도 허사였다. 궁여지책으로 이들로 하여금 사초를 복원하고 수정하자는 제의가 있었지만, 선조는 단호하게 거절했다. 조존세·김선여 등은 사초를 버리고 도망한 자들이니, 다시 이런 무리에게 역사의 수정을 맡겨 국사를 욕되게 할 수는 없다는 것이었다.

선조 34년(1601) 동지사로 보낼 사신 선발 과정에서 인사권을 가진 이조에서 박정현을 서장관 후보 1순위로 올렸다. 이에 대해 선조는,

> 지난 임진란 때 임금을 버리고 사책(史冊)을 불지르고 도망친 자인데, 이제 또 명을 받들고 가다가 중도에서 도망치게 하려고 하는가. 중국 땅을 더럽히고 말 것이다.

라며, 불쾌한 뜻의 비망기를 이조에 내렸다. 김선여가 홍문관 후보 명부인 홍문록에 계속 올라 온 사안에 심기가 불편했던 기억이 채 가시기도 전이었으니, 이조가 하는 일이 못마땅했던 것이다.

그로부터 25년이 지난 인조 3년(1625) 박정현은 또 다시 사은사로 임명되었다. 이에 대해, 인재가 모자라기는 하지만 어찌 도망군을 뽑을 수 있겠는가라고 했던 선조 말을 상기한 사관은 이렇게 기록했다. 박정현이 오늘날에 와서는 표문을 받들고 중국에 가는 임무를 맡게 되었으니 참으로 통탄스러운 일이다.

광해군 5년(1613) 9월 임취정을 형조참의로 제수할 때에도 역시 장황한 인물평을 싣고 있으니, 다음과 같은 내용이다.

『선조실록』과『광해군일기』
ⓒ국사편찬위원회

【임취정은 임국로의 아들로 거칠고 비루한 무뢰배이다. 임진년에 주서로서 한림 김선여·조존세, 주서 박정현 등과 어가를 호종하여 영유현에 이르렀을 때, 왜적의 선봉이 가깝게 닥쳐오는 것을 보고는 도주하자는 의논을 앞장서 내어, 세 사람과 함께 사초를 태우고 밤에 도망쳤다. 선조가 조정에 돌아온 뒤에 김선여는 수치스럽게 여겨 벼슬을 하려 하지 않으나, 임취정 등은 힘을 다해 출세를 하려고 하였다. 그러나 선조는 서관(庶官)에 제수하는 것만을 허락하고, 청현직에 의망하는 것은 허락하지 않았다. 이 때문에 임취정은 여러 차례 외직에만 보임되었다.

목을 내놓을지언정 붓을 꺾진 않으리

이때에 이르러 이이첨의 세력이 융성하자, 드디어 조존세와 아울러 현직에 등용되었다. 조존세는 여러 차례 삼사의 장관에 의망되었으나 왕이 임명하지 않았다. 임취정 형 임수정 첩의 딸이 후궁으로 들어가 소용(昭容)이 되었다. 임소용은 용모가 뛰어나고 약아서 일에 익숙했으므로 왕이 총애하였다. 이로써 임취정이 오래지 않아 승지가 되었다. 왕이 여악(女樂)과 나희(儺戱)를 좋아하는 것을 알고는, 매번 큰 거둥이 있을 때면 반드시 그것을 거행할 것을 청하였다. 이 때문에 총애가 나날이 높아가 10년이 안되어 이이첨의 권세나 비슷하게 되어서, 심지어는 서로 알력이 있기까지 하였다.】

참혹했던 전쟁 복구 과정에서 불태운 사초 사건에 대해서도 다양한 의견들이 제시되었다. 선조 재위 34년 5월 13일, 불태운 사초 건에 대한 상소문 하나가 올라왔던 것이 그것이다.

박정현 등이 안주에 이르러 흩어질 때 보자기에 싸서 둔 초책(草冊)을 그냥 두고 갔습니다. 신이 정주에서 먼저 의주로 갈 때 예방승지 홍진이 주서와 한림이 각자 싸서 둔 것을 꺼내어 신으로 하여금 싣고 가게 하였는데, 홍진이 의주에 들어오기를 기다렸다가 그것을 주자 받아 가지고는 바로 승정원에 두었습니다. 그후 대신들이 평양에서 들어와 사초를 불태운 일을 말했는데 그 곡절은 이렇습니다. 어가가 장차 순안으로 향하려 할 때, 봉교이던 신이 백관들을 따라 오래 서 있게 되어 잠시 휴식을 취하려고 우연히 승정원 구청(舊廳)으로 들어갔습니다. 그때 마침 휴지 3장이 있기에 주워보니 이미 찢어져 있었는데, 그것은 본도 관찰사의 장계초(狀啓草) 같았습니다. 자세히 보니 쓸모없는 휴지이기에 주위를 살피다 마침 불이 있어 신이 던져 넣었습니다. 그 날 행행(行幸)이 마침 정지되어 상하번(上下番) 모두 도로 그 청(廳)에 둘러앉게 되었는데, 신이 '마침 휴지가 있기에 내가 불 속에 던져 넣었다.' 하니, 상하번이 모두 신과 절친한 사이이고 또 농담을 잘하였으므로 '사초를 불 태웠다.'고 자주 놀렸습니다. 옆에서 이를 들은 사람이 자세히 살피지 않은 탓에 그것이 그만 성설(成說)이 되고 만 것입니다.

병신년(선조 29)에는 밖에 있었는데, 그때 사관의 추고(推考) 함사(緘辭)에 '그 사초는 이미 불타버렸다.'고 하였습니다. 대저 사초는 평시에는 사관이 직에 있거나 직을 떠나거나 반드시 자신이 가지고 다녀야 하는 물건인데, 떠날 때에 가지고 가지 않았기 때문에 전파된 말이 잘못 전해졌고, 다시 초책(草冊)의 유무에 대해서도 모르고서 혹 그런 일이 있었다고 말하는 것으로 여깁니다만, 네 명이 사초를 불태웠다는 일은 사실 애매합니다. 신은 말미를 받아 밖에 있다가 근일 박정현을 서장관에 의망할 때 엄교(嚴敎)가 있었고, 아울러 사초 태운 일까지 언급하였다는 말을 들었습니다. 이런 말은 그들이 한 농담이 전해진 것이지만, 신이 휴지를 태운 것 때문에 지나친 농담이 돌이킬 수 없는 참말이 되었기에 감히 그 곡절을 진달하옵나이다.

이조 참판이던 기자헌이 올린 상소였다. 기자헌이 동료들을 구하기 위해 적극 변명하고 나선 것인지, 아니면 그의 주장대로 휴지 조각이나 다름없던 종이를 자신이 불 속에 던진 것이 와전된 것인지 현재로는 판단하기 어렵다. 이 또한 『선조실록』의 엉성함이나 사료적 가치에서 기인하는 것이기도 하다. 하지만, 이에 대응하는 선조의 자세는 확고했다.

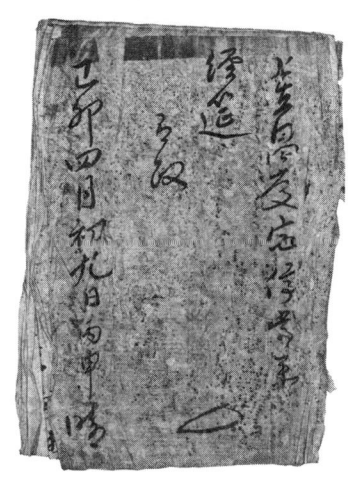

인조 17년 시정기 사초
ⓒ 소수박물관

그때 사람들은 '사관이 사초를 불태우고 도망하였다.'는 말을 많이 한 적이 있고, 지금 와서도 김의원의 말에 '듣건대 사초가 이미 불타 없어졌다.'고 하였으니, 김의원의 말 역시 그 가운데 하나이다. 또 듣건대 '길가에 버려진 사초를 어떤 사람이 주워 아무개 조신(朝臣)에게 주었는데, 그 조신이 지금 재신의 반열에 있다.'고 하기도 한다. 그것을 버린 것인지 불태운 것인지 정상을 구분할 수 없지만, 그들이 불태웠거나 버리고 도망한 것에 대해서는 모름지기 심하게 변론할 것 없다.

선조가 내린 결론은 참으로 명쾌했다. 불태운 것이든 버린 것이든 혼자 살기 위해 도망가기 위한 것이었고, 결국 50보 100보라는 결론이었다. 사관 임무가 지중한 것을 알지 못하는 사람이 어디 있으랴. 자기 몸보다 더 소중하게 다루어야 할 사초를 버리고 도망갔으니, 후세의 평가는 냉혹할 수밖에 없다. 왜적이 밀어닥친다는 급보에도 아랑곳하지 않고 전주사고에 보관된 실록을 지키기 위해 온몸을 다 바친 시골 선비 안의와 손홍록 행동과는 너무나 대조적이다.

역적이 소장한 사초를 불태워라

장희빈 아들 경종의 즉위 과정은 험난했다. 그를 지지하는 소론과 이복동생 연잉군을 지지하던 노론이 크게 부닥쳤다. 몇 차례 죽을 고비를 넘긴 영조가 노론 지원 속에 어렵사리 임금 자리에 오르자, 경종 재위 시절의 시정기를 수정하는 작업부터 추진했다.

英祖大王御眞
光武四年
移寫奉爲

영조 어진
ⓒ 국립고궁박물관

옥사를 다룰 적에 취조한 내용이 공정하지 못했다는 것이 표면적인
이유였다. 영의정 이광좌와 좌의정 유봉휘가 앞장섰고, 그 때의 사
관으로 있던 송인명과 신치운에게 일이 떨어지자, 그들이 아뢰었다.

죄수들 공초(심문 조서) 외에도 대간이나 경연에서 올린 말들이 시정기에 실려 있으니, 하나로 통합하여 포폄(褒貶)을 첨가해야 체계를 이룰 것입니다. 지금 만약 문안(文案)만 등사하여 붙여 넣는다면 아전들을 동원하는 것으로 충분할 것인데, 어찌 사관까지 나서야 한단 말입니까?

지당한 말이었다. 춘추관의 옛 관례를 보더라도 『시정기』는 관문(館門) 밖으로 한 발자국도 나갈 수 없는 것이었다. 결국 상번(上番) 한림의 방을 장지[障子]로 막아 둘로 쪼개어 송인명과 신치운을 차례로 숙직시키면서 수정하게 했다. 이 사건을 놓고 후일 『영조실록』을 편찬할 때 덧붙인 사론은 다음과 같다.

【사신은 논한다. 신이 삼가 살펴보건대, 한 세대의 출척(黜陟)과 용사(用捨)는 대신이 주관하고, 천고의 포폄(褒貶)과 시비(是非)는 사관이 담당하는 것이다. 대신이 사관들 기록에 관여할 수 없는 것은 사관이 묘당(廟堂 : 의정부 별칭) 의논에 참여할 수 없는 것과 같은 것이니, 이는 고금의 공통된 뜻이다. 그런데 지금 이광좌 등은 대신으로서 사필에 대해 소활하고 세밀함을 총찰(總察)하고 있고, 송인명 등은 사관 신분으로 묘당에서 포폄하는 일을 품의하였으니, 둘다 잘못된 것이다.】

노론 우위 정국으로 흐르자, 소론들이 가했던 신축 임인년 옥사를 무옥이라 하여, 김일경과 목호룡을 극형으로 처단했다. 이를 '을사환국'이라 부른다. 하지만, 반세기가 넘는 영조 치세 내내 발목 잡은 것은 그의 허약한 정통성이었다. 특히나 이복형이었던 경종에게 개장과 홍시를 먹여 독살했다는 설이 널리 퍼졌으니, 까칠하고도 예민한 성격의 영조를 더욱 흥분케 했다. 흉흉한 인심을 반영하듯, 흉언을 퍼뜨렸다는 이유로 잡혀 온 이들이 넘쳐났고, 취조 과정을 담아내려 했던 사관과 사초들은 여지없이 수난 당했다. 영조 1년에 흉언을 퍼뜨린 이천해가 잡혀왔을 적부터 영조는 단호한 명을 내렸다. 사관들은 흉언 내용을 기록하지 말라는 엄중한 명이었다.

　　그러다가 영조 11년엔 큰 사건이 터졌다. 사관 벼슬을 역임했던 이덕중과 정이검이 날 세운 상소를 올렸으니, 사초를 불태우게 한 영조에 대한 비판이자 거친 도전이었다.

　　　신 등은 직명이 비록 삭탈되었다고 하더라도 직책은 아직도 남아 있고, 사건이 사필(史筆)에 관계되므로 말하지 아니할 수 없나이다. 임금의 언동이나 시정 득실과 인물의 선악을 모두 사책(史冊)으로 기록하여 후세에 전하는 까닭에 비록 인주(人主)의 위엄과 존엄으로도 그 기록한 바를 감히 보지 못하고 그 사책에 쓰는 것을 금지시키지 못하게 하였으니, 이는 임금이 이 사책을 두려워하게 하고자 하는 뜻입니다. 신 등이 듣건대, 일전에 경연에서 신하가 사초(史

草)를 불태워버리자 청하여 전하께서 이를 허락하시었다고 하는데, 좌우의 사관들 또한 두 손을 맞잡고 가만히 서서 그 불태우는 장면을 보고만 있었다고 합니다. 신 등은 경연에서 서로 주고받은 말이 무엇인지 알지는 못하겠습니다마는, 전하께서 이미 여러 신하들에게 하교하시었다면 그것을 기록하고 기록하지 아니하는 것은 오로지 사관에게 달려 있을 뿐이니, 전하께서 이래라저래라 명할 수는 없는 것입니다. 아! 옛적에 사관이 된 자들은 '목이 달아나는 한이 있더라도 사필은 굽힐 수가 없다.[頭可斷 筆不可斷]'라는 말이 있었는데, 오늘날 여러 신하들은 이미 성상의 명령이 없었는데도 남의 말을 따라서 이것을 불태워버렸으니, 장차 무궁한 폐단을 열게 될 것입니다. 원컨대 겸춘추에 명하시어 이 내용을 추가 기록하게 하여 신 등에게 회부하여 주소서.

이를 접한 영조는 어찌할 바를 몰랐지만, 이내 정신을 가다듬어 비답을 내렸다. "그대들의 청은 직책을 수행했다고 할 만하다. 그러나 이미 사초가 없어져 버렸으니, 어찌 추후하여 기록할 수가 있겠는가?" 군왕의 변명 치고는 참으로 궁색한 변명이었다.

그렇다면 사초를 불태우게 했던 3일전에는 과연 무슨 일이 있었던 것일까?

탕평에 골몰하던 영조가 대신들과 비국 당상들을 불러들인 자리는 자못 심각했다. 이이명과 김창집의 신원 문제가 논의되고

김창집 초상
ⓒ국립중앙박물관

있던 자리였다. 짧았던 경종 치세에 정권을 손에 쥔 소론 강경파들 주장으로 사사되었던 노론 4대신이 있었다. 김창집·이이명·이건명·조태채가 그들이다.

　　이들은 아들이 없던 경종 후계를 놓고 연잉군(뒤의 영조)을 세자로 책봉하려는데 앞장섰고, 경종 재위 2년에 결국 성과를 이루는 기세를 올렸다. 내친김에 대리청정 문제로 확대시켜 나갔고, 격렬하게 대립하다 소론 강경파 김일경에 의해 '사흉'이라 지목되어 처형되고 말았다. 관련자 수백 명도 죽거나 유배되었으니, 이를 흔히 신임사화라 부른다.

밤늦은 시각까지 논의에 진척이 없자, 영조는 신하들을 밖으로 물러가게 했다. 잠시 후 신하들을 불러들인 영조가 느닷없이 서덕수를 끄집어냈다. "서덕수가 곧 내 처조카인데, 서덕수 사건을 다시 제기한다면, 내전이 어찌 편안하겠는가?"라는 것이었다. 영조의 말이 끝나기도 전에 놀란 신하들은 떨고 있었다. 경종 독살설에 연루된 자가 바로 서덕수였기 때문이다. "어찌하여 이처럼 차마 귀로 들을 수가 없는 말씀을 하시나이까? 원컨대 속히

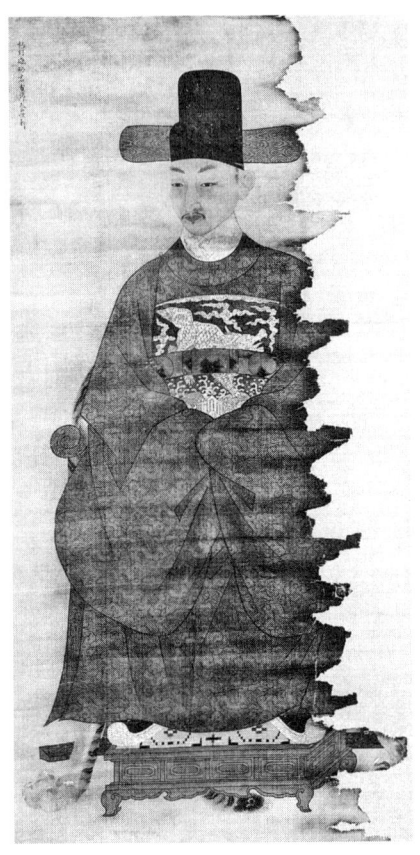

연잉군 초상
ⓒ국립고궁박물관

이 말을 정지하소서." 간절한 신하들의 호소에도 영조는 거침이 없었다. "당시 유언비어(경종 독살설)가 있었는데, 대비전을 흔들려고, '본 부인을 박대하고 주색에 빠진 연잉군을 책립한다면 반드시 기사년의 일이 다시 일어날 것이다.'라고 했다네." 땅이 꺼지고 하늘이 무너지는 충격이었다. 인현왕후를 폐하고 장희빈을 중전으로 바

꾼 기사년 사건을 빗대어, 거침없이 중전 폐위를 입에 올린 것이다. 영조의 말이 끝나기도 전에 신료들은 "차마 귀로 들을 수 없는 말을 하시옵니까?"라며, 납작 엎드렸다.

이때 호조 판서 이정제가 나섰다.

오늘의 하교를 사관들이 어찌 받아쓰겠습니까? 사초
의 책자를 마땅히 불태워 버려야 합니다.

시종하던 승지 이중협이 하교를 거두도록 거들었다. 군신 간의 의견 차이가 큰 파장을 몰고 온 것이다. 영조 홀로 이이명만을 지목해 왔으나, 이의현을 비롯한 노론 신하들은 김창집까지 아울러 신원하려는 데 있었다. 신하들은 물러갔고, 밤은 깊어 이미 4고(四鼓)를 향해 가니, 새벽 3시였다. 합문 밖에 대기하던 이중협이 사관 허후를 비롯하여 김상적·임술·김태화에게 사초를 들이라 일렀다. 관련 내용을 추려 낸 이들은 영조 하교대로 사초를 불살라 버렸다. 그들이 승정원으로 돌아가자, 영조가 승지와 사관을 불렀다. 사초를 어찌 했냐는 다그침이었다. 사실대로 아뢴 이중엽은 영조에게 안심시킬 말만 늘어놓았다.

그날 밤 벌어진 일들이 말마다 다르고 떠들썩하여, 모두들 의심하고 두려워했다. 정형복의 상소가 있었지만, 이미 사초는 불태워진 뒤였고, 역사를 편찬하는 자들은 곤혹스러웠다. 그날 밤 입시한 신하들에게 전해들은 말을 참고하여, 추후하여 기록했을 뿐이다.

이렇듯 영조 즉위 배경에는 경종 독살설과 맞물려 있어, 조마조마한 정국이 이어질 수밖에 없었다. 위기에 처한 소론과 남인

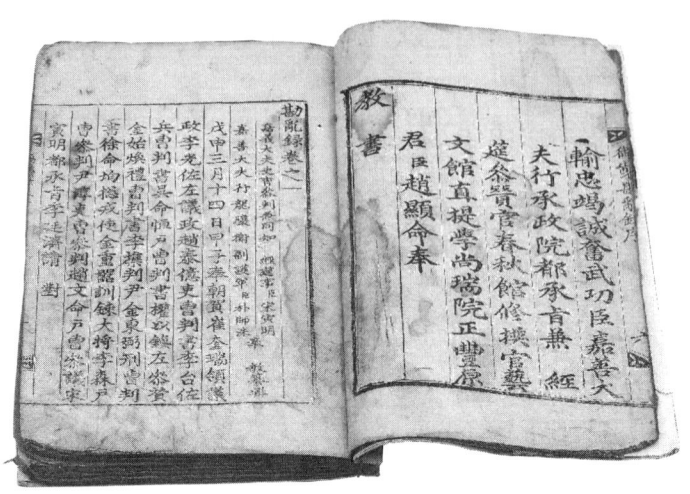

감란록
ⓒ 국립고궁박물관
영조의 명으로 무신난의 상황을 정리한 책이다.

급진파들이 세상을 뒤엎으려 했다. 영조 재위 4년에 일어난 무신 난을 이인좌 난이라 부르기도 한다. 후일 또 다시 나주 괘서사건으로 세상을 뒤흔들었다. 연루자들을 잡아와 친국했을 때, 신치운이 머리를 꼿꼿하게 든 채 영조에게 대들었다.

나는 갑진년(1724년 경종 사망) 이후로 게장을 먹지 않았소이다.

눈물까지 흘리며 까칠한 반응을 보인 영조가 잡아 죽인 숫 자는 무려 41명에 달했다. 영조 집권기 내내 이런 괘서들이 나붙는 일들이 잦아, 그때마다 사관들에게 기록하지 못하도록 엄명을 내렸다. 그렇기에 현존하는 문헌마다 '말로 표현할 수 없다'는 기록만 전할 뿐이다.

거기에다 역적으로 처형 받은 이들의 사초는 여지없이 불태워 버리는 만행도 서슴지 않았다.

> 역적 신치운이 한림으로 있을 때의 시정기(時政記)
> 초(草)가 수색해낸 문서 가운데 들어 있지 않다 하는
> 데, 흉악한 역적의 사초는 결코 빠뜨릴 수 없는 것이
> 니, 청컨대 다시 그 집을 수색하도록 명하여 기필코
> 반드시 찾아내도록 하여 역적 윤상백(尹尙白)의 사
> 초 예에 따라 불태우게 하소서라고 하니, 임금이 그
> 대로 따랐다.

나주벽서 사건으로 잡혀와 처형된 소론계 인물들이 지니고 있던 사초 모두가 불태워졌음은 물론이다. 그러하니, 지금껏 괘서에 담긴 내용을 알 길이 없다.

조선의 역대 임금 중에 카리스마로는 영조를 따를 임금이 별로 없는 듯하다. 경연에 임석한 사관들이 용안을 쳐다봤다는 이유로 준엄하게 꾸짖은 영조였다. 하지만, 이 시대 사관들의 기개와 패기 또한 만만치가 않았다.

> 사관은 각기 맡은 바가 있어 좌사는 동작을 기록하고
> 우사는 말을 기록하는 것이니, 옛 역사를 보건대, 더
> 러는 '상(上)이 얼굴을 움직이며 선(善)하다 했다.'고

한 데도 있고, 더러는 '상이 안색을 변했다.'고 한 데
도 있었습니다. 만일 사관이 용안을 쳐다보지 못한
다면 어떻게 이처럼 기록하게 될 수 있겠습니까?

이처럼 또박또박 따진 사관이 바로 민형수와 정익하였다.
붕당 정국 하에서도 사관 정신은 살아 있었다.

4
사초로 인한 필화사건

이성계는 살인자다, 이행의 사초

『고려사』를 정인지가 편찬한 것으로 알려져 있지만, 그 시작은 조선 개국 3개월쯤 지난 시점부터였다. 이성계가 정도전과 조준에게 그 임무를 맡겼던 것이다. 한 왕조가 망하면 이어받은 왕조가 전 시대 역사를 편찬하는 것이 고래의 관례였으니, 중국의 방대한 25사(史)가 그것이고, 우리 『삼국사기』도 그런 연유에서 편찬되었다. 태조 명을 받은 정도전 등은 고려 역대 실록을 비롯하여, 민지의 『편년강목』, 이제현의 『사략』, 이인복과 이색의 『금경록』 등을 참고로 고려 역사의 대강 편찬할 수 있었다.

하지만, 위의 기록들은 이성계 등극 이전 역사가 중심이 된 사료들이고, 고려 말 역사를 재구성하기 위해서는 당대에 사관으로 있던 이들의 사초가 필요했다. 이에 따라 사초 납입 명이 떨어졌고, 이성계가 실권을 장악한 후의 사실(史實)들을 그대로 제출할 수가 없어, 민감한 부분을 고치고 삭제한 후에 제출하는 이들이 많았다.

그런데, 고려 말 예문춘추관 학사로 있었던 이행은 수정하지 않고 사초를 제출했으니, 화가 미친 것은 당연했다. 당시 『태조실록』 기록을 잠시 살펴보자.

> 사헌부에서 상언(上言)하였다. "전 예문춘추관 학사 이행(李行)이 일찍이 공양왕의 지신사(知申事)가 되어 직책이 사관수찬(史官修撰)을 겸했는데도, 이색과 정몽주에 아첨하여 우리 주상 전하께서 신우·신창과 변안열을 죽였다고 거짓으로 꾸며서 썼사오니, 청하옵건대, 직첩을 회수하고 국문하여 죄를 다스리소서." 임금이 이를 윤허하였다. 이보다 먼저 시중 조준이 춘추관에 앉아서 고려 왕조의 사초를 보다가, 이행이 기록한 글에, "윤소종이 이숭인의 재주를 꺼려서, 조준에게 알려 해치려고 하였다."는 말이 있음을 보고, 조준이 해를 가리켜 맹세하기를, "윤소종의 말을 듣고 이숭인을 해치려고 했다는 것은 하늘의 해가 증명하고 있다."라고 우기면서 임금에게 고하니, 임금이 명하여 무진년(위화도 회군) 이후의 사초를 바치게 하고서 친히 이행의 기록한 것을 보니, 변

안열과 신우·신창 부자를 목 베인 일들을 모두 임금을 가리키며, 죄도 없이 살해당했다고 하였다. 임금이 말하기를, "변안열은 대성(臺省)에서 죄주기를 청하매, 공양왕이 문득 목 베기를 허가했으므로, 내가 미처 이를 중지할 것을 청하지 못하였으며, 우(禑)와 창(昌) 부자는 백관과 온 나라 사람들이 합사(合辭)하여 목 베기를 청하므로, 공양왕이 이를 윤허했으니, 나는 처음부터 살해할 마음이 없었는데, 작은 선

이성계의 함흥본궁
ⓒ 국사편찬위원회 유리건판

이성계 조상의 집터에 사당을 세워 제사를 지낸 곳이며, 왕위에 물러나 이곳에 머물며 본궁이라 불렀다.

비가 어찌 이 지경에 이르렀는가?" 하면서, 이에 헌
사(憲司)에게 국문하기를 허락하였다.

　　이행의 사초는 조선 건국 부당성을 그대로 노출시키는 체
제에 대한 도전이었다. 그는 여러 차례 심문을 받고 하옥되었다가
결국 울진으로 귀양 가는 신세가 되었다. 조선시대 사초에 얽힌 첫
번째 필화사건이었다.

　　사관 역할이 어떠해야 하는가를 보여 준 이행의 직필정신이
후대 선비들에게 많은 영향을 줄 수 있었지만, 정작 정도전이 편찬
한 『고려사』는 곡필로 편찬된 것이었음을 암시하는 대목이다. 하지
만 정도전의 『고려사』는 남아 있지 않으니, 그 서술 내용이 어떠했
는지 알 수가 없다.

　　이성계가 정권을
장악한 후의 시대 상황에
대해 조선 건국 세력들은
우왕과 창왕이 신돈의 자
식이었기 때문에 공양왕을
세웠다고 주장한다. 건국
의 정당성을 강변하기 위
해서다.

　　현존하는 정인지
의 『고려사』에 의하면, 우
왕은 신돈의 시녀이던 반
야 소생으로 기록되어 있

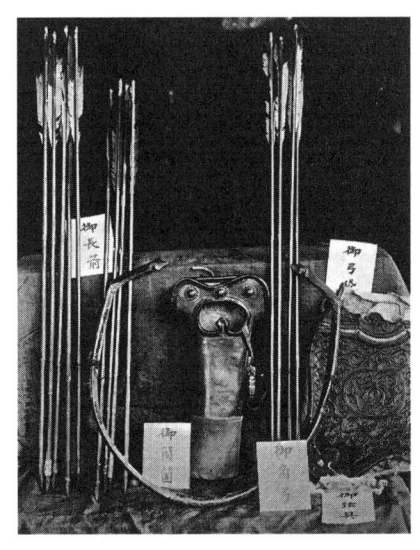

함흥본궁에 내려오던 이성계의 활과 화살
ⓒ국사편찬위원회 유리건판

다. 신돈의 집에 몰래 행차했던 공민왕이 낳은 아들이라 하여 궁중으로 데리고 와 강령부원대군(江寧府院大君)에 봉했고, 태후 명으로 궁인 한씨 소생이라 발표되었다. 공민왕 시해후 실권을 장악한 이인임에 의해 옹립된 우왕은 이성계 일파에 의해 유배되었다가 강릉에서 공양왕이 보낸 자객 서균형(徐均衡)에게 살해당했다. 우왕을 폐위한 후 그 아들 창왕을 왕위에 올렸지만, 그 역시 1년 만에 폐위당한 후 끔찍하게 살해당했다. 왕위 계보와는 먼 신종 7대손 공양왕을 옹립했다가 그를 폐하고 선위 형식을 빌어 이성계가 조선을 건국했다.

하지만, 조선 후기 안정복이 『동사강목』을 저술할 때 범례를 작성하면서 이 부분을 달리 설명하고 있다.

> 태조가 왕씨에게 양위를 받았으니, 우왕과 창왕을 왕씨이니 신씨이니 하고 가리는 것은 애당초 논할 것이 못된다. 그런데, 정도전, 조준, 윤소종 등의 무리가 왕씨가 아니라는 소문을 지어내어 구신(舊臣)들을 몰아내는 계책으로 삼으니, 온 나라가 부화하여 따르느냐 어기느냐로 충역(忠逆)의 구분으로 삼았다.

여기에서 조선건국 배경에 관한 조선 후기 실학자의 역사인식을 엿볼 수 있다. 즉, 공양왕인 왕씨에게 선위 받았으니 그 이전의 성씨까지 따져서 뭐하겠는가는 말의 참 의미를 새길 필요가 있다.

이행의 사초는 변안열 사건도 기록하고 있다. 우리에게 잘 알려진 이성계 정적으로는 최영이나 정몽주를 꼽을 수 있지만, 실상은 변안열이 크나 큰 정적 중에 한 명이었다. 그는 중국 출신으로, 원나라 말기 공민왕이 심양에 있을 때 맺은 인연으로 따라 와 원주 변씨 시조가 되었다. 홍건적 침입으로 공민왕이 복주, 지금의 안동까지 피난 갈 즈음 적을 격퇴한 공으로 공신 반열에 올랐고, 왜구 격퇴에도 여러 차례 공을 세워 세력을 키웠다. 고려 말 최대 세력 임견미나 이인임 등과 겨눌 수 있을 정도가 되었지만, 이성계 일파를 제거하고 우왕을 복위하려는 모의가 탄로나 우현보 이색 등과 한양으로 유배되었다가 형장의 이슬로 사라져 간 인물이다.

역사에 있어 가정법이란 무의미하다. 그러나 정도전이 편찬한 『고려사』가 남아 있다면, 사가들이 어떻게 평가할까? 후대의 실록 기록을 통해 그 내용의 단편적인 것들을 알 수 있으니, 그나마 다행이다.

신흥사대부들이 대개 그러하듯, 정도전 역시 그의 아버지는 지방의 보잘 것 없는 아전출신이었다. 재덕이 별로 없던 아버지 운경(云敬)을 위해 『고려사』 전(傳)에다 넣어 한 페이지 장식했고, 정몽주와 같은 충신을 여지없이 깎아 내렸으며, 사적 감정에 의한 곡필 또한 많았다 하여 『고려사』 개수(改修) 명령을 내린 이가 태종과 세종이었다.

정도전이 제거되지 않고 계속 실권을 잡고 있었다면, 『고려사』가 수정되었을지는 의문이다. 정도전의 『고려사』가 수정되지 않은 채 그대로 전해온다면, 그의 아버지 정운경에 대한 기록이 어떠했는지 자못 궁금하기도 하다.

『고려사』
ⓒ 국립중앙박물관(이건희 기증)

　　태종에게 『고려사』 개수를 명받은 하륜이 사망하자, 그 사업은 곧 중지되었다. 그런 상황에서 세종이 즉위한 후 대제학 유관 등에게 비교·수정하도록 하였고, 이 일이 마무리되자 권제·안지 등에게 재차 개정하게 했다. 권제가 개정한 『고려사』는 상세하기는 하나, 그의 아버지 권근을 비롯한 자기 선조들의 내용을 미화하고 고쳤다는 사실이 발각되어, 반포 도중에 회수하는 소동까지 벌어졌다. 이 일로 이미 죽고 없던 권제는 고신(告身)과 시호까지 추탈 당했다.

　　어려움을 겪던 3차 개정 작업은 김종서에게 떨어졌다. 당대의 대학자들을 총동원하여 편찬된 『고려사』는 세종이 승하한 후 문종 원년(1451)에야 겨우 완성되었다. 편찬 작업에 참여했던 대신들에게 다양한 은사(恩賜)가 내려졌고, 사관들에게는 1계급 특진 영광을 안겼다.

그런데, 세조에게 제거 당한 김종서는 편찬자 이름에서 삭제되어 버렸고, 박팽년·유성원 등 사육신의 이름들도 명단에 제외되었다. 『고려사』 완성 당시 책임자는 김종서였지만, 삭제되어 버린 그의 이름은 영원히 복구되지 않은 채, 지금도 편찬자는 정인지로 되어 있다.

김일손과 무오년의 사화史禍

1

조선조 무오·갑자·기묘·을사사화를 흔히 4대 사화라 일컫는다. 사화(士禍)는 선비들이 화를 입었다 하여 후세 사가들이 붙인 이름이다. 하지만, 무오사화는 '선비 사(士)'가 아닌 사화(史禍)라고 칭한다. 사초로 인해 일어났기 때문에 '사(史)'로 대치하여 불러 왔다.

기득권세력과 신진세력의 갈등은 언제나 골이 깊다. 권력은 공유할 수 없다는 속성 때문이기도 하지만, 보다 근본적으로는 인간의 본능에 해당하는 문제이기도 하다. 유교정치 이념에 투철했던 태종·세종은 이색과 정몽주 문도에서 육성된 황희·허조·윤상 등을 비롯한 문사(文士)들을 적극 등용했다.

예종이 일찍 죽고 성종이 등장하자 호학의 성격과 정치 사회의 안정을 바탕으로 신진세력들이 대거 등장했다. 이들 신진 사림들은 길재가 영남을 중심으로 후학을 양성한 결과였다. 김숙자와 그의 아들 김종직이 이미 중앙으로 진출하였고, 성종대에는 김종직 제자들이 대거 진출하였는데, 이들이 소위 영남사림파들이었다. 이들은 홍문관·사간원·사헌부 등의 언론 3사로 진출하여 기존 훈구세력들을 공격하기 시작했다. 유교적 대의명분을 앞세워 세조정권까지 인정하지 않으려는 자세를 취했으니, 피비린내 나는 사건들을 예고하는 듯 했다.

무오사화를 크게 이분법으로 가해자와 피해자로 나눈다면, 전자는 이극돈과 류자광·윤필상이고, 후자는 김일손과 김종직·이목 등이었다. 탁영 김일손의 본관은 김해이며, 사헌집의 맹의 아들이다. 성종 17년(1486) 소과, 대과를 모두 합격하여 관직에 첫발을 내렸고, 이어 진주 교수로 파견되었다가 사직하고 고향으로 돌아와 학문에만 몰두하였다. 김종직의 문하에 들어간 것도 이 시기였다. 다시 상경하여 여러 관직을 거치는 동안 사관으로 활약하기도 했으나, 항상 평탄한 길보다는 왜곡되고 부패한 현실을 바로 잡으려는 일념으로 살아가는 나날이었다.

이극돈은 광주 이씨로 우의정을 지낸 이인손 아들이다. 대대로 경기도 광주에서 토착한 세력으로 그의 증조인 둔촌 이집이 두각을 나타냈으니, 오늘날 둔촌동 일대가 이집의 활동 무대였다. 특히 이극돈의 5형제 모두가 문과에 급제한 당대 최고의 문벌을 자랑했다.

김일손의 과거 응시가 성종 17년(1486) 병오년이었고, 출제와 채점 담당관은 예조 소속 이극돈·윤필상이었다. 김일손의 문

김일손을 배향하는 자계서원(청도) 전경

ⓒ 박홍갑

장은 이미 조정안에서도 널리 알려져 있었고, 이극돈 또한 이를 익히 듣고 있었다. 채점 과정에서 모두 입을 모아 장원이라고 여겼던 답안지는 바로 김일손의 것이었다. 그럼에도 1등에 올려서는 안 된다고 가로막은 이가 이극돈이었다.

　　화려하고 누구도 흉내 낼 수 없는 문장이었다는 점은 이극돈 역시 인정하고 있었다. 과장에서 글을 짓는 것은 일반적인 제술과 달리 일정한 격식이 있는데, 이를 지키지 않았다는 것이었다. 응시자의 신원을 확인할 수 없도록 하는 답안지 관리는 요즘같이 엄격하다. 그러나 이극돈은 이미 그 답안지가 김일손이 작성한 사실을 알고 하는 소리였다. 김일손은 결국 장원을 다른 사람에게 넘겨

주고 2등으로 만족해야 했다. 이것이 김일손과 이극돈이 맺은 악연의 시작이었다.

　　이극돈이 이조 판서가 되어 낭청을 뽑아야 할 일이 생겼다. 낭청이란 좌랑과 정랑을 두고 하는 말인데, 이들은 인사권을 장악한 막강한 자리였다. 반드시 전임자가 후임을 추천하는 것이 관례이기도 했다. 낭청들이 하나같이 김일손을 추천했음에도, 이극돈은 장차 홍문관으로 들어가야 할 사람이라는 핑계로 후보 명단에 넣어주질 않았다. 김일손과 이극돈의 또 다른 악연이었다.

　　사관으로 있을 당시 김일손의 사초는 칼날 같았다. 세조 비였던 정희왕후 상중임에도 불구하고 이극돈이 기생과 놀아난 일, 뇌물에 관한 일 등의 비리를 담았고, 이를 막기 위해 이극돈은 혈안이 되었다. 무오년 사화의 서막이었다.

　　점필재 김종직은 밀양출신으로 사예 숙자의 아들이었다. 단종 1년(1453) 소과에 합격하여 진사가 되고, 세조 5년(1459) 문과에 급제하여 사가독서한 후 여러 관직을 두루 거쳤다. 정몽주·길재의 학통을 이어받은 아버지로부터 학문을 전수받아 수많은 제자를 길러냄으로써 사림의 영수가 되었다.

　　그의 제자는 크게 두 부류로 나누어진다. 수양하며 갈고 닦는 수기(修己)를 위주로 하는 계열과 치인(治人)을 지향하는 계열로 나눌 수 있다. 전자는 김굉필·정여창 등과 같은 인물이니, 주로 소학을 실천하기 위해 수양하는 자세를 견지한 부류였다. 이에 비해 후자는 현실 문제에 적극적으로 부딪혀 개혁하려는 진취적인 모습을 보였는데, 김일손이 대표적이다. 김종직의 저술들이 무오사화 때 많이 불태워졌기 때문에 그의 진정한 학문적 세계를 이해하는

데 한계가 있다. 이미 성종 23년(1492)에 죽었지만, 무덤을 파헤쳐 관을 쪼개고 시체를 참하는 부관참시 형을 받았고, 수많은 제자들도 죽거나 귀양 갔다.

　　서자로 태어난 류자광은 갑사(甲士)로 건춘문을 지키다가, 이시애가 반란을 일으키자 글을 올려 스스로를 천거했다. 세조에게 발탁된 그는 보란 듯이 공을 세웠고, 병조정랑으로 있다가 문과에 장원으로 뽑혔다. 예종 초년에 남이를 고발하여 무령군으로 봉해졌으며, 벼슬이 1품으로 올랐다. 성종은 정치를 어지럽히는 인물인 줄 알고 실무를 보는 관직은 주질 않았다. 류자광이 일찍이 경상도 함양군에서 놀다가 시 한 수를 읊어 학사루에 걸어 두었다. 마침 그 고을에 부임했던 김종직이 그 현판을 떼어다 불태워 버렸고. 이를 전해들은 자광은 이를 갈았다. 김일손이 추국 받고 있을 때, 사초 속에서 김종직이 지은 「조의제문」을 찾아내어 쾌재를 불렀다.

　　이들 못지 않을 앙숙으로는 윤필상과 이목이었다. 이긍익은 「부계기문」에 근거한 『연려실기술』에서 윤필상에 대해 다음과

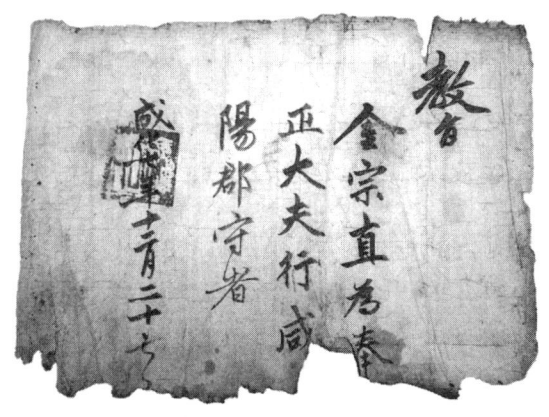

김종직의 함양군수
교지
ⓒ 대가야박물관

같이 적어내려 갔다.

기묘년의 옥사는 사람들이 모두 그것이 남곤·심정이
한 짓인 줄은 알면서도 김전이 만들었다는 것은 알지
못하며, 무오년의 사화는 사람들이 모두 그것이 이
극돈·류자광이 만들어 낸 줄은 알면서도 윤필상이
주창한 줄은 알지 못하니 어찌 된 까닭인가. …… 필
상이 사소한 감정으로 이목을 죽이려고 하여 무오년
옥사를 일으켜 그때의 선비들이 모두 죽음을 당했으
며, 노사신을 권고하여 조순을 죽이라고까지 하였으
니 그 마음가짐이 음험하고 참혹하였다. 연산군이
포학한 짓을 한 것은 거의 필상이 그렇게 인도하였기
때문이었으니, 비록 머리털을 뽑아 죽여도 그 죄를
다 갚을 수는 없을 것이다. 다만 윤비를 폐위할 때 의
견을 아뢰었으므로 연산군에게 죽음을 당했으니, 이
는 그가 지은 죄로 하여 받은 것이 아니므로 병인년
중종반정 때에 먼저 신원되었다. 지금도 고사를 모
르는 자는 때때로 그를 재상다운 사람이라고 하니 참
으로 통탄할 일이다.

이목은 열아홉에 진사가 되어 성균관에 입학했다. 그가 성
균관에서 공부할 때, 성종이 병이 나자 대비가 성균관 안에 있는 벽
송정에다 무당을 불러 굿을 한 적이 있었다. 성리학 사회에서, 더구
나 성균관 안에서 굿판을 벌이다니 말이 될 법이나 한가. 그러나 대

이목의 사당 한재당(김포 하성면)
ⓒ 국가유산포털

비가 하는 일이니 다른 유생들은 보고만 있었다.

　　그때 이목이 유생들을 이끌고 나와 무당에게 매질을 하여 내쫓아 버렸다. 성종의 병이 나은 후 대비가 이 사실을 성종에게 고하니, 성종은 짐짓 화가 난 채 성균관 유생들의 이름을 적어 올리라고 명하였다. 유생들은 필경 큰 벌이 내릴 것을 염려하여 모두 숨었는데, 이목 홀로 숨지 않았다. 이에 성종은 이목을 불러 "네가 여러 유생들을 인도하여 선비의 모습을 바르게 하였으니, 내가 가상히 여긴다." 하고 술을 내릴 정도로 꼿꼿한 인물이었다.

　　윤필상은 여러 차례 공신으로 책봉되어 훈구대신의 원로격이니, 신진사림의 표적이 된 것은 당연했다. 천재지변이 있으면 당연히 정승들에게 물러가라는 상소가 올라오던 때였다. 이때 심한 가뭄이 들자 이목이 상소를 올려, 윤필상을 삶아 죽여야만 하늘이 비를 내리게 되리라는 극언을 퍼부은 적이 있다. 어느 날 윤필상이 길에서 이목을 만나자 "자네가 꼭 늙은 나의 고기를 먹어야만 하겠는가." 하니, 말대꾸도 않고 돌아서 버린 적도 있었다.

그 후 윤필상이 대비의 뜻에 따라 불교를 숭상하기를 왕에게 청하니, 이목은 유생을 거느리고 필상의 간사함을 논하여 간귀(奸鬼)로 지목하고 처벌할 것을 요구하였다. 왕이 노하여, 어찌 정승을 간사한 귀신이라고 욕하느냐 물으니, 그의 소행이 저러한데도 사람들이 알지 못하고 있으니 귀신이라고 할 수밖에 없다는 대답이 돌아왔다. 감히 문과 급제도 하지 못한 유생의 신분으로 영의정을 간귀로 지목하였던 것이다.

이 일로 귀양 가는 처지가 되었지만, 그가 곧다는 소문이 온 조정을 뒤덮었다. 스무 다섯 살이 되던 해에 장원급제로 관직생활을 시작하였으나, 스물여덟에 사화를 당하여 짧은 생을 마감했던 강직한 인물이었다. 윤필상을 간악한 귀신으로 지목한 것이 명을 재촉하고 말았다.

조순이란 자도 사간원 정언이 되어 훈구대신 노사신을 논박한 일이 있었다. 김일손 사초문제가 시끄러워지자, 윤필상이 김종직 문하에서 가르침을 받았다는 이유로 이목을 무함하여 죽이면서, 노사신에게 조순도 죽이라 요청하자, 노사신은 끝내 듣지 않았다. 이리하여 훗날 노사신의 인물평이 긍정적으로 평가될 수 있었다.

2

무오년 사화의 외형적 출발은 김일손을 잡아들이면서였다. 『연산군일기』 4년 7월 초하루 기사는 다음과 같다.

> 파평부원군 윤필상, 선성부원군 노사신, 우의정 한치형, 무령군 류자광이 차비문에 나아가서 비사(秘事)를 아뢰기를 청하고, 도승지 신수근으로 출납을 관장하게 하니 사관도 참예하지를 못했다. 그러자 검열 이사공이 참예하기를 청하니, 수근은 말하기를 '참예하여 들을 필요가 없다.' 하였다. 이윽고 의금부 경력 홍사호와 도사 신극성이 명령을 받들어 경상도로 달려갔는데, 외인은 무슨 일인지 알지를 못했다.

김일손을 한양으로 압송하기 위한 조치였다. 호조정랑으로 있던 김일손은 모친상을 당하여 고향인 청도로 내려갔고, 3년이 지나 상복을 벗자 풍병이 생겨 청도에 눌러 앉아 있었다.

열흘이 지난 7월 11일 김일손 사초를 모두 대내(大內)로 들여오라는 전교가 내려졌다. 그러나 임금이 직접 사초를 본다는 것은 후세의 직필을 위해 있을 수 없는 일이었다. 실록청 당상 이극돈·유순·윤효손·안침 등이 나서, 옛부터 임금은 사초를 보지 못하지만, 일이 종묘사직에 관계가 있으면 상고할 만한 곳을 절취하여 올린다는 타협으로 6조목을 절취하여 봉해서 올렸다.

이를 본 연산은 그냥 넘길 수가 없었다. 류자광이나 훈구대신들이 신진사림들 보기를 버러지 보듯 하는 이유도 알 것 같았다.

사림세력들은 성종의 치세에 젖어 다가올 미래가 무엇인지 느끼지도 못하고 있었던 것이다. 청도로 파견된 군졸들의 소식은 오지 않았다. 7월 12일 별감들을 차출해 한양으로 입성하는 세 곳으로 나누어 보냈다. 김일손을 잡아 오는 것이 보이면 즉시 보고하기 위한 것이었다. 그날 한양에 도착할 수 있다는 기별을 받고 나서는 더욱 안달이었다.

　　김일손은 잡혀오면서 사초 때문임을 직감하였다. 그의 사초에 이극돈의 비리를 초한 것이 문제가 될 것으로 짐작하고 있었기 때문이다. 세조 조에 불경을 잘 외운 것으로 벼슬을 얻어 전라도 관찰사가 되었고, 정희왕후의 상을 당하였는데도 장흥의 관기를 끼고 놀았다고 기록된 자신에 관한 사초 내용을 알아차린 이극돈이 이를 삭제하려고 백방으로 노력하다 결국 못했다는 사실을 듣고 있는 터였다.

　　실록 편찬이 지연되어 지지부진한 것도 필경 이와 관련 있다는 걸 짐작하고 있었다. 그렇다면, 세조 임금에 관계되는 일을 많다는 핑계로 비어(飛語)를 날조하여 틀림없이 연산군에게 고할 게 아닌가.

　　얼마 전 극돈의 아들 세전이 이웃 고을 수령이 되어 왔을 때 가형에게만 문안인사차 들렀다 가면서, 이 사람이 병을 얻었다는데 아직 죽지 않았소라고 했다는 말을 듣고 있었다. 이극돈이 그를 미워한다는 사실은 이미 조카사위이던 진사 이공권이 알려 주었던 일이기도 하다.

　　도성 안에서는 건양문 밖에 있는 연영문(延英門)과 빈청을 철저히 에워싸고 누구의 출입이라도 금지시키라는 엄명이 내려졌

다. 의금부 경력 홍사호가 김일손을 끌고 들어온 후 약간의 시간이
흘렀고, 의금부에 명하여 허반을 잡아오게 했다. 허반은 급제한 지
얼마 되지 않았기 때문에 권지승문원부정자(權知承文院副正字)라는
수습관으로 있던 자였다. 궁중비사를 김일손에게 전했다는 이유로
잡아 오라는 명이 내려진 것이다.

　　김일손을 압송하러 갔던 홍사호가 수색하여 찾아 낸 편지
두 통을 연산군에게 올렸다. 이목과 권오복의 편지였다.

　　　목(穆)이 실록청에 출사한 것이 이제 수십 일이 되었
　　　습니다. 형의 사초가 마침 같은 방에 있는 성중엄의
　　　손에 있었는데, 당상이 날마다 쓰지 않았다는 것을
　　　이유로 모두 사책(史冊)에 쓰려고 하지 않는다 하기
　　　에, 내가 조석으로 중엄을 책하니, 중엄도 사람이 군
　　　자인지라 마음에 감동되어 오히려 계운(季雲 : 김일
　　　손의 자)의 사초가 한 자라도 기록되지 못할까 걱정
　　　하고 있습니다. 그리고 그 방의 당상은 곧 윤효손인
　　　데, 윤은 매양 나에게 묻기를, '김 아무개가 어떠한
　　　사람이냐?'고 했습니다.
　　　윤이 형의 사초를 모두 보고 나서 하는 말이 '나는 김
　　　아무가 이렇게까지 인걸인 줄을 몰랐다.'고 했습니
　　　다. 그러나 이상(二相 : 찬성의 별칭) 이극돈이 윤으
　　　로 하여금 숨기게 하였으니, 섶을 안고 불을 끄려고
　　　하는 어리석음과 같은 것입니다. 나는 오래 성덕(聖
　　　德)을 입어 참상(參上)의 자리를 메꾸고 있으나, 전

적(典籍)에 있어서는 털끝만큼도 도움이 될 수 없었는데, 요즘 외람되이 조정에서 겸춘추에 발탁함을 입었으니, 매양 소원이 『성종실록』을 만드는 여가로 밤에 돌아와 등불을 달고 당세의 일을 써서 만에 하나라도 형의 업(業)에 대해서 다른 날 죽은 뒤의 도움이 되었으면 하여, 다만 이 가부를 논해 주기만 바랐는데, 망령된 계획이 도리어 중한 앙화만을 받게 되었으니, 어찌하겠습니까.

아아! 형과 이별 후 형의 평생 심사를 물을 곳이 없어 망령되이 스스로 꾀를 하고 보니 가슴속이 더욱 비루(鄙陋)합니다. 비록 형이 상중에 계신다 할지라도, 원컨대 한 장의 척서(尺書)를 던져서 이 위태한 병을 구해 준다면 거의 사람을 만들 것이니, 오직 이것만 바라는 바이며, 보신 뒤에 불태워 버리는 것이 좋겠습니다. 진실로 망언인줄은 알지만 형의 회포를 풀어 드리려는 마음에서 모든 언사를 피하지 않습니다.

이는 실록 편찬에 참여했던 이목이 보낸 편지였다. 김일손이 제출한 사초가 이극돈을 비롯한 몇 사람들이 문제 삼아 화를 일으킬지도 모른다는 급박한 상황을 미리 연락한 내용이었다. 이 편지에는 성중엄이 스스로 김일손의 사초를 실록에 남기지 못함을 안타까워하고 있다고 했다. 하지만 성중엄을 취조한 공초에는 만약 김일손의 사초를 뺀다면, 이목 자신이 사초를 빼버린 사실을 실록에 남기겠다고 위협한 것으로 되어 있다.

> 두 번이나 편지를 받아 헌납(獻納)하기에 빈 날이 없
> 는가 살폈으니, 벗의 기쁨을 가히 알겠도다. 다만 듣
> 건대 그대들이 법도를 개혁하기에 급하여 만 가지 일
> 을 모두 일신하게 하려다 뭇 비방을 샀으니, 이는 바
> 로 통곡하고 유체(流涕)함이 저 낙양(洛陽) 소년의
> 행위와 같은데, 도리어 강후(絳侯)와 관영(灌嬰) 등
> 에게 배척 당하는 바 되는 것이 아닌가. 몸이 먼 지역
> 에 있으나 일찍이 그대들을 위하여 위태롭게 여기지
> 않은 적이 없노라. 또 듣자니 '상재(祥齋)를 간(諫)하
> 다가 허락을 얻지 못하고 호부(戶部)로 체임(遞任)되
> 었다.' 하는데, 과연 그런가? 이 해도 거의 다 갔으
> 니, 이별의 그리움이 더욱 괴롭구려!

이는 권오복의 편지다. 김일손이 여러 대신의 모함과 시기
를 받았던 안타까움을 낙양의 소년 고사로 인용한 대목이다. 낙양
의 소년이란 한나라 때 낙양출신이던 가의(賈誼)를 말한다. 『사기』
에 의하면, 한나라 천자가 가의를 공경의 자리에 앉히려 하였다. 이
에 강후와 관영 등이 "낙양사람이 초학인데, 권세를 독차지하여 매
사를 분란시킨다"라며, 가의를 헐뜯으니 천자도 어쩔 수 없었다는
고사를 김일손의 처지에 빗대어 인용한 것이다.

3

연산군이 수문당 앞문에 도착하니, 윤필상·노사신·한치형·류자광·신수근과 승정원 주서 이희순이 입시했다. 김일손을 좌전(座前)으로 끌고 와 친히 물었다. 『성종실록』 편찬을 위해 제출된 사초에 적힌 내용에 대한 취조였다.

"신이 어찌 감히 숨기오리까. 신이 듣자오니 '권귀인(權貴人)은 바로 덕종의 후궁이온데, 세조께서 일찍이 부르셨는데도 권씨가 분부를 받들지 아니했다.' 하옵기로, 신은 이 사실을 썼습니다."
"어떤 사람에게 들었느냐?"
"전해들은 일은 사관이 모두 기록하게 되었기 때문에 신 역시 쓴 것입니다. 들은 곳을 하문하심은 부당

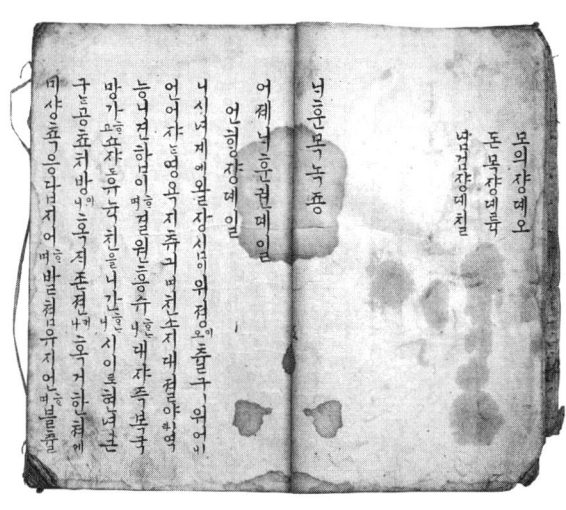

부녀자 훈육에 요긴한 내용을 간추린 수빈 한씨의 『내훈』
ⓒ 국립한글박물관

한 듯하옵니다."

"네가 또 덕종의 소훈 윤씨(昭訓尹氏) 사실을 썼다는
데, 그것은 어디에서 들었느냐?"

이는 궁중비사였다. 덕종은 세조의 큰아들 의경세자였으니,
어릴 때부터 허약하여 세자로 책봉되었으나 보위에 오르지도 못한
채 죽고 말았다. 그의 동생 예종이 세조 뒤를 이어 왕위에 올랐으나,
그 역시 보위에 오른 지 1년 만에 죽자 덕종의 둘째 아들이 왕위를
계승하니, 조선조 9대 임금 성종이었다.

성종이 왕위에 오르게 된 것은 덕종 비이자 성종 어머니인
수빈 한씨(소혜왕후, 인수대비)의 숨은 노력 덕분이었다. 세조가 한
씨를 폭빈으로 불렀을 정도로 그녀는 매사에 엄하고 학문 또한 높
았다. 덕종이 세자 몸으로 죽자, 세자빈으로서 더 이상 궁중 생활을
할 수 없게 되었다. 사가로 쫓겨난 지 12년 동안 각고의 노력으로
아들을 왕위에 오르게 하여 대비의 몸으로 환궁한 것이었다.

성종은 즉위 후 왕위에 오르지도 못했던 그의 아버지를 덕
종으로 추존했다. 조·종은 임금이 죽었을 때 종묘에 모시면서 정하
는 묘호이다. 따라서 덕종은 왕위에 오르지 못한 사람에게 추존된
조선조 첫 번째 임금이 되었다.

덕종이 일찍 죽었으니, 거느리던 궁녀 또한 어렵게 살아야
했을 것은 뻔하다. 궁녀는 왕을 모시는 내명부와 세자를 모시는 세
자궁으로 나누어진다. 우리에게 잘 알려진 장희빈 같은 빈이 내명
부에서 제일 높은 정1품이고, 귀인은 종1품의 후궁이다. 소훈은 종
5품의 세자궁 궁녀이다. 귀인은 세자궁이 아니라 왕의 후궁인 내명

부 관직이니, 귀인 권씨는 덕종으로 추존되고 난 후에 그 자리도 함께 추존되어 귀인이라 불렀던 것으로 보인다.

김일손을 잡아오자마자, 귀인 권씨와 윤 소훈에 관한 사초 내용을 물었던 것은 이 사건이 그만큼 충격적이었음을 말해 준다. 덕종 상을 마친 후 세조가 아들 궁녀들을 보살펴 주는 과정에서 생긴 소문이었고, 김일손이 권씨 인척인 허반에게 전해 듣고 권씨를 절부(節婦)로 기록한 것이다.

권씨가 덕종 상을 마치자 세조가 불러 고기를 권하였는데, 굳이 거절하고 먹지 않으므로 세조가 노하니 권씨가 달아났다. 권씨가 대내(大內)에 들어갔을 적에 시종하던 계집종 신월이가 소훈 윤씨 일을 귀에다 대고 소곤거렸다. 세조가 윤씨에게 토지와 노비, 집 등을 하사하였는데, 일반적으로 내리는 시혜보다 갑절이나 더 했고, 대소 거동에는 반드시 어가(御駕)를 수행하게 한다는 소문이었다. 그러니 권 귀인으로서는 덜컥 겁이 나 도망갔다는 식으로 표현된 것으로 보인다.

두 번째는 소릉(昭陵)에 대해 추궁했다. 소릉은 문종의 비(妃)이자 단종 어머니 현덕왕후 권씨의 능이다. 소릉에 관한 것은 금기사항이었다. 세조 행위에 대한 체제 도전으로 비춰지기 때문이다. 연산군이 왕위에 오르자 당시 충청도 도사로 있던 김일손이 장문의 소를 올려 소릉을 복구해야 한다고 제기한 바가 있었다. 이를 묻는 말이었다.

신이 성종 조에 출신(급제 후 관직에 나아감)하였으니, 소릉에 무슨 정이 있으리까. 다만 『국조보감』을

보오니, 조종께서 왕씨를 끊지 아니하고, 또 숭의전
을 지어 그 제사를 받들게 하였으며, 정몽주의 자손
까지 또한 그 수령(首領)을 보전하게 하였으니, 이는
모두가 조정의 미덕으로서 당연히 만세에 전해야 할
것입니다. 임금의 덕은 어진 정치보다 더한 것이 없
으므로 소릉을 복구하기를 청한 것은, 군상(君上)으
로 하여금 어진 정사를 행하시게 하려는 것입니다.

어린 조카 단종을 몰아내고 세조가 왕위에 올랐다. 그러나
곧 이어 단종 복위사건이 일어났다. 성삼문을 비롯한 수많은 주검
들이 있었고, 현덕왕후 동생이던 권자신도 이와 연루되어 어머니와
함께 주살되었다. 이미 돌아가신 아버지 권전은 폐서인 되었다.
　　이런 까닭에, 단종을 출산하고 이틀 만에 저 세상으로 갔던
현덕왕후는 이 사건과 관련 없음에도 폐서인 되었고, 안산에 있던

현덕왕후가 묻힌 현릉(구리 동구릉 내)
ⓒ국가유산포털

소릉까지 헐어 버렸다. 폐서인이란 왕비를 폐해서 서인으로 강등한다는 뜻이다. 평민의 신분으로 낮추는 형벌인 셈이다.

연산군이 왕위에 오르자 김일손은 현덕왕후 복위를 주장하는 소를 올렸고, 동시에 소릉의 관을 파서 바닷가에 버렸다는 소문을 조문숙에게 듣고 사초에다 기록한 것이다.

남효온이 성종 9년(1478) 약관 18세 나이로 소릉 복위 소를 올려 큰 파문이 일었다. 뜻을 이루지 못한 남효온이 벼슬을 포기한 채 떠돌아다니다 생을 마감했다. 김종직 문하에서 공부하였고, 후일 「육신전」을 남겨 사육신 추앙의 근거가 되었다.

종묘에 위패가 모셔진 문종은 소릉 사건 이후 배존(配尊)의 신주도 없이 홀로 제향 받는 쓸쓸함을 느꼈을 것이다. 중종 때 신용개·소세양 등의 주장으로 현덕왕후가 복위되었고, 문종이 누운 현릉 왼쪽에다 새로운 능이 조성되고서야 양위의 눈물이 말랐을 것 같다.

어느 날 세조가 잠든 사이 현덕왕후가 꿈에 나타났다. 네가 죄 없는 내 자식을 죽였으니, 나 또한 네 자식을 죽이겠다는 소리에 놀라 깨어보니, 그의 아들 의경세자가 죽었다는 기별이 왔고, 이로 인해 소릉을 파헤치는 변이 있었다는 야사도 전한다.

세 번째는 '후전곡'에 관한 사항을 추궁했다.

비록 동요라 할지라도 옛사람이 또한 모두 썼으므로, 신 또한 이것까지 아울러 실었습니다. 후전곡(後殿曲)은 슬프고 촉박한 소리온데, 나라 사람들이 좋아하여 동네 애들이나 부녀자라도 또한 모두 노래하였습니다. 신은 나라를 근심하고 임금을 사랑하는 마음에서 항상 염려하는 터이온데, 급기야 사가(賜暇)를 받아 독서당에 있을 적에 성종께서 술과 안주를 내려주셨습니다. 신은 그 남은 음식을 가지고 배를 띄워 양화나루에 이르러 거문고 소리를 듣고 싶기에 무풍정 총(茂豊正摠)을 불렀더니, 총이 거문고를 안고 와서 후전곡을 연주하므로, 신이 총에게 말하기를 '무엇 때문에 이 곡을 좋아하느냐?' 하고, 그 후 『사기』를 찬수할 적에 신이 실로 임금을 사랑하는 마음에서 썼습니다. 다른 이유는 없습니다.

동네 골목에서 어린 아이들까지 불렀다는 후전곡은 더 이상 알지 못한다. 아마 세조가 집권한 후 어린 조카 단종을 별채의 궁전으로 거처하게 하였던 사실을 노래한 것이 아닌가 한다. 이 노래를 들었던 시기는 그가 성종으로부터 사가독서의 명을 받고 독서당에서 책과 씨름할 때였다. 사가독서란 독서당에서 오로지 책과 소일할 수 있도록 휴가를 주는 것이다. 재충전을 위한 안식년 제도와 비슷한 것이라 할 수 있다.

무풍정 총은 태종의 서자 온령군 이정의 손자였다. 일찍이 김종직 문하에 들어가 남효온·김일손 등과 사귀었고, 양화도 별장에서 시와 거문고를 벗 삼아 유유자적 하면서도 속된 선비가 찾아오면 배를 타고 숨어버리던 인물이었다. 술과 시와 거문고를 즐기는 여유 속에서도 후전곡을 그냥 흘려버리지 않고, 세조 정권의 부당성을 남기기 위해 김일손은 사초에다 실은 것이다.

이러한 역사인식을 가졌던 김일손이기에 황보인·김종서가 절개로 죽었다는 식으로 사초에 기록할 수 있었을 것이다. 그 외에도 이개·최숙손이 서로 이야기한 일, 박팽년 등의 일과 김담이 하위지 집에 가서 위태로운 나라에는 거하지 않는다고 말한 일, 이윤인이 박팽년과 더불어 서로 이야기 한 일, 세조가 박팽년 재주를 애석히 여기어 살리고자 신숙주를 보내 회유하였으나 듣지 않고 죽었다는 사실도 빠짐없이 기록했다.

네 번째는 학조(學祖)의 비리에 대한 기록을 추궁했다. 세조 말년에 불교를 일으킬 때 큰 활약을 했던 중이 학조였고, 『성종실록』에서도 사관들의 사론에 자주 등장하는데, 주로 호색한으로 지탄받던 인물이다. 중 학조가 능히 술법으로 궁액(宮掖)을 움직인다고 기록했고, 또 광평·영응대군의 토지와 노비를 많이 얻었을 뿐 아니라 영응대군 부인 송씨가 군장사란 절에 올라가 설법을 듣다가 계집종이 잠들면 학조와 사통 했다는 사실도 사초에 들어 있었다. 광평대군은 세종의 다섯째이고 영응대군은 여덟 째 아들이니, 모두 세조 동생들이다. 영응대군 부인 송씨가 중 학조와 사통을 했다는 내용은 박경이 성종 8년(1477)쯤 동대문에 나붙은 방을 보고 김일손에게 전해 준 것이었다.

다섯 번째는 세조 공신에 관한 사항을 추궁했다.

단종의 궁녀이던 숙의 권씨 노비와 전산(田産)을 권람이 다 차지했다고 기록했는데, 권씨가 권람의 친족인데도 종 한 사람, 밭한 이랑조차 나누어주지 않았기에, 그 사람됨이 경박하다 여겨 사초에 남겼다는 것이다. 권람은 세조가 집권하는 과정에서 한명회를 천거하였고, 세조와는 가장 절친한 관계를 유지한 인물이다. 단종이 노산군으로 강등되자, 시중들던 궁녀들 재산까지 몰수하였던 것이다. 반정이 일어났을 때 재산 몰수 후 공신들에게 배분하던 것은 조선조 내내 관례였다.

4

사건 발생 며칠이 지났을 무렵 사초를 뒤지던 류자광은 쾌재를 불렀다. 「조의제문」을 찾아낸 것이다. 김종직을 연루시키기 위해 구절마다 풀이하고 해석하여 연산군에게 고했다. 함양 학사루에 내 걸었던 편액에 대한 앙갚음이 시작되는 순간이었다. 「조의제문」은 김종직이 초나라 의제(義帝)의 억울한 죽음을 조문하기 위해 지은 글이었다. 김일손에 대한 친국은 더욱 거세어졌고, 「조의제문」을 사초에 넣었던 이유는 이러했다.

사초에 '노산군 시체를 숲 속에 던져 버리고 한 달이 지나도 염습하는 자가 없어 까마귀와 솔개가 날아와서 쪼았는데, 한 동자가 밤에 와서 시체를 짊어지고 달아났으니, 물에 던졌는지 불에 던졌는지 알 수가 없다.'란 내용으로 기록했고, 이어서 김종직이 과거하기 전에 꿈속에서 느낀 것이 있어 조의제문(弔義帝文)을 지어 충분(忠憤)을 토했다고 적었습니다.

김종직은 어떤 연유로 이 제문을 지었을까? 김종직은 그 연유를 다음과 같이 기록했다.

함양 학사루
ⓒ 국가유산포털

정축년 10월 어느 날에 내가 밀양에서 경산(京山 ; 오
늘날 성주)으로 가다가 답계역(踏溪驛)에서 잤다. 그
날 밤 꿈에 칠장(七章)의 의복을 입은 신(神)이 큰 키
에 인품있는 모습으로 다가와 말하기를 「나는 초나
라 회왕(懷王) 손심(孫心)인데, 서초패왕(西楚覇王 ;
항우)에게 살해되어 빈강에 빠져 잠겨 있다」하고는
문득 보이지 아니하였다. 나는 깜짝 놀라 깨어 생각
하니, 회왕(懷王)은 중국 초나라 사람이요, 나는 동
이(東夷 ; 조선) 사람으로 거리가 만리나 떨어져 있
고, 시대 또한 천 년이 훨씬 넘는데, 내 꿈에 나타난
것은 무슨 조화일까. 또 역사를 상고해 보아도 강물
에 던졌다는 말은 없으니, 아마 항우가 사람을 시켜
서 몰래 쳐 죽여 그 시체를 물에 던진 것일까? 이는
알 수 없는 일이다」하고, 드디어 제문을 지어 슬퍼
하노라.

「조의제문」 전문은 다음과 같다.

하늘이 법칙을 마련하여 사람에게 주었으니, 누가 그 사대(四大 ; 道·天·地·王) 오상(五常 ; 인의예지신)을 높일 줄 모르리오. 중화 사람에게만 넉넉하게 주고 동이 사람에게는 부족하게 준 것이 아니니, 어찌 옛적만 있고 지금은 없으리오. 나는 동이 사람이요 또 천 년이나 뒤에 났건만, 삼가 초 회왕을 슬퍼하노라. 옛날 조룡(祖龍 ; 진시황)이 어금니와 뿔을 휘두르니, 사해(四海)의 물결이 붉어 피가 되었네. 비록 전어, 상어, 미꾸라지, 고래라도 어찌 보존하겠는가. 물을 벗어나기에 급급했느니, 당시 육국(六國 ; 진에게 망한 전국시대 여섯나라)의 후손들은 숨고 도망가서 겨우 평민같이 지냈다네. 항량(項梁)은 남쪽 초나라 무장 집안으로, 진승(陳勝)을 이어 일을 일으켰네. 왕을 찾아내어 백성이 바라는 바에 따랐으니 멸망하였던 초나라를 다시 보존하였네. 건부(乾符 ; 왕위)를 쥐고 천자가 되었으니, 천하엔 진실로 미씨(羋氏 ; 초의 성)보다 큰 것이 없도다. 장자(長者 ; 유방)를 보내어 관중(關中)에 들어가게 함이여! 또한 족히 그 인의(仁義)를 보겠도다. 양처럼 성내고 이리처럼 탐욕하여 관군(冠軍)을 마음대로 죽였는데도 어찌 항우를 잡아다가 처형하지 아니했는고. 아아, 형세가 너무도 그렇지 못하였으니, 나는 회왕을 위해 더욱 두렵게 여겼네. 길러 놓은 자에게 도리어 해침을 당했으니, 과연 하늘의 운수가 어긋났구나. 빈의 산은 우뚝하여 하늘에 닿으니, 그림자가 해를 가리어 저물려고 한다. 빈의 물이 밤낮으로 흐름이여! 물결이 넘실거려 돌아올 줄 모르도다. 천지도 장구(長久)한들 한이 어찌 다하리. 넋은 지금도 정처 없이 헤매고 있구나. 나의 마음은 돌과 쇠도 뚫을 만하니 회왕이 문득 꿈속에 나타났구나. 주자의 필법을 따르자니, 불안하고 조심된다. 술잔을 들어 땅에 부으면서 '바라건대 혼령은 와서 흠향 하소서.'

이에 대한 류자광의 해석은 다음과 같다.

조의제문에서 조롱은 진시황인데, 김종직이 진시황을 세조에게 비유한 것이요, 왕을 찾아내어 백성이 바라는 바에 따랐다고 한 왕은 초 회왕(楚懷王) 손심(孫心)인데, 처음에 항량(項梁)이 진(秦)을 치고 손심을 찾아서 의제(義帝)를 삼았으니, 종직은 의제를 노산군에게 비유한 것이다. 양처럼 성내고 이리처럼 탐욕 하여 관군(冠軍)을 함부로 무찔렀다고 한 것은, 양과 이리는 세조를 가리키고, 관군을 함부로 무찌른 것은 세조가 김종서를 죽인 것에 비유한 것이다. 어찌 항우를 잡아다가 처형하지 아니 했느냐고 한 것은, 노산이 왜 세조를 잡아버리지 못했는가라는 뜻

이다. 길러 놓은 자에게 도리어 해침을 당했다고 한
것은, 노산이 세조를 잡아버리지 못하고, 도리어 세
조에게 죽었는가 하는 뜻이오. 주자 필법을 따르자
니 불안하고 조심된다고 한 것은, 김종직이 주자를
자처하여, 이 부(賦)를 지어 필법에 견준 것이다. 그
런데 김일손이 이 글에 찬(贊)을 붙여 칭찬하기를,
충분(忠憤)한 마음을 나타낸 것이라고 했으니, 대역
부도의 마음을 품은 것이 분명합니다.

이 기세를 몰아갈 류자광이었다. 김종직 문집과 판본을 다
불태우고 간행한 사람까지 죄로 다스려야 한다고 목소리를 높였다.
강귀손은 류자광을 말렸으나 힘에 부칠 수밖에 없었다. 김종직 문
집 판본을 모두 불태우고, 혹여 문집을 수장한 자가 있으면 즉시 수
납하게 하되, 따르지 않는 자는 중죄로 다스린다는 명이 내려졌다.
　김종직의 시호를 의논하면서 공자와 같다고 칭찬한 이원도
잡혀왔고, 김종직 행장을 지은 표연말도 잡혀와 국문 당했다. 김종
직의 관을 쪼개고 시체를 참하는 끔찍한 부관참시 형이 벌어졌다.
김일손을 비롯하여 권오복과 권경유는 대역죄로 능지처참 형을 당
했다. 이들도 사초에 「조의제문」을 실었기 때문이다.
　이목과 허반은 참수형을 당하고, 가산이 적몰되었다. 허반
은 몇 달 전 장원급제한 인물이었으나, 궁중비사를 김일손에게 전
했다는 이유로 참수형에 처해진 것이다. 김일손이 한양에 압송된
후 제일 먼저 허반을 잡아오게 한 것도 이 때문이었다.
　강겸은 강계의 관노가 되었다. 궁중비사를 허반에게 듣고

김일손에게 전했다는 죄목으로 참수형을 선고받았다가 감형되었기 때문이다. 표연말은 경원, 정여창은 종성, 강경서는 회령, 이수공은 창성, 정희량은 의주, 홍한은 경흥, 임희재는 경성, 이총은 온성, 유정수는 이산, 이유청은 삭주, 민수복은 귀성, 이종준은 부령, 박한주는 벽동, 신복의는 위원, 성중엄은 인산, 박권은 길성, 손원로는 명천, 이창윤은 용천, 최부는 단천, 이주는 진도, 김굉필은 희천, 이원은 선천, 안팽수는 철산, 조형은 북청, 이의무는 어천으로 각각 유배되었다.

실록청 당상으로 사초 문제를 처음 제기했던 이극돈 또한 사초를 지연했다는 이유로 파직되었다. 이에 반해 윤필상을 비롯한 훈구대신들은 수많은 전답과 노비를 하사받았다. 무오사화에서 사림세력들이 힘없이 무너져 버렸다. 사림들이 성종 시절의 문치(文治)에 젖어 안주하고 있었다는 점도 간과할 수 없다. 보호막이 없어져 버린 탓이다. 이후 몇 차례 사화를 더 겪은 후에야 사림의 시대가 열리게 되었다.

안명세의 곧은 붓놀림

우리 역사에서 대윤·소윤이라는 용어는 중종 38년(1543) 2월이 시작이었다. 대사간 구수담이 경연석상에서 "최근 밖에서 들으니 윤임을 가리켜 대윤, 윤원형을 가리켜 소윤이라 하며, 각자 당여(黨與)를 심고 있으니 폐가 심합니다."라고 제기한 것에서 비롯되었다. 윤임은 인종의 외삼촌이고, 윤원형은 명종의 외삼촌이니, 중종에게는 둘 다 처남이 된다. 인종이 형이고 명종이 이복동생이니, 그에 따라 대·소윤으로 나누어진 것이다.

이들을 흔히 외척 혹은 척신이라 일컫는데, 16세기 조선조 사회는 척신정치의 폐단이 많이 나타났던 시기이다. 을사사화를 전후로 하여 일련의 사건들이 꽤 많았는데, 이는 거의 외척과 연관된 것들이었다. 당시의 외척을 이해하기 위해서는 우선 종종의 왕비 계보를 따져 볼 필요가 있다.

연산군을 몰아내고 중종이 즉위할 때 비는 신수근의 딸 단경왕후였다. 신수근은 연산군의 처남이기도 했으니, 왕실과의 중첩된 혼맥을 형성하고 있었다. 특히 연산군 시절의 빗나간 폭정에 신씨 형제가 관련되어 있어 원성이 꽤나 높았다. 그러나 박원종은 신수근을 끌어들일 욕심으로 넌지시 반정군에 참여할 것을 권유하였지만, 그는 이미 때늦어 거절할 수밖에 없었다. 반정이 성공되자 중종의 장인이었음에도 불구하고 당연히 박원종에게 처형당했고, 그의 딸 단경왕후도 쫓겨나 서인으로 강등되었다.

왕비 자리를 비워 놓았다가 중종 2년(1507) 윤여필의 딸 숙원 윤씨를 중전으로 정하니, 이가 곧 장경왕후였다. 중전의 자리에 오른 지 4년 만에 효혜공주를 낳았고, 다시 4년이 지나 원자를 보게 되니, 중종을 이을 인종이었다. 그러나 장경왕후는 출산 후유증으로 원자를 본지 7일 만에 죽었으니, 다음 왕비가 누가 되느냐에 관심이 쏠릴 수밖에 없었다.

이때 중종의 총애가 지극했던 경빈 박씨는 이미 원자보다 여섯 살이나 많은 복성군을 두었으니, 세인의 관심이 그쪽으로 기울어지는 것은 당연했다. 이를 막기 위한 방법은 여러 갈래로 나타났다. 폐비 신씨를 복위해야 한다는 주장도 그 중의 하나였고, 이는 반정 공신들에 대한 도전이나 다름없는 위험한 주장이었다. 이를 주장하던 김정과 박상 등이 귀양 가는 신세가 되었다.

원자를 보호하기 위해서는 후궁 선발보다 새로 간택하는 것이 나은 선택이었고, 중종 12년(1517) 3월 윤지임의 딸이 중전으로 정해지니, 문정왕후였다. 이어 중종 16년(1521) 대신들의 건의로 원자를 세자로 책봉했다. 세자 책봉을 미루면, 정국 혼란이 뻔한 일이었기 때문이다. 그러나 세자는 자식을 보지 못하였다. 그런데다 정치적 야망이 대단했던 문정왕후가 경원대군을 생산한 것은 누가 보더라도 세자에게는 큰 위협이었다. 이러한 결과로 중종 후반기는 세자와 그 주위를 둘러 싼 의문의 사건들이 꼬리를 물고 일어났다.

문정왕후가 묻힌 태릉(서울 노원구)
ⓒ 국가유산포털

중종 22년(1527) 어느 날 동궁이 거처하는 북정(北庭) 은행나무에 무엇인가 매달려 있었다. 네 발과 꼬리가 잘린 채 불로 지진 쥐였다. 해(亥)는 돼지에 속하고 쥐는 해와 비슷하므로 돼지띠인 세자를 저주할 목적으로 꾸민 '작서의 변'이었다.

중종 28년(1533) 동궁 빈청 남쪽에 사람 머리 모양의 물건을 걸어 놓은 사건이 또 발생했다. 얼굴 모양을 분명하게 새긴 목패를 달았는데, 한쪽 면에 "이와 같이 세자 몸을 능지한다. 이와 같이 세자 부주(父主)의 몸을 교살한다. 이와 같이 궁중을 참한다."라는 무시무시한 글귀가 새겨져 있고, 한쪽 면에는 "병조의 서리 한충보 등 15인이 행한 일이다."라고 쓰여 있었다. 이를 흔히 '목패의 변'이라 부른다.

이런 사건들은 온 나라를 발칵 뒤집어 놓기에 충분했다. '작서의 변' 혐의자로 몰린 경빈 박씨는 폐서인 되어 친정인 상주로 쫓겨났고, '목패의 변'까지 있게 되자, 결국 박씨 모자는 사사되기에 이르렀다. 수많은 박씨 추종세력들도 함께 제거되었다.

장경왕후 소생이자 인종 누이였던 효혜공주를 며느리로 맞은 김안로가 동궁 보호자로 자처하면서 한때 정권을 농단하더니, 이 즈음에 권세를 잃어가던 때였다. 이러한 일련의 사건들은 권세를 만회하기 위한 김안로가 그의 아들 김희를 사주하여 일으킨 것으로 판명되었지만, 그 배후에는 문정왕후가 있었다고 보는 견해가 많다. 총애 받던 경빈 박씨를 견제하기 위해 양자가 힘을 합칠 수 있었던 상황이었다. 그러나 중종 29년(1534), 문정왕후가 경원대군(명종)을 낳고부터는 두 세력의 연합전선에 금이 가지 않을 수 없었다.

명종 태지석
ⓒ 국립고궁박물관

태실에 태 항아리와 함께 묻은 지석으로 일제시기 54기의 태실을 고양 서삼릉으로 옮겼다. 이후 1996년 서삼릉 발굴조사 때 태항아리와 함께 수습되었다.

결국 김안로도 중종 32년(1538) 문정왕후 세력에 의해 사사되고 말았다. 김안로의 몰락은 윤임과 유원로·원형 형제 등 대·소윤의 연합에 의해 이루어졌다. 김안로 세력이 왕권을 제약할 정도로 너무 비대해졌기 때문에 공동의 적이 될 수 있었던 것이다. 공동의 목표가 사라진 대·소윤은 언제든지 쪼개질 수밖에 없었다. 그 갈등에 대한 분출은 중종 33년(1539)부터 나타나기 시작했고, 표면화된 것이 5년 후인 동궁화재 사건이었다. 하인이었던 덕지의 실수로 밝혀지긴 했으나, 의혹은 좀처럼 식을 줄 몰랐다.

대·소윤의 갈등은 골이 깊었다. 추종하는 세력들까지 서로 마주치기조차 싫어했다. 대윤을 이끌던 윤임의 이웃에 살았던 호조판서 임백령은 집을 팔고 이사 가려 했다. 양 세력의 갈등으로 정국 해법을 찾을 수 없었던 인종은 문정왕후 뜻에 따르는 정치를 하기까지 했으나, 명종 즉위 초반까지도 인종 외척인 대윤이 정국을 주도하는 편이었다.

대의명분과 정통을 강조하는 사림파도 대윤을 지지하고 있었다. 명종이 즉위하자 명종의 외삼촌이자 문정왕후의 오라버니인 윤원로를 탄핵하여 귀양까지 보낼 수 있었다. 문정왕후를 비롯한 소윤 세력들은 자신들의 열세를 만회하려 안간힘을 다했다. 훈구계 대신들과 결탁함으로써 대윤을 싹쓸이 할 힘을 얻게 되었다.

명종 즉위년(1545) 8월 21일, 소윤세력들은 윤임을 비롯한 유관·유인숙의 탄핵을 시도했다. 하지만 대간들의 반대로 뜻을 이루지 못했다. 다음 날 이기·정순붕·임백령 등이 고변 형식으로 죄목을 만들어 처벌을 주청했다. 근래 윤임이 스스로 불안해했다거나, 류관·류인숙은 형적(形迹)이 있었다는, 실로 애매모호하기 짝이 없는 죄목이었다.

뿐만 아니라, 밀지(密旨)를 통해 처리했다는 절차상의 하자로 파문이 크게 일었다. 그러자 윤임 등이 종사를 뒤 엎으려 했다는 죄명을 덧 씌웠다. 귀양이나 파직이었던 형량이 갑자기 사사에 이르도록 바뀌게 되었다. 이렇게 시작된 을사년 사화는 한 해에 그친 것이 아니라, 소윤세력들의 정당성을 부여받기 위해 또 다른 음모를 꾸미지 않을 수 없었다. 시작과 과정이 모호하게 출발한 이 사건을 놓고 시비가 일자 죄상을 갈수록 구체화하였고, 그에 따라 처벌의 수위도 점점 높아지고 있었다. 이처럼 점차 확대되어 간 을사사화가 대의명분을 잃었다는 점에서 오히려 이를 합리화하는 쪽으로 옮겨가게 되고, 그것이 공신책봉으로 이어지게 되니, 이름이 위사공신이었다.

대의명분과 정당성을 잃었다는 비판을 받을수록 반대세력을 더 철저하게 탄압하는 강경책을 쓰지 않을 수 없다. 그것은 양재

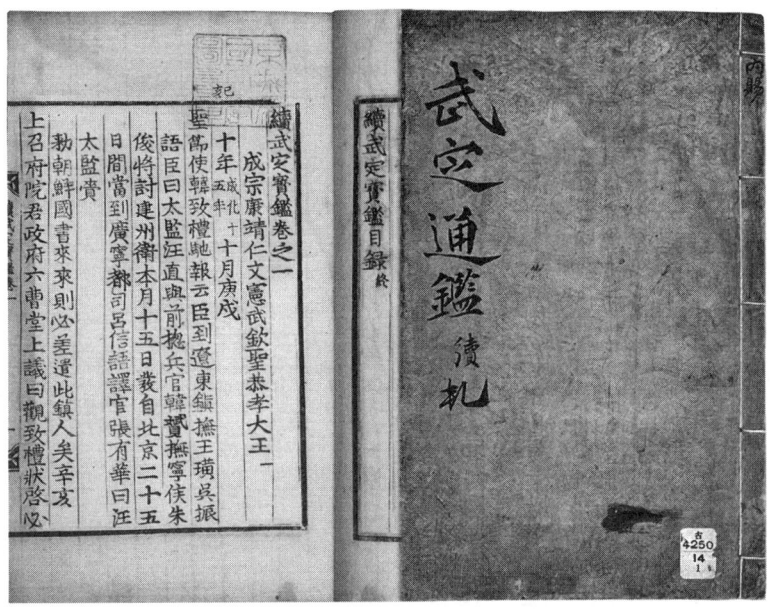

『속무정보감』

ⓒ 한국학중앙연구원

5권 2책. 을사정난기(乙巳定難記)라고도 한다. 제9대 성종부터 제13대 명종 초까지의 내우외환을 진압한 전말을 수록한 역사서이다.

벽서사건으로 나타났다. 사람 왕래가 잦은 말죽거리 양재역에다 문정왕후와 그 추종세력들을 비난하는 글이 나붙은 것이다. 위에서는 여주(女主)가 정권을 잡고, 아래에서는 이기가 권력을 휘두르고 있으니 나라가 곧 망할 것이란 내용이었다. 이를 계기로 더욱 강경책을 사용하여 반대세력을 제거하였고, 나아가 위사공신의 정당성을 주장하고 이를 세상에 널리 알리기 위해 『속무정보감』을 편찬하기로 하였다.

　　명종 2년(1547) 『속무정보감』 편찬을 위해 소윤세력이 중심이 된 찬집청 당상들이 춘추관에 비장(祕藏)시킨 을사사화 당시 3개월 치 시정기를 찬집청에 가져갔다. 이에 예문 봉교 이문형 등이 즉시 돌려 줄 것을 요구하여 춘추관으로 도로 찾아 왔으나, 오히려 당대의 시정기를 함부로 내 주었다는 이유로 추고하도록 명종에게 종용하고 있었다.

이때 사관의 논평을 한번 보자.

【사신은 논한다. 신은 삼가 살피건대, 을사년의 일은 이미 『승정원일기』에 자세히 기록되어 있는데, 하필 시정기를 상고할 것이 무엇인가. 당대의 사기는 결코 꺼내 볼 수가 없는 법인데도 반드시 꺼내 참고하겠다고 한 것은 간흉 이기 등이 사관들이 써 놓은 것을 보아서 사화를 일으키려 한 것이니, 그 계략이 참혹하다. 사국(史局)의 관원들이 굳게 고집하여 윤허를 받았으니, 그래도 사관 가운데 사람이 있었다고 하겠다. 그런데 심지어 추고까지 청하며 다시 가져갔으니 너무 심하다.】

이렇게 가져간 시정기는 척신과 권신의 손에 넘어가 하나하나 검토되기 시작했다. 이는 사관 안명세가 작성한 것이었다. 안명세는 인종 조에 가주서로 있다가 명종이 즉위하자 예문 검열로 옮긴 신진이었다. 겸사관에서 정식 한림이 된 것이다. 그가 한림 직에 있을 당시 을사사화를 몸소 체험했고, 이를 사초와 시정기에다 직필로 기록했다. 당시 안명세가 작성한 시정기 내용을 정리해 보면 대략 다음과 같은 것들이다.

을사년 8월 23일 백인걸이 밀지(密旨)의 부당함을 거론한 다음에 부름을 받고 장차 예궐(詣闕)하여 이 말을 아뢰기 전에 자기 어머니와 아내에게 고하기를, 내가 지금 가면 반드시 의금부에 내려져서 찬축(竄逐)되는 일이 있을 것이니, 그렇게 되더라도 놀라지 말라고 하자, 그의 어머니와 아내가 울면서 만류했다는 주를 추가했다. 그 외에도 목패의 변이나 이언적을 어진 사람으로 표현한 점, 윤임을 죄줄 때 임금은 한마디 말이 없었으나 문정왕후가 끝내 고집을 내세웠던 점, 권벌의 곧은 점과 그밖에 피화인들의 시체를 두고 슬퍼하는 모습 등과 같은 여러 가지가 포함되어 있었다.

그 중에서도 병오년(명종 1) 9월 3일자 시정기 내용은 군왕에 관한 것이었다. 임금께서 사슴고기를 좋아하였고, 사슴 꼬리를 더욱 좋아하셨다. 외방에서 진상할 때에 산 사슴을 구하지 못하여 혹 산 노루를 대신 진상하는 자가 있자, 임금이 근시(近侍)에게 산 노루 열 마리가 어찌 산 사슴 한 마리를 당할 수 있을까라며 좋아했다. 또 금년 6월 임금이 이질을 앓으면서 아주 신선한 맛을 찾으므로 내시가 승지에게 이 사실을 전하자, 승지들이 그 뜻을 받들어 산 붕어와 은구어(銀口魚) 등의 물고기를 간혹 외방에서 많이 잡아들이니, 임금이 정지하라고 명했던 사실을 적고, 그 아래 주에 다음과 같이 덧붙였다.

"주상께서 지금 거상(居喪) 중인데도 나이가 어리기 때문에 이와 같다."

위에서 언급한 것처럼 안명세는 시정기에다 소윤세력들이 역적으로 내몰았던 자들을 충신으로 표현했고, 임금이 상중인데도 좋은 고기만 골라 먹는다는 식으로 기록했으니, 조용하게 넘어 갈리 없었다. 안명세가 잡혀오고, 글씨체를 대조하는 등 긴장감 도는 추국이 시작되었다. 결국 안명세는 당현에서 참형에 처해졌고, 그의 가족은 종이 되었다. 연루된 조박과 손홍적도 귀양 가게 되었다. 이 사건은 이기와 윤원형에게 종처럼 아첨한 한지원의 머리에서 나온 것이었다.

홍문관 관원을 춘추관 낭관으로 삼고, 또 사관들을 위협하여 을사년 시정기를 고치게 하였으니, 을사사화 당시의 자세한 기록은 날조되었거나 인멸되었음이 분명하다. 선조가 즉위하자 안명세를 비롯한 피화자들이 바로 신원되었다. 안명세와 그 사건에 대한 당시 사관들의 논평을 보면, 그 성격을 분명하게 알 수 있다.

【사신은 논한다. 명세는 단정한 사람이다. 사재(史才)가 있어 한림이 되었다. 을사년 정난의 옥을 당하여 사실에 의거해서 바르게 기록하고 자신의 의견을 첨가하여 『춘추』의 뜻을 붙였다. 그런데 이때에 이르러 찬집청 군간들에게 지적 받아 대죄에 걸리고 말았는데, 국문을 받을 때에는 언사(言辭)가 자약하였고 죽음에 임해서도 신색(神色)이 조금도 변함없었다. 동호 같은 직필이 몸을 죽이는 매개가 되었으니, 참으로 가슴 아픈 일이다.】

【사신은 논한다. 안명세에게 무슨 죄가 있는가. 이기 등이 그를 역당이라 하여 대역으로 논해서 극죄로 다스렸으니, 사화가 여기에 이르러 극에 달한 것이다. 이때 권요직에 있는 자들은 모두 간흉의 무리로서, 찬집한다는 설은 맨 처음 윤인서 입에서 나왔고, 그것을 참고한다는 의논은 마침내 이기 등의 계책에서 이루어져, 사신(史臣)으로 하여금 이 같은 극화를 받게 하였으니, 국가가 망하지 않은 것만도 다행이다.】

【사신은 논한다. 안명세의 사화가 일어났을 때에 그의 장인 이은우가 일찍부터 이기·정순붕과 약간 서로 알고 지냈던 터라, 이기의 집으로 달려가 눈물을 흘리면서 안명세를 살려달라고 애원하였다. 그러나 이기가 말하기를, 이 죄로 어찌 죽기까지야 하겠는가. 내 생각은 이러하나 다만 정(鄭)을 만나보아야 할 것이라 하였다. 이은우가 그 말을 듣고 즉시 정순붕의 집으로 가서 애원하니, 순붕이 국가를 위해서 어쩔 수 없다 하므로 은우는 말 한 마디 못하고 물러나왔고, 안명세는 끝내 화를 면하지 못하였다. 아, 슬프다!
대저 간흉들이 모여서 사류를 살육 할 때에 평소에 사이가 조금만 서로 좋지 않았던 자들도 역류라고 무함하여 모두 유배하거나 죽였다. 그런데 더구나 안명세의 직필은 간흉을 주벌하는 법에 엄격하여 곧바

로 그 흉특의 칼날을 범하
였으니, 그가 온전할 리는
만무하다. 그가 끝내 죽게
된 데는 정순붕의 힘이 가
장 컸다. 아, 참혹하다!

안명세는 일찍이 『이십사
공신전(二十四功臣傳)』을
저술하여 을사년 일을 직
척(直斥)했다고 한다. 그
의 사람됨은 단중(端重)하
고 과묵하였는데, 처형에
임해서도 안색이 조금도
변치 않고 평소와 같았으
므로 사람들이 모두 장하
게 여겼다.

예문관검열 춘추관기사관
안명세 묘표(성남 심곡동)
ⓒ 박홍갑

한지원은 안명세와 동시의
사관이었는데, 명세가 직필을 했을 경우에는 그때마
다 지원이 겉으로 칭찬과 탄성의 표정을 내보이곤 하
였으므로, 명세는 그를 믿을 만하다고 여겨 조금도
거리낌 없이 소통했다. 이때에도 지원은 모든 사실
을 이기에게 통하였는데도 명세는 알아차리지 못하
였다. 그래서 화가 일어날 때를 당하여 명세가 지원
의 집으로 가서 자신을 구해 주기를 부탁하자 지원이
남에게 이르기를, 명세는 참으로 모자란 사람이다.

그의 사록(史錄)에 관한 일을 내가 바로 퍼뜨렸는데, 도리어 나더러 시재(時宰)의 집에 가서 자신을 구명해 달라고 하는 것은 또한 어리석은 일이 아닌가 하였다.】

제3편
검이 된 붓끝

1
사론史論이란?

사관들이 세상을 바라보는 창窓

　국어사전에서는 사론(史論)에 대해 "역사에 관한 주장이나
이론"이라고 간단하게 풀이하고 있다. 이를 좀 더 넓혀보면, 사서
편찬자들이 특정 인물이나 사건에 대한 논평을 말함이니, 사서를
통해 드러내는 사론은 과거에 대한 논평이라 할 것이다. 이에 반해
『조선왕조실록』에 담아낸 사론은 그 의미가 다르다. 국왕이 승하하
면 보위를 계승한 왕이 편찬한다는 점에서 당대사나 다름없기에
『조선왕조실록』의 사론은 당시대의 논평이나 마찬가지다.
　사관들이 재직 중에 일어난 사건이나 인물에 대한 평가를

기록했다가 후일 제출하게 되는 가장사초(家藏史草)를 실록에 그대로 옮긴 것이 사론이다. 따라서 매우 생생한 당대의 세평이라는 점이 특징이다. 당대 사관들이 바라보고 평가를 내린 생동감이나 현장감을 더해 주는 것이어서 재미가 있다. 또 하나 다른 역사서 사론과 상이한 점은 개인이 남긴 것이 아니라, 사관 집단의 현실 인식과 역사의식을 담아 낸 논평이라는 점이다. 전자가 주관적인 면에 치우친 데 비해 후자는 실록 편찬 과정에서 오는 집단성과 객관성을 유지하려는 면이 보인다는 점이 다르다.

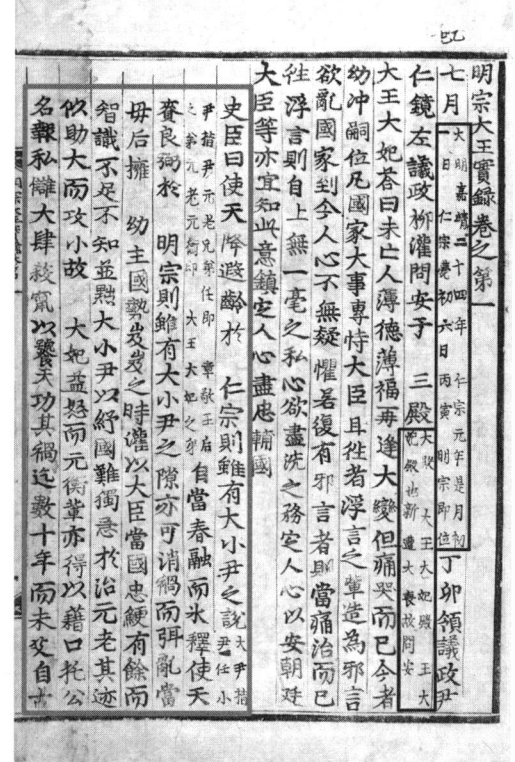

『명종실록』
ⓒ국사편찬위원회

첫 장부터 본문과 세주 및 사론 등의 구성 요소를 잘 보여주고 있다.

『조선왕조실록』 체제는 편년체이며, 본문, 세주(細註), 사론으로 구성되어 있다. 세주는 보충 설명이 필요한 경우 본문 아래 통상 작은 글씨로 두 줄씩 조판하여 본문 내용의 이해를 돕게 하려는 것이다. 이는 간단한 인명이나 지명 혹은 사건 소개 등이 많으나, 수백자에 달하는 매우 긴 문장으로 되어 있는 것도 있다.

실록의 사론은 통상 '사신 왈(史臣曰)'로 시작하여 특정 사안이나 인물에 대한 논평을 곁들인다. 이러한 사평(史評)은 본문이나 세주에서도 가끔은 보이는 수도 있는데, 이것까지 사론의 범주에 넣을 수는 있겠지만 완전한 형태를 갖춘 것은 아니다.

하여튼 사론은 사관이나 실록 편찬자들의 주관적인 인식과 견해가 담긴 것이기 때문에, 실록 편찬 목적이 군왕의 언동과 정사를 기록함으로써 시정을 논하고 풍속을 가리어 후세에 거울이 될 만한 것을 전하는 데 있었다는 점을 고려한다면, 실록의 내용 중에서 가장 중요한 부분이라 할 것이다.

또한 초기 실록에서는 사론이 별로 보이지 않다가 『세조실록』 이후 증가하는 추세인데, 이는 사림정치 발달과 관련 있을 것으로 보이니, 사관들의 현실 의식을 점차 과감하게 표현하는 것이라는 점에서 주목되기도 한다.

실록을 편찬할 때 여러 자료들이 동원되지만, 그 중에서도 가장 기본이 되는 자료는 시정기와 사초이다. 실록의 한 구성요소를 이루는 사론은 주로 사관들이 작성한 사초를 중심으로 기록된다. 이때 사초라 함은 가장사초(家藏史草)를 말한다. 공적인 기록에 해당하는 시정기는 춘추관에 보관하였지만, 사관들의 사적인 가장사초는 본인이 보관하는 것이다. 따라서 시정기보다는 사초에 특정 인물이나 사건에 대한 논평이 잘 나타날 수 있는데, 긍정적인 평을 한 것을 포론(褒論), 부정적인 평을 한 것을 폄론(貶論)이라 할 수 있겠다.

사관 개인인 작성한 사초는 직서(直書)해야 하고, 이에 근거하여 실록의 사론으로 옮길 때는 전문을 부입(附入)하되 말 한마디 글자 한자라도 더하거나 빼서는 안 된다는 것이 원칙이었다.

그 외 시정기의 내용도 사론으로 선택될 수가 있었다. 즉, 시정기의 내용 중에서 포폄에 자료가 될 만한 내용을 따로 뽑아 강목(綱目)으로 기록하였고, 또 고위 관료들이 죽었을 때 그 인물 총평에 해당하는 졸기(卒記) 작성에 시정기가 인용되기도 했다. 『조선왕조실록』에 남겨진 사론은 사초를 중심으로 하되 시정기를 보조 자료로 이용하였음을 알 수 있겠다.

그런데 실록의 사론을 분석하다 보면, 가끔은 실록 편찬자들이 직접 사론을 작성했던 것도 나타난다. 그것은 사론에 보이는 용어들이 사초나 시정기를 작성할 당시의 상황이 아니라 실록 편찬 당시에 쓰였던 것들이 나타나는 것에서 추론이 가능하고, 또 특정 사론에 대한 실록 편찬 당시의 재 논평 사론이 함께 실려 있는 것에서도 확인할 수 있다.

조선 중기쯤에 해당하는 실록의 사론을 보면, 공정성을 기하기 위해 포론과 폄론을 같이 넣은 경우가 흔하다. 어느 한쪽의 일방적인 폄론을 삼가겠다는 실록 편찬자의 의도라고 보여진다. 사론을 싣는 것이 정착된 후에도 시기에 따라 많아지기도 하고 적어지기도 한다. 이러한 수적 변화는 사관 기능의 강약에 따라 달라진다. 특히 사림 세력들이 중앙으로 진출하여 활동한 이후, 그들의 성쇠와 사론의 수적인 면과는 비례하는 것으로 파악되고 있다. 사림이 중앙으로 진출하는 시기인 성종 9년(1478) 이후 사론의 수적 증가도 두드러진다. 특히 중종 때 조광조가 개혁정치를 부르짖던 시기에 사론이 집중되어 있으나 그들이 몰락하고 나서는 사론의 수적 감소도 따라 나타난다.

조선 중기 사림들이 정계에 등장하고부터는 여론에 민감한 정치를 도모하였다. 그 여론을 주도하는 층은 사림으로 일컬어지는 선비들이며, 그 여론을 공론(公論)이라 하였다. 공론이란 세상 사람들의 평판을 뜻하는 물의(物議), 혹은 선비들의 의견을 뜻하는 사론(士論)으로 불리기도 했으니, 여론을 무시하는 정치가 백성의 지지를 잃게 되는 것은 예나 지금이나 마찬가지였다.

따라서 이 당시는 사론의 내용 또한 공론에 근거한 것이어야 했다. 초기의 사론은 주로 인물에 대한 평이 많았으나, 조선 중기로 오면서 점차 군왕이나 제도에 관한 것을 비롯하여 사회 질서에 이르기까지 다양한 형태로 접근하고 있음을 볼 수 있다. 이는 그만큼 사관들의 현실 감각이나 인식에 대한 폭이 넓어졌음을 의미하는 것이기도 하다.

군왕에 대한 평은 연산군 시절부터 집중적으로 나타나는데, 이는 폭군으로 기록된 데다 재위 중에 반정으로 쫓겨난 임금이었기 때문이다. 관료들 중에는 이조 판서에 대한 폄론이 많다. 인사권을 둘러싼 잡음이 끊이지 않은 상황과 결부하면 쉽게 이해할 수 있는 부분이다. 그 밖에 군왕에게 아부를 일삼는 승지들이 많은 비판을 받고 있고, 때로는 대간들도 직간을 제대로 하지 않는다는 이유로 논평 당하는 경우가 많았다.

조선 전기의 인물들 중에서 동시대를 살아가는 사관들에게 긍정적인 평가를 많이 받았던 사람은 조광조·정광필·김안국·김식 등을 꼽을 수 있는데, 이들 모두 사림세력과 그에 동조한 인물들이다. 이에 반해 부정적인 평가를 많이 받았던 인물은 중종 조에 척신으로 등장하여 전횡을 일삼은 김안로가 60회, 을사사화를 일으킨 이기가 55회가 될 정도로 압도적이다.

그 밖의 인물로는 윤원형을 비롯한 대윤세력에 대한 폄론이 많고, 세조 공신이던 한명회 또한 부정적인 폄론이 19회를 차지하고 있다. 사론의 년 평균치가 비교적 낮았던 시절이었음에도 한명회에 대한 그 정도의 폄론이 나타났다는 것은 당시 사관들이 매우 부정적으로 보고 있었음을 나타내 준다.

『단종실록』부터 본격적으로 등장하기 시작한 사론이 획기적으로 불어난 것은 사림 정치가 활발하던 시기였다. 성종 재위 25년 동안 655건 정도 보이니 연 평균 26건 내외이며, 중종 재위 39년 동안에는 무려 1,210건이 확인되니, 연 평균 31건이었다. 이에 비해 연산군 재위 12년 동안의 연 평균은 3.3건에 불과하다. 무오사화를 겪고 난 이후 사관들의 활동이 크게 위축된 상황을 여기서도 확인한 셈이다. 그러했던 사정은 중종 2년(1507) 6월 2일자에 덧붙여진 어느 사관의 사론에서도 잘 나타난다.

【사관이 논평하기를[史臣曰], 무오사화가 일어남으로부터 사관들이 기록하는 것이라곤 왕명 출납뿐이었는데, 반정으로 사람들이 불붙은 기름 속에서 살아나자 놀고 즐기는 데만 빠져 직무를 돌보지 않고

왕의 말마저도 기록하지 않다가, 여러 해 지나고 나
서야 사고(史稿)를 정리하니, 조정 논의나 상벌 등의
일에 빠진 것이 많았다.】

역사 기록의 속살과 민낯
- 포론褒論과 폄론貶論 -

　실록의 사론은 유교정치가 뿌리를 내리는 성종 시대부터
본격적으로 나타나는데, 긍정적 평가를 내린 포론보다는 부정적 평
가를 내린 폄론이 훨씬 많은 숫자를 점한다. 『성종실록』에 나타난
사론 중에서 한두 가지 예를 들어보면, 재위 말년에 해당하는 성종
24년(1493) 10월 6일자의 이조 판서 홍귀달 파직 기사에 덧붙여
진 사론에서 인사권을 쥔 그를 매관매직 화신으로 묘사하고 있다.

　【사신이 논평하기를, "홍귀달이 판서가 되었을 때에
어떤 사람이 이조의 기둥 흰 부분에다 쓰기를 '이는
홍귀달 재물의 창고이다.'고 하였다. 또 그 집 후문을
지을 때에 사람들이 이르기를, '북문학사(北門學士)'
라고 하였으니, 대개 문을 만들어서 사알(私謁)을 통
하게 하는 것을 비난한 것인데, 일 벌여 놓기를 좋아
하는 자가 그 문을 이름 붙이기를, '통화문(通貨門)'
이라 했다."라고 하였다.】

아울러 성종 24년 11월 6일자 인사발령 사항에서 한치형을 숭정대부 좌찬성으로, 정괄을 숭정대부 병조판서로, 김극검을 가선대부 한성부 좌윤으로 임명하였을 때, 그 아래 덧붙여진 사론은 칭송 일색이다.

【사신이 논평하기를, "사람들이 말하기를, '정괄은 언젠가 대공지평(大公至平)한 재상이 될 것이다.'고 하였다. 한치형은 외척으로 이름이 알려졌는데, 천성이 순무(純茂)한데다, 마음가짐이 조용하고 엄격하고 의젓하여, 여러 번 기무(機務)를 맡았으나 사사로움으로 공정함을 굽히는 일이 없었다. 김극검은 청렴하고 삼가서 살아가는 데 자주 양식이 떨어졌으나 편안하게 여겼다" 하였다.】

극명하게 갈리는 두 사례가 곧 폄론과 포론을 예시한 것인바, 사관들이 평소 작성했던 사초를 실록이 편찬될 무렵에 제출한 것에 의거하여 실린 것이다. 실록의 이런 평가는 자손만대에 걸쳐 지워질 수 없는 것이니, 역사 기록을 무서워하지 않을 수 있겠는가?

그런데, 부정적인 폄론 대상으로 조롱거리가 된 홍귀달의 경우를 다시 한 번 봐야 한다. 그 이유는 간단하다. 이조 판서로 있던 성종 24년 10월에 잠시 물러나긴 했으나, 동료나 후세의 선비들이 남긴 자료에 따르면, 올곧으면서도 참다운 대인이자 전형적인 선비다움의 풍모를 지녔던 인물이었기 때문이다.

공은 문장이 전아(典雅)하고 강건하여 문형을 맡을 정도로

홍귀달 신도비(경북 문경 영순면)
ⓒ 장득진

중종 29년(1534)에 건립된 이 신도비는 홍문관 대제학 남곤이 찬하고, 아들 홍언국
이 글을 썼다. 비문 판독이 어려우나 부림홍씨 세덕록에 그 원문이 수록되어 있다.

출중했고, 무오년 이후로 매양 입시할 때마다 시간이 지나도록 아
뢰니 연산이 자못 싫어했다. 그의 문장과 기개에 혹한 우복 정경세
가 "태평스러운 조정에서 홀을 단정히 잡아 상소문을 적을 때 신색
이 태연자약 하고 죽음을 눈앞에 두고서도 형틀을 마치 편안한 수
레처럼 여기는 것 같다."라고 칭송했다. 총애 받던 궁녀 집에서 여
러 번 무리한 일을 청탁하다 뜻대로 되지 않자 모함으로 귀양 갈
때, "내가 함창의 농사꾼으로 재상 지위에 오르게 되었으니 본시 내
가 가졌던 것이 아니다. 그러하니 출세한 것도 실패한 것도 아니고
다만 옛날로 돌아갈 뿐이다."라고 내뱉으며 태연하게 길을 떠났다.
조금 뒤에 공을 경옥(京獄)으로 잡아 올렸는데, 단천에 이르자 왕명

을 받든 관원이 한 장의 공문을 내 놓았다. 이를 받아 본 공이 재배하며, 조용히 목 조르는 형을 받았다.

　폐주 연산이 공의 손녀(차남의 딸) 용모가 뛰어나다는 말을 듣고 위협하여 세자빈으로 삼으려 했으나 끝내 듣지 않았다. 하지만, 공의 타고난 성품이 화평하고 포용성이 많아 어진 사람이나 그렇지 못한 사람이나 찾아오면 친절히 접대하여 모 나지 않았고, 의롭지 않은 일로 청하면 결코 흔들리지 않았다. 물욕에 관심 없고 오직 서책을 좋아하여 밤낮으로 탐독하였으니, 문장이 넉넉하고 여유 있어 생각대로 표현하기를 잘했다.

　남산 아래 언덕에 초가 정자를 만드니, 가로 세로가 겨우 두어 발(丈)이었다. 허백당이란 당호를 붙인 그 곳에 매양 퇴근하면 복건 쓰고 지팡이 짚고 읊조리기를 마치 세상 잊은 것 같았다. 평생 남에게 눈 한 번 흘긴 일이 없으나, 다만 국사에 대해 말할 것이 있으면 침묵하지 않았다. 자제들이 때로, "좀 참으시지, 집안 식구들을 생각하지 않으십니까."라고 따지기라도 할 때면, "역대 조정에 두터운 은혜를 입으면서 늙었으니 지금 죽은들 무엇이 아까우랴." 하면서 끝내 고치지 않았다.

　후세에 이런 평을 받은 인물이 허백당 홍귀달이었는데, 당시 사관들의 눈에 비친 이조 판서 홍귀달은 영락없는 탐관오리였을 뿐이다. 역사 기록의 속살은 무엇이고 민낯은 무엇인가? 어렵고도 어렵다. 조선 선비 사회의 명사로 일컬어지는 이수광은 그의 저서 『지봉유설』에서 이렇게 말했다.

　재상은 사람을 수십 년 정도 올릴 수도 있고 아래로

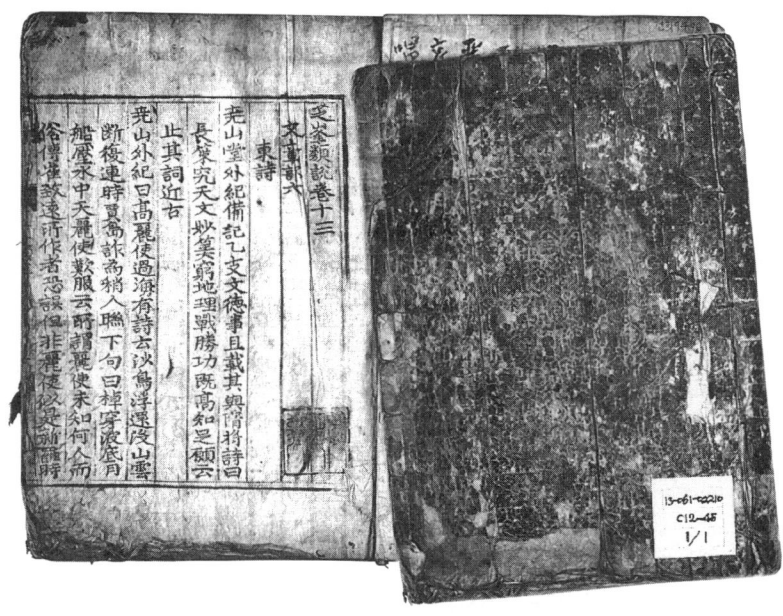

『지봉유설』
ⓒ 국립중앙박물관

1614년 이수광이 편찬한 우리나라 최초의 문화백과 사전으로 20권 10책의 목판
본이다. 그의 고증적이고 실용적인 학문태도가 실학자들에게 큰 영향을 미쳤다.

떨어뜨릴 수도 있지만, 사관은 사람을 천년 뒤에까
지 내세울 수도 있고 아주 침몰시킬 수도 있다.

참으로 무서운 이 말을 다시금 곱씹어 볼 필요가 있을 것
같다. 역사의 준엄한 심판은 공정하고도 엄정해야 비로소 가치를
지닐 수 있는 것이니, 역사가의 임무 또한 엄중한 것이 아니겠는가.
이처럼 역사는 다루는 사람도, 다루어지는 사람도 다 같이 무서워

할 줄 알아야 한다.

『조선왕조실록』 최초의 사론史論

태조로부터 다섯 임금 실록에는 사론이 거의 등장하지 않는다. 그런데 이 시기 유일하게 등장하는 사론 하나가 있으니, 우리의 주목을 끌게 하기에 충분하다. 절의를 지킨 대명사 야은 길재 선생에 대한 사론이기도 하지만, 사론을 작성했던 사관 이름이 밝혀진 유일한 사례이기 때문이다.

동방 성리학의 원조로 추앙받는 포은 정몽주가 결국 선죽교에서 이방원 일파에 죽음을 당했고, 고려를 그리워하며 두문동에 모여 생을 마감한 자가 72현이나 된다. 야은 선생 역시 고려의 신하였다는 불사이군의 명분으로 관직을 미련 없이 던지고 고향인 선산으로 돌아가고 말았다.

그는 고향으로 돌아가 후학을 양성하면서 많은 제자를 길러 냈는데, 그들이 중앙 정계에 진출하기 시작한 것이 세조부터였다. 김종직의 아버지 김숙자가 중앙정계에 등장한 이래 김종직을 비롯한 여러 신진 세력들이 과거 급제를 통해 중앙 정치무대로 모여들어 마침내 하나의 세력을 형성하였으니, 이들이 영남사림파들이다. 이리하여 훗날 우리에게도 잘 알려진 이중환의 『택리지』에서는 "조선 인재의 반은 영남에서 나왔고, 영남 인재의 반은 선산에서 나왔다."라고 기록하고 있는 것이다.

불사이군의 명분으로 조선건국을 반대했던 정몽주나 길재는 조선의 입장에서는 역적임이 분명하다. 그런데도 조선 정부가 두 인물에 대해서는 만고의 충신으로 추앙을 했으니, 이것이 또한 역사의 아이러니가 아니고 무엇인가?

조선왕조는 유교를 국가이념으로 삼은 나라다. 천년 이상 지배해 온 불교사회를 하루 빨리 유교사회로 정착시키기 위해서는 충신과 효자·효녀, 열녀가 많아야 한다. 만약 충신과 효자를 낸 어떤 가문에서 또 다른 광영을 위해 열녀비가 필요하다면 죽음을 강요해서라도 열녀비각을 세워, 두고두고 가문의 영광을 누리려는 것이 조선사회였다.

이런 충효의 사회적 분위기는 하루아침에 이루어진 것은 아니다. 조선 건국 직후부터 꾸준하게 유교적 실천윤리를 강조한 것이 조선 후기쯤 가면 결실을 맺어, 온 천지가 충신과 열녀·효자로 가득 찬 나라가 된 것이다. 정몽주나 길재가 조선 초기에 반대파로부터 추앙 받을 수 있는 이유가 여기에 있었다.

이리하여 길재가 죽자 조선 정부는 그의 죽음을 애도하고, 『정종실록』에다 그의 졸기(卒記)를 장황하게 남겼다. 그런데 재미있는 것은 졸기 아래 당시 사관으로 활약하던 홍여강의 사론이 추가되어 있는데, 『조선왕조실록』 최초의 사론이자, 작성자 이름을 밝힌 유일한 사론이기도 하다.

길재가 사직하고 돌아갔다. 길재가 신씨(辛氏 : 고려 말 우왕·창왕이 왕손이 아니라 신돈의 씨였다는 표현으로 한 말) 조정에 벼슬하여 문하주서가 되었었

채미정(경북 구미시)
ⓒ 장득진

길재 선생을 추모하기 위해 영조 때 건립한 정자이다.

는데, 기사년(1398)에 벼슬을 버리고 선주(善州 : 오
늘날 선산)로 돌아가 홀어머니를 봉양하니, 향당에
서 그 효도를 칭송하였다. 세자가 보위에 오르기 전
에, 길재가 일찍이 성균관에서 같이 배웠었다. 하루
는 세자가 서연관과 더불어 유일(遺逸 : 초야에 묻힌
선비)의 선비를 논하다가 말하기를, "길재는 강직한
사람이다. 내가 일찍이 함께 배웠는데, 보지 못한 지
오래 되었다" 하니, 정자 전가식이 길재와 같은 고향
사람인데, 길재가 집에 있으면서 효행하는 아름다움
을 두루 말하였다. 세자가 기뻐하여 삼군부에 영을

내려 그를 불렀었다. 길재가 역마를 타고 서울에 이르니, 세자가 임금에게 아뢰어 봉상박사(奉常博士)를 제수하였다. 길재가 대궐에 나와 사은하지 아니하고, 동궁에게 상서(上書)하였다. "길재가 옛날에 저하와 더불어 반궁(泮宮 : 성균관)에서《시경》을 읽었는데, 지금 신을 부른 것은 옛 정을 잊지 않은 것입니다. 그러나 길재가 신씨 조정에 등과하여 벼슬하다가 왕씨가 복위하자, 곧 고향에 돌아가서 장차 몸을 마치려 하였습니다. 지금 옛일을 기억하고 부르셨으니, 길재가 올라와서 뵙고 곧 돌아가려 하는 것이요, 벼슬에 종사하는 것은 길재의 뜻이 아닙니다." 세자가 말하기를, "그대의 말하는 것은 바로 강상의 바꿀 수 없는 도리이니, 의리상 뜻을 빼앗기는 어렵다. 그러나 부른 것은 나요, 벼슬을 시킨 것은 주상이니, 주상에게 사면을 고하는 것이 옳을 것이다." 하였다. 길재가 드디어 상서하였는데, "신이 본래 한미(寒微)한 사람으로 신씨(辛氏)의 조정에 벼슬하여, 과거에 뽑혀 문하주서에 이르렀습니다. 신이 듣건대, '여자는 두 남편이 없고, 신하는 두 임금이 없다.'고 합니다. 빌건대, 놓아 보내 고향으로 돌아가게 하여, 신의 두 성씨를 섬기지 않는 뜻을 이루게 하고, 효도로 늙은 어미를 봉양하게 하여 여생을 마치게 하소서."라는 것이었다. 임금이 보고 괴이하게 여겨 어떤 사람인가 물었더니, 좌우에서 대답하기를, "한미한 유자(儒子)입니다."라고 했다. 이튿날 경연에 나아가서 권근에게 묻기를, "길재가 절개를 지키고 벼슬하지 않으니, 예전에 이런 사람이 있었는지 알지 못하겠다. 어떻게 처리할까?" 하니, 권근이 대답하기를, "이런 사람은 마땅히 머물기를 청하여 작록을 더해 주어서 뒷사람을 본받게 하여야 합니다. 청하여도 억지로 간다면, 스스로 그 마음을 다하게 하는 것이 낫습니다. 광무제는 한나라의 어진 임금이지마는, 엄광이 벼슬하지 않았습니다. 선비가 진실로 뜻

『태종실록』의 길재 졸기(卒記)에 덧붙여진 홍여강 사론(史論) 부분
ⓒ국사편찬위원회

목을 내놓을지언정 붓을 꺾진 않으리

이 있으면, 빼앗을 수가 없는 것입니다."라고 했다. 임금이 이에 고향으로 돌아가는 것을 허락하고, 그 집을 복호(復戶 : 세금을 가벼이 해 주는 것)하게 하였다.

【사관 홍여강이 논한다. 어떤 사람은 말하기를, '신씨가 이미 정통이 아니요, 주서가 또한 현달한 관직이 아니니, 길재가 마땅히 성조(盛朝 : 조선)에 벼슬할 것이요, 작은 절개에 구애할 것이 아니라.'고 한다. 나는 생각하건대, 충신은 두 임금을 섬기지 아니하고, 열녀는 두 남편을 섬기지 아니한다 하니, 신씨가 비록 위조(僞朝)이나 이미 폐백을 바쳐 신하가 되었고, 주서가 비록 보잘 것 없는 관직이나 또한 벼슬살이하여 녹을 먹었으므로, 어떻게 위조와 미관이라 하여 나의 신하된 분수를 무너뜨릴 수 있겠는가! 또 절의는 천지의 상경(常經)이어서, 삶이 있는 처음에 받지 않은 것이 없다. 그러나, 공리에 이끌리고 작록에 어두워서 모두 온전히 지키지 못한다. 신씨가 망한 지가 이미 오래이고, 자손 가운데 의탁할 만한 자도 없는데, 길재가 능히 옛 임금을 위하여 절의를 지켜 공명을 뜬구름 같이 여기고, 작록을 헌신짝 같이 보아 초야에서 몸을 마치려 하였으니, 또한 충렬한 선비라 하겠다.】

위의 사실에서 두 임금을 섬기지 않은 길재의 절의와 그를 높이 평가한 사관 홍여강의 강직함을 볼 수 있다. 홍여강은 인물사전에도 찾아지지 않는 역사상 잘 알려지지 않은 인물이다.

왕조실록을 통해 그의 인물됨을 발췌해 보니, 태종 때 사관의 직분을 다하기 위해 공신들이 잔치를 베푸는 연청(宴廳)까지 들어갔다가 사금(司禁) 심귀령에게 얻어맞고 내 쫓긴 일이 있었고, 쉬게 되어 있는 보평전에서 태종이 정사 보는 것을 알고 뜰 아래로 들어가다 쫓겨난 일이 있을 정도로 사관의 직무에 충실하려고 노력했던 인물이다. 이러한 강직성으로 사관의 임무를 충실히 하였기에 실명으로 사론을 작성한 조선왕조의 유일한 자가 되었던 것이다.

당시 태종은 비정상적인 방법으로 왕위에 올랐기 때문에 사관들을 가능하면 멀리하려고 애쓰고 있었다. 자기 주위의 승지들이 사관 직책을 겸했다는 핑계가 있었기 때문이다. 태종 때 홍여강이나 민인생 같은 사관들이 있었기 역사가 보존될 수 있었던 것이다.

2
폭군과 신하들

시인과 폭군

반정은 그 정당성 확보가 첫 번째 과제다. 『중종실록』 첫머리에 폭군 죄상을 가득 담은 사관 논평을 실은 것도 그런 이유이다. 장황한 내용이기에 약간 간추려 보기로 하자.

연산은 성품이 포악하고 살피기를 좋아하여 정치를 가혹하게 하였다. 쫓겨난 어미를 추숭(追崇)하면서 대신을 많이 죽였고, 간하는 것이 듣기 싫어 언관을 죽이고 귀양 보냈으며, 서모를 장살하고 여러 아우들을 귀양 보냈다.

당초 전비·녹수를 들여놓으면서부터 날이 갈수록 거기에

창덕궁 후원 애련지
ⓒ 국가유산포털

빠져들었고, 미모가 빼어난 창기를 궁 안으로 뽑아 들인 것이 처음
에는 백으로 셀 정도였으나, 마침내는 천·만으로 헤아리기에 이르
렀다. 기생을 고쳐 운평(運平)이라 하고, 대궐 내에 들인 자를 흥청
(興淸), 가까이에서 모시는 자를 지과(地科) 흥청, 임금의 꼼을 받은
자를 천과(天科) 흥청이라 하고, 각 지방에 설치한 운평에서 기녀들
을 뽑아 올리면 중앙의 여러 원(院)과 각(閣)에서 관리하였다.

호화고(護花庫)를 두어 음식을 공급하고, 보염서(補艷署)를
두어 의복과 화장품을 공급하고, 시혜청을 두어 영선을 감독하게
하되, 흥청의 생계는 1천인에게는 유기(鍮器)를 주고, 9천인에게는
잡기(雜器)를 주었는데, 팔도에 나누어 정하여 민간에서 징발하게
하였다. 또 채홍준체찰사(採紅駿體察使)라는 이름으로 경외 사대부
의 첩 및 양가의 아내와 딸, 공·사천이나 창기까지 샅샅이 수색하

게 하여 각(閣)·원(院)에 나누어 소속시켰다.

운평의 통간(通奸)은 이미 법으로 금지되어 있어서, 아이를 밴 이는 그 남편을 베고 아이는 생매장하게 하였다. 흥청이 입는 의복이나 단장에 드는 물건들을 처음에는 옛 남편에게서 징수하였고, 또 백성에게도 거둬들여서 백성들의 살림이 거의 탕진되었다.

항상 대궐 안에서의 연회에 사대부의 아내로서 들어가 참여하는 자는 모두 그 남편의 성명을 써서 옷깃에 붙이게 하고, 미모가 빼어난 이는 녹수를 시켜 머리 단장이 잘 안되었다고 핑계 대고 구석진 방으로 끌어들여 간통했는데, 혹 하루를 지난 뒤에 나오기도 하고, 궁중에 유숙하는 일도 자주 있었다. 월산대군 부인은 세자 양모라는 핑계로 항상 궁중에 머물게 하였고, 성종의 후궁 남씨도 대비의 이어소(移御所)에 있으면서 자못 총애를 입어 추한 소문이 바깥까지 퍼졌다.

부왕 성종이 기르던 사슴을 손수 쏘아 삶거나 구워서 먹었고, 인수대비가 죽자 하루를 한 달로 치는 역월제(易月制)로 27일 만에 탈상을 강요하였다. 또 기일 및 재계를 폐지하고, 국기일(國忌日)에도 평상시와 같이 풍악을 울리고 고기를 먹었으며, 정성근·이자화가 성종을 위해 3년 상을 행하였다 하여 죽이기까지 하였다.

도성에서 사방 100리 내에는 금표를 세워서 사냥 장소로 만들고, 금표 안에 들어오는 자는 논죄했다. 항상 단기(單騎)로 새벽과 밤을 가리지 않고 치달리고 왕래하였으며, 따로 응사군(鷹師軍) 1만여 명을 설치하여 사냥할 때는 항상 따라 다니게 하였다. 사직 북동에서 흥인문까지 인가를 모두 철거하여 표를 세우고, 인왕점에서 동쪽으로 타락산까지 석성을 쌓았다. 광주·양주·고양·양천·파

연산군이 세운 금표비(고양시 덕양구)
ⓒ 국가유산포털

주 등의 읍을 혁파하고 백성들을 모두 쫓아내어 내수사의 노비가 살게 하고, 혜화·흥인·광희·창의문들도 모두 폐쇄해 버렸다.

창덕궁 후원에 높이가 1백여 척이나 되는 누대를 쌓고, 이름을 서총대라 하였다. 그 위에는 1천여 명을 앉힐 만하였으며, 그 아래에는 못을 파고 곁에다 정자를 지었다. 또 창덕궁 후원에서 경복궁·경회루까지 임시 건물 3천여 간을 이어 짓고, 망원정 아래의 강물을 끌어들여 창의(彰義)의 수각(水閣) 아래까지 파서 통하게 하려고 도감으로 하여금 물길의 깊이·너비·고저를 측량하게 하고, 거기에 동원될 인부를 계산해 보니 50여만 명이나 되었는데, 다음해에 역사를 시작하려다가 미처 성취하지 못하였다. 부역은 과중하고 양식은 결핍하여 굶어 죽는 사람이 많아, 숭례문 밖에서 노량진 사이에 시체가 산더미처럼 쌓였다.

연산은 스스로 그 잘못을 알고 말하는 이가 있을까 두려워, 경연을 폐지하고 사간원·홍문관을 혁파했으며, 무릇 상소·상언(上言)·격고(擊鼓) 등의 일을 모두 금지하였다. 즉위 이후의 일기·사초에 만약 직언·당론이 있으면 모두 도려내고 삭제하게 했으며, 가장

연산군 묘(서울 도봉구 방학동)
ⓒ 국가유산포털

사초 또한 거둬들이게 하였고, 또 임금의 과실을 기록하지 못하게 하였으며, 겸춘추의 호칭을 모두 혁파하여 교사관(校史官)이라 일컬어, 즉위 뒤의 실록을 직접 찬집하게 하였다. 또 스스로 존숭하기를, 「헌천홍도경문위무(憲天弘道經文緯武)」라 하고는 하례를 받고 대사령을 선포하였다. 예로부터 난폭한 임금이 비록 많았으나, 연산과 같이 심한 자는 없었다.

　　이토록 폭군의 대명사로 알려진 연산군이었지만, 시인으로서의 자질과 재능은 뛰어났다. 중종반정으로 그가 남긴 시집이 불태워졌지만, 그가 지은 120 여 수의 시가 『연산군일기』에 남아 있다. 현존하는 그의 시는 거의 병적인 광태를 보인 집권후반기에 지어진 것이 대부분이다. 국문학 쪽에서 어떤 평가를 내리는지 알 수 없지만, 시인으로서의 소양은 잘 갖추어진 것으로 보인다. 감수성과 문장력이 뒷받침되어야만 가능한 시를 이렇듯 많이 남기고 있는 것에서 연산군의 또 다른 모습을 볼 수 있다는 점이 경이롭다.

연산군은 시를 지어 신하들에게 자주 내려 주곤 했는데, 『연산군일기』에 최초로 보이는 어제시(御製詩)는 그의 재위기간이 6년이나 지난 때였다. 승정원이 비록 좋은 곳이지만 명절을 만나도 쉬지 못하기 때문에 지금 분(盆) 하나를 내려주어 구경하게 하라는 말과 함께 사계화(四季花)와 어제시 한 수를 내린 것이다.

이슬 젖은 붉은 꽃 푸른 잎 속에 만발하여
향기 풍기는 누각은 남풍에 취하네
구경만 하라고 은대에 주는 것이 아니라
심심할 때 보니 천지조화 생각이 나누나

이런 사실을 놓고 본다면, 그가 폭군이 되었다는 사실을 믿을 수 없을 것 같은 느낌이다. 꽃 피고 새가 울며 눈 오는 낭만을 즐기어, 때마다 어제시를 가까이 있는 승지나 사관들에게 하사했고, 신하들도 시로 화답하는 아름다운 장면들을 연출하곤 했었다. 당시만 하더라도 사관들까지 아끼는 신하로 인식하였던 것으로 보이지만, 폭정의 도가 더해 갈수록 역사를 두려워하는 마음도 비례하여 커져 갔을 것이다.

집권 후반기에 갈수록 도를 더해 가는 타락과 패륜 상황들이 그의 시에서도 나타난다.

눈썹은 봄버들인 양 곱고
얼굴은 이슬 머금은 꽃송이처럼 아름답네
붉은 입술 속의 흰 이를 드러내어
능히 탕부들의 간장을 끊는구나

품물은 적을지라도 성질은 한결같은데
인정의 번복은 헤아리기가 어렵도다
윤필상·이세좌는 탐간 죄로 죽었으니
해를 사랑해 따르는 해바라기 부끄러우리

영화는 초방 벼슬은 은혜로 시작하여
소임이 승지니 총애가 번성하다 하겠네
순수한 뜻 돌려 도우려는 생각 싫어하지 마오
그르치면 면하기 어려워 그땐 패망하리

복숭아나무 가꿔 열매 둘이 열렸는데
하룻밤 광풍에 모두 떨어졌네
가꾼 은근한 공 허사로 돌아가니
무슨 일로 하늘은 이다지 무정한지

효(孝)와 의(義)를 다 가져야 선왕의 규범에 맞고
사(邪)에 끌려 교(巧)를 부리면 흠으로 친다
만약 오늘의 조의에 반대하는 자가 있다면
서릿발 같은 칼날 아래 죽음 면치 못하리

갈수록 포악성을 내보인 그의 시 세계가 끔찍하기도 하지만, 주로 7언 절구(絶句)가 많은 그의 시를 보노라면 타고난 재주가 참으로 아깝다.

여인과 폭군

연산군의 성질이 괴팍한 것이 어디에서 비롯된 것인지 모르겠다. 군왕 자리에 오른 지 얼마 지나지 않아서부터 몰래 암수 말을 후원으로 끌어들여 교접을 구경하는 괴벽도 보이고 있다. 구수영 같은 인물이 온갖 미희를 갖다 바쳐 난잡한 생활을 부추겼고, 임숭재·이계동 등을 각 지 채홍사로 보내 미녀와 좋은 말을 뽑게 하였는데, 법령이 가혹하여 조금만 늦추면 비록 수령이라도 곤장 맞기 일쑤였다. 그러하니 사람들이 두려워 처첩이라도 감히 숨기지 못하고, 원망하여 우는 소리가 고을을 진동했다.

연산군의 여성 편력이 노골화되는 것은 장녹수가 궁중에 들어 온 연산군 8년(1502) 이후였다. 원래 장녹수는 제안대군의 가비(家婢)였다. 영리하여 사람의 뜻을 잘 맞추었고, 집이 매우 가난하여 몸을 팔아서 생활을 했으므로 시집을 여러 번 갔다가, 제안대군 집에 일하던 종의 아내가 되어 아들 하나를 낳은 뒤 노래와 춤을 배워 창기가 되었다. 노래를 워낙 잘해 입술을 움직이지 않아도 소리가 맑아 들을 만하였으며, 나이가 서른이 지났는데도 얼굴은 16세 처녀와 같았다.

조선시대 궁중 잔치의 한 장면
ⓒ 국립중앙박물관

　　이 소문을 들은 연산군이 궁중으로 맞아들였는데, 총애함
이 날로 융성하여 종4품 숙원으로 봉했다가 빈의 자리까지 올렸다.
얼굴은 보통 정도를 넘지 못했으나, 교태와 요사스런 아양은 견줄
사람이 없어 연산군이 혹했다. 나라 창고 재물을 기울여 모두 그 집
으로 보냈고, 녹수의 환심을 사기 위해 하사한 노비·전답·가옥 또
한 이루 다 셀 수가 없었다. 왕을 조롱하기를 마치 어린아이 같이
하였고, 왕에게 욕하기를 마치 노예처럼 하였으나, 노했던 왕도 녹
수만 보면 웃었다 한다.

　　연산군의 난잡한 생활은 그의 큰어머니인 월산대군 부인
박씨와의 관계에서 극명하게 드러난다. 반정 직전인 연산 12년
(1506) 6월 절부·효부를 정려(旌閭)하는 차원에서 월산대군 처 박

씨를 승평부 대부인으로 삼았다는 실록의 기사 아래 다음과 같은 사론이 추가되어 있다.

【사신은 논한다. 박씨는 수십 년을 과거(寡居)하며 불교를 받들고 믿어 월산대군의 묘 곁에 흥복사(興福寺)를 세우고, 명복을 비느라 자주 그 절에 가므로 사람들이 혹 의심하기도 하였다. 왕이 박씨로 하여금 그 집에서 세자를 봉양하게 하다가 세자가 장성하여 경복궁에 들어와 거처하게 되면서, 왕이 박씨에게 특별히 명하여 세자를 입시(入侍)하게 하고는 드디어 간통을 한 다음 은으로 승평부 대부인이란 도서(圖書)를 만들어 주었다. 어느 날 밤 왕이 박씨와 함께 자다가 꿈에 월산대군을 보고는 내관으로 하여금 한 길이나 되는 철장(鐵杖)을 만들어 월산의 묘에 꽂게 하였는데, 이때 우뢰와 같은 소리가 들렸다.】

그로부터 한 달이 지난 7월 20일 박씨가 죽었다. 이때 사람들은 그녀가 왕에게 총애를 받아 연산의 씨를 잉태하자 약을 먹고 죽었다는 둥 말들이 많았다. 월산대군은 세조의 큰아들 의경세자의 맏아들이니, 아버지가 죽지만 않았다면 그 다음의 왕위 계승자였다. 하지만 의경세자가 일찍 죽어 숙부이던 예종이 왕위를 계승했고, 예종 또한 즉위한 지 1년 남짓 임기를 채우고는 승하하고 말았다. 한명회 딸이 예종에게 시집가 아들 하나를 보았으나 모자가 일찍 죽어 새로 맞은 안순왕후에게 아들이 태어났으니 제안대군이었

월산대군 사당
ⓒ 고양시청

월산대군이 34살로 생을 마감하자 무덤 근처 원찰로 흥복사를 건립했고, 후일 그
터에 사당을 세웠으니 숙종 19년(1693) 이전이었다. 현재의 사당은 정조 10년
(1786)에 새로 지은 것이다.

다. 당시 다섯 살에 불과했고, 그가 죽었을 때 '어리석어 남녀관계
일도 몰랐고, 날마다 풍류와 음식 대접하는 것을 일과로 삼았다.'는
사관의 평이 덧붙여진 것처럼 왕위를 이을 처지가 되지 못했다.

　　의경세자 장남인 월산대군이 왕위를 잇는 것이 당연한 순
서였지만, 세조 비 정희왕후가 월산의 동생 자산군에게 보위를 잇
게 했으니, 그가 성종이다. 종신토록 몸을 사리며 불우한 삶을 살았
던 월산대군이 죽자 그의 처 박씨는 고양 원당의 묘 곁에 흥복사라
는 절을 세워 명복을 빌었다. 연산군에게 원자가 태어나자 연산군
큰어머니였던 박씨에게 양육하게 했다. 궁 밖에서 기르던 관례에

따른 것인데, 이를 계기로 추문이 발생하게 되었다. 박씨 동생이던 박원종이 절치부심하여 폭군을 내쫓고 중종을 즉위시키는 반정을 성공시켰다.

　　연산군의 여성 편력은 누구라도 따를 자가 없을 정도다, 수많은 기생과 궁녀들을 두고서도 종친·대신들의 처를 가리지도 않았다. 연산군 11년 4월 12일, "정희왕후·안순왕후·소혜왕후·공혜왕후·제헌왕후·대비전 등의 어른들에게 다가오는 단오에 음식을 내려 잔치를 베풀어라."는 전교를 내리고 있는데, 그 내용 아래 덧붙인 사관 논평이 참으로 얄궂다.

> 【사신은 논한다. 왕의 음탕함이 날로 심하여, 매양 족친 및 선왕의 후궁들을 모아 왕이 친히 잔을 들어서 마시게 하며, 마음에 드는 사람이 있으면 문득 장녹수와 궁녀를 시켜 누구의 아내인지를 비밀히 알아보게 하여 외워 두었다가 이어 궁중에 묵게 하여 밤에 강제로 간음했으며, 낮에도 그랬다. 혹 4, 5일토록 나가지 못한 사람으로서, 좌의정 박숭질의 아내, 남천군 이쟁의 아내, 봉사 변성의 아내, 총곡수(叢谷守)의 아내, 참의 권인손의 아내, 승지 윤순의 아내, 생원 권필의 아내, 중추 홍백경의 아내 같은 이들이 다 추문이 있었다. 백경은 당양위 상의 아들이니 왕에게는 고종사촌형이 되는데, 백경이 죽고 과부로 살자 왕이 그의 아름다움을 듣고 드디어 간통하였다.】

남천군 이쟁은 세종의 다섯째 아들 광평대군 손자이다. 형제간에 재산 다툼으로 분쟁이 일자, 남천군 처 최씨가 골치 아픈 재산을 장녹수에게 뇌물 줌으로써 연산군과 가까워지게 되었다. 남천군 본성이 영리하지 못하고 술사(術士)의 요망한 말을 믿어, 집 동산의 모사(茅舍) 두어 칸을 지어 액막이로 삼았다. 중종반정 후 연산군과 관계했던 사대부가의 처첩들이 대간으로부터 탄핵 받아 직첩을 회수 당하고 문밖으로 쫓겨날 때 남천군 아들 문성정이 억울하다는 소송을 제기했는데, 이를 놓치지 않은 사관 논평은 민망하기 이를 데 없다.

【사신은 논한다. 문성의 어머니는 곧 남천군 아내인데, 폐조 때에 궁궐에 드나들어 추문이 많았다. 뒤에 대간이 청하여 도성에서 내쫓고 따라서 직첩을 빼앗았는데, 이때에 이르러 문성이 상언(上言)하고 이어서 승지에게 말하기를 '우리 어머니는 몸이 매우 비대하고 나이도 늙었는데 어찌 그런 일이 있었겠는가.' 하였으나, 문성이 나가자 승지가 말하기를 '연산군이 간통하기 좋아한 여인은 거의 비대하였다더라.' 하였다.】

연산군이 재위 11년 8월 25일에 어머니 폐비 윤씨를 존숭할 때, 대비나 왕비 족친과 백관들의 평상시 반열(班列)보다 배로 늘리되, 부녀자들에게는 반드시 이름을 써서 입계(入啓)하라는 하교를 내렸다. 이때 그 기사 아래에 사관이 덧붙인 평론은 다음과 같다.

폐비윤씨 태실(경북 예천군)
ⓒ국가유산포털

【사신은 논한다. 모든 대내에서의 잔치 때에는 왕이
그 이름을 쓴 단자를 상고하여 아무의 아내가 아무개
라는 것을 잘 알아두었다가 익히 보고서, 마음에 맞
는 자는 모두 간통하니, 바깥 사람으로서 조금이라
도 지식이 있는 자는 아내를 숨기고 병을 핑계하여
들여보내지 않았는데, 왕이 이를 알고 속으로 넌지
시 해칠 뜻을 가졌다. 박숭질의 아내 정씨가 나이 젊
고 얼굴이 아름다워서 왕이 가장 총애했다. 정씨는
본디 족친이 아닌데도 자주 궁에 들어가 열흘이 지나
서야 나오곤 했다. 왕이 이르기를 '박정승이 늙어 쇠
약하므로 그 아내가 나를 사모한다.' 하였으며, 정씨

가 총애 받은 뒤로는 날마다 단장하여 규방에 틀어박
혀 있지 않고, 대궐을 바라보며 크게 탄식하였다. 박
정승이 이를 알고 원통하기는 하였으나, 그 해가 미
칠 것을 두려워하고 또 기운이 쇠약하여 감히 막지를
못하였다.】

박숭질은 본관이 반남이자 우의정을 지낸 은(皆)의 손자였
으니, 명문가 자손이었다. 세조 3년(1457) 문과를 거쳐 성종 때에는
대사헌과 판서를 역임했고, 연산군 즉위 후에도 정승을 지낸 인물
이다. 중종 2년(1507) 박숭질이 죽자 그의 졸기에 덧붙여진 사론도
추문을 비켜가지 못했다.

【사신은 논한다. 박숭질은 본래 청렴하고 간소함으
로 이름이 드러났다. 그러나 사민순찰사(徙民巡察
使)가 되어 삼도를 두루 순력하면서, 뇌물을 함부로
받아 재물만 있으면 이주를 면하게 해주었으므로 그
때 사람들이 침을 뱉았다. 정승이 되어서는 폐주가
그의 아내를 간음하고 해칠 뜻을 품으니, 그 기미를
알고 일부러 말에서 떨어져 다쳐 마침내 정승 직을
사면하였으니, 이로 화를 면하고 천수를 다하게 되
었다.】

박숭질이 사민순찰사가 된 것은 연산군 재위 8년이었다. 남
도 사람들을 새로 개척한 함경도와 평안도에 강제 이주시키는 책임

자로 있으면서 뇌물을 챙겼고, 좌의정으로 있으면서 일부러 말에서 떨어져 3개월 동안 등청하지 않아 추국 받은 사실을 졸기에 덧붙여진 사론으로 실은 것이다. 반정 후 얼마 있다가 죽었으니, 처의 행실로 인한 탄핵은 피한 셈이 되었다. 그런데 윤순은 그의 처 행실이 문제가 되어 여러 차례 대간 탄핵을 받게 되었다. 중종 8년(1513) 사헌부에서 윤순의 파직을 요청하는 내용에 덧붙여진 사론은 다음과 같다.

【사신은 논한다. 윤순은 단아하여 속되지는 않으나 뛰어나게 현능하지도 못하다. 그의 아내 구씨가 자색이 있어 연산조 때 여러 번 내연에 들어가 추문이 있었다. 반정 후에도 구씨를 여전히 대우하여 조금도 변하는 뜻이 없으므로 사람들이 매우 더럽게 생각하였는데, 이에 이르러 이와 같은 아룀이 있었다.】

중종 재위 12년에 가서 한성 판윤 윤순은 여러 번 사직을 청하고 있는데, 연산군 시절 추문에 대한 죄를 묻는다는 소문이 파다했기 때문이다. 결국 남천군·박숭질·홍백경·윤순의 처가 관작 삭탈되어 문밖으로 쫓겨났다가 후일 사면되었다.

홍백경은 당양위 홍상의 아들이다. 성종 누이가 홍상에게 시집갔으니, 연산군에게는 고모부이다. 덕종 부마였던 홍상이 일찍이 사복시제조가 되었는데, 사복시란 말과 목장을 관장하는 곳이다. 연산군은 아버지 상 중에도 좋은 말을 후원에 들여, 달리고 활쏘며 칼춤을 추었다. 암수의 말들을 들여다 교음(交淫)하는 것을 보며 소일하므로, 소문이 밖으로 퍼졌다. 대간에서 이를 그르다고 아뢴 자가 있었는데, 그 소문이 홍상에게서 나온 것이라 여겨 매질한 후 제주로 귀양 보냈던 것이 갑자년 봄이었다. 중종반정으로 복직된 홍상이 얼마 후 죽었는데, 좌상 아들로 부귀하게 생장했으나 교만한 태도를 보인 적이 없었다고 할 정도로 숭상 받던 인물이었다. 그러함에도 그의 며느리에 관한 추문까지 막지 못했으니, 안타까운 일이다.

폭군의 두 스승

조선시대 세자 교육을 맡은 세자시강원에는 종3품 보덕(輔德)과 정4품 필선(弼善)의 선생을 두었다. 연산군이 세자로 있을 때 서연관은 보덕 조지서와 필선 허침이었다. 문신 중에서 특별히 뛰어난 자를 뽑아 세자 교육을 맡긴 것이다. 세자 시절 연산군은 날마다 유희만 일삼고 학문에 마음을 두지 않았다.

성질이 곧기로 이름 난 조지서는 세자의 잘못을 용납하지 않았다. 성심으로 지도하고 타이르다가 세자 앞에서 책을 집어던지며 호되게 꾸중했으니, 연산군은 그를 매우 싫어했다. 이에 비해 허침은 항상 부드러운 말씨로 조용하게 깨우쳐 주므로 연산군이 잘 따랐다. 연산군이 하루는 벽에다 "조모는 큰 소인이고, 허침은 대성인이다."라고 써 붙였으니, 이를 본 이들은 조지서가 앞으로 큰 위험이 닥칠 것이라 걱정했다.

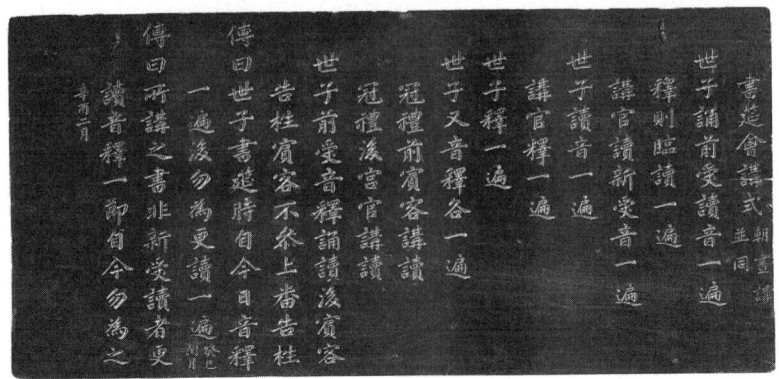

서연회강식
ⓒ 국립고궁박물관

왕세자가 매달 2회 교육 정도를 평가받는 회강(會講)에 관한 규칙을 적은 현판으로 서연(書筵)에 걸었던 것으로 보이나 제작시기는 미상이다.

조지서는 고향과 가까운 창원부사를 청해 내려가 백성들을 살찌우는 목민의 업무를 다하다가 지리산으로 들어가 지족정(知足亭)이라는 정자를 짓고 청아하게 살았다. 그러나 갑사사화가 일어나자, 결국 그를 처형하여 시체를 강물에다 버리고 가산마저 적몰했다.

이에 반해 허침은 승승장구하여 우의정까지 올라 잘못된 것을 바로 잡지는 못했으나, 죄수를 논죄할 적에 구원하여 살린 사람이 많았다. 매양 집에 돌아오면 피를 두어 되 가량 토하더니, 답답한 분을 참지 못하고 죽고 말았다.

조지서나 허침 둘 다 참 스승의 모습을 보여 주는 것이나, 그 방법은 각기 달랐던 것이다. 보위에 오를 세자를 교육한다는 것은, 어느 누구를 교육한다는 것보다 어려운 일이 아닐 수 없다. 죽음

숙종사제문비(肅宗賜祭文碑 : 진주 장흥리)
ⓒ 국가유산포털

숙종 임금이 조지서를 추모하여 내린 제문을 기념하여 세운 비각이다.

을 마다 않고 따끔하게 충고하는 스승의 모습을 보인 조지서는 간관 형 스승이었고, 매사에 온화하게 대해주고 감싸주는 허침의 모습은 자애를 앞세운 어머니 형 스승이었다.

　　　이러한 모습은 폭군을 길렀다는 자책감을 나타내는 것에서도 상반되게 나타난다. 조지서는 직접 상소를 올려 그 심정을 토로하다 미운 털이 박혀 하옥 되곤 했지만, 허침은 그것이 불가능하다는 것을 짐작하고 옆에서 간접적으로 도우면서 내면으로 삭이다 결국 죽었던 것이다.

폐주를 섬겼던 신하들

중종반정이 일어나던 날 밤 연산군이 있던 궁을 반정군들이 에워쌌고, 이를 알아차린 시신들도 모두 질린 모습으로 서로 쳐다보고 있었다. 연산군 곁에서 입직하던 승지는 변을 엿보겠다고 속여 달아나 버렸다. 다급했던 연산군은 남아 있던 승지 옷을 부여잡고 늘어졌지만, 뿌리치고 도망간 자까지 생겨났다.

중종 임금 재위 9년이 지나서야 이런 문제가 법도에 어긋난다는 목소리가 나오기 시작했다. 당시는 민심이 이반되어 있던 분

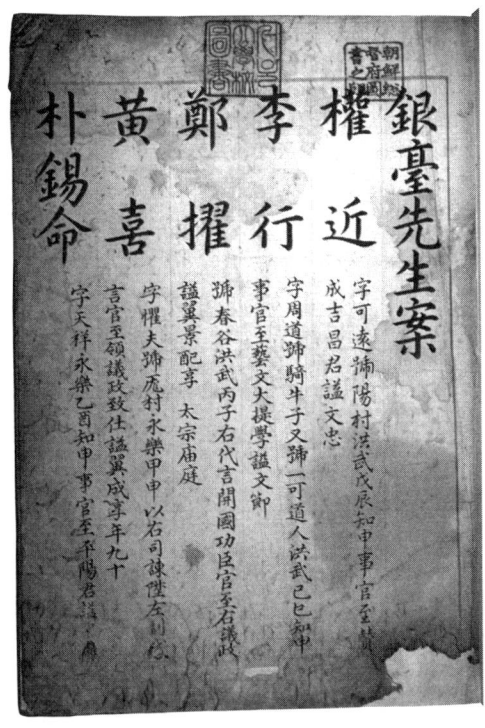

『은대선생안』
ⓒ한국학중앙연구원

은대(銀臺)는 승정원 별칭이며, 조선 초기 승정원 설립 이래 역대 승지 역임자 명단을 정리한 책이다.

위기라 사절(死節)까지 요구할 수는 없지만, 임금을 속이고 달아난 것이 군신의 도를 저버린 행위라는 것이었다. 승지 조계형은 반정하던 날 밤에 수채 구멍으로 빠져나가 팔을 걷어붙이며 큰 소리로, '나라에 이 같은 일이 있으면 승지가 으레 먼저 공신이 되어야 한다.'라고 외치니, 듣는 이들이 모두 비웃었다.

인군을 모시던 승지들이 군신의 도를 저버렸다는 논란이 거세게 일자, 영사 송일이 적극 변명하고 나섰다.

> 승지들이 변고를 듣고 차츰 도망갔으니, 만약 대의로 책한다면 그 죄는 참형에 처해야 마땅합니다. 그러나 옛사람이 말하기를 '한 사람의 필부인 주(紂)를 죽였다는 말은 들었어도 임금을 죽였다는 말은 듣지 못하였다.'고 했으니, 폐주로 보면 거의 주보다 더하였으므로, 그때의 사람들은 모두 임금이 있는 것으로 생각하지 않았습니다.

송일의 논리는 그럴 듯했다. 하지만, 그 역시 연산군을 보좌하던 승지를 거쳐 판서에 이르기까지 총애를 극진히 받았던 인물이었다. 도망간 승지들과 동병상련이었으니, 이에 대해 사관은 다음과 같이 적어내려 갔다.

> 【사신은 논한다. 송일은 폐조에서 고관대작이 되었으니 역시 폐조의 신하인데, 변고를 듣고는 배반하여 붙었다. 임금을 배반한 죄로 논하면 제일 먼저 참

하여야 마땅한데, 뻔뻔스레 부끄러워하지 않고 억지로 말을 꾸며서 모두가 쳐다보는 지위에 있으면서 하늘을 속이는 죄를 졌으니, 자못 개·돼지만한 부끄러움도 없다.】

정국공신으로 책봉된 자들은 점차 명분을 잃어가고 있었다. 반정 초기에는 모든 정권을 장악하고 있어 별 탈이 없었으나, 신진 세력들이 등장하여 공신들의 문제점을 제기하고 나섰다. 도망간 승지들이 도랑으로 빠져 나갔는데도 도리어 공신이 되었으니, 당연히 문제 삼을 수밖에 없는 상황이었다.

조선 건국기의 혼란 상황으로 공신들이 자주 책봉되었지만, 이번처럼 숫자가 많은 경우가 없었다. 부자 형제는 물론이요, 별반 공도 없는 친인척들이 녹공되었는가 하면, 전혀 공을 세우지 못한 자들까지 끼여 있었으니, 조광조를 비롯한 신진세력들이 위훈 (偽勳) 삭제를 들고 나온 것은 당연했다.

이 논의 과정에서 송일이 끝까지 공신들을 두둔하는 발언으로 일관하자, 실록 편집자들은 여기에 사론을 하나 덧붙였다. "송일이 스스로 삭훈될 것을 의심하여 말이 매우 무리하였으므로 식자들이 더럽게 여겼다."라고 적은 것이다. 결국 그는 공신 호를 추탈당하고 말았다. 연산군 시절 승지·관찰사·판서를 거쳐 중종반정 때 3등 공신으로 책봉된 후 승승장구하여 정승에까지 올랐던 인물이다. 영의정까지 올랐지만, 무능하고 탐욕스럽다는 대간의 탄핵을 자주 받았으니, 사관들의 평가가 위에서 보듯이 심한 폄론으로 나타날 수밖에 없었다.

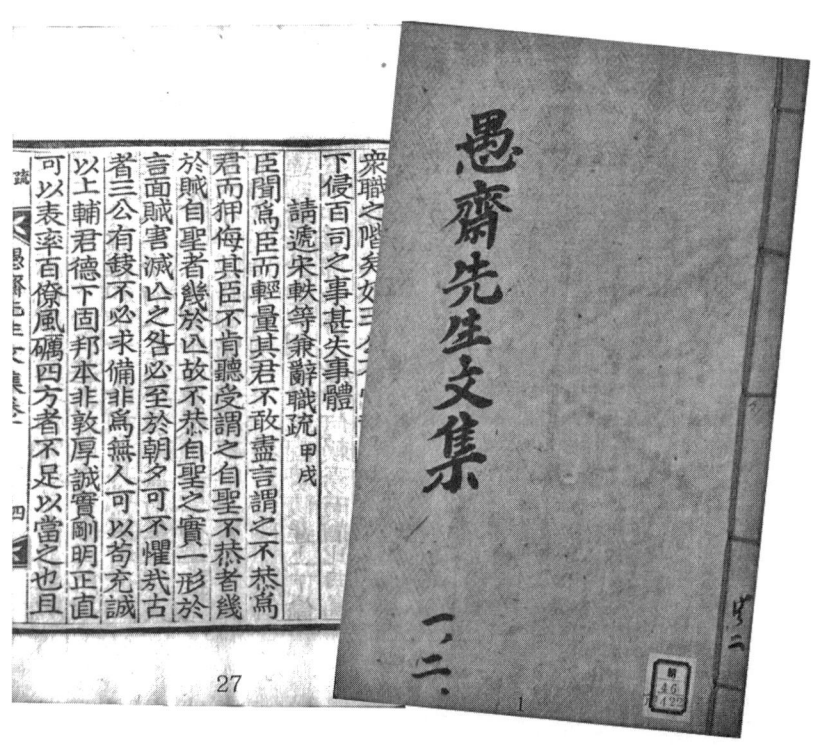

손중돈의 『우재문집』
ⓒ 국립중앙도서관

송일·홍숙·윤순 등을 파직시키고 훌륭한 인재를 등용해야 한다는 「청정별현우
소(請旌別賢愚疏)」 상소문과 송일 등의 탄핵을 청원하는 「청체송질등겸사직소
(請遞宋軼等兼辭職疏)」 상소문이 실려 있다.

유순은 문화 유씨 사공의 아들로, 세조 8년(1462) 식년 문
과에 합격하여 여러 관직을 거쳐 연산군 때 영의정까지 지낸 인물
이다. 시문에도 능했던 그는 중종반정 때 2등 공신으로 문성부원군
에 봉해졌지만, 연산군 시절 중신이었다는 이유로 잠시 파직되었다
가 다시 영의정으로 복귀한 인물이다.

중종 6년(1511) 횡경문난(橫經問難)을 실시하려 하자 유순은 늙어 기력이 쇠한 관계로 입참을 제외해 달라고 임금께 아뢰었다. 횡경문난이란 임금이 경서를 펴놓고 어려운 뜻을 묻는 의식이다. 원래 횡경이란 글자 그대로 선비가 책을 옆에 끼고 다니며 수업하는 의미이나, 여기에서는 임금이 행하는 절차를 말한다.

원래 횡경문난은 호학의 군주인 성종 때부터 실시된 것으로 보인다. 연산군 때에도 이를 실시하려 하자, 그는 군주가 직접 하문하는 것이 싫어 폐하려 한 적이 있었다. 이에 원로대신들이 신진에게 경서를 묻는 절차로 정하고, 군왕은 참석하여 듣기만 하는 것으로 변질되었던 것 같다. 그 후 중종이 즉위한 후 횡경문난에 관한 절차와 의식을 정하여, 2품 이상의 원로대신들을 시강관으로 선발하였고, 이와 함께 특별 과거 시험인 별시도 함께 치루어 인재들도 선발하였던 것이다.

이때 사관들이 덧붙인 유순에 관한 논평을 한번 보기로 하자.

유순 묘비(남양주 진접 팔야리)
ⓒ 장득진

【사신은 논한다. 유순이 연산조에 수상이 되어 나라의 경중이 달렸었는데도, 연산의 살륙 종음(縱淫)으로 친소가 모두 이반하여 종사가 위태롭게 되는 것을 앉아서 보기만 하고 한 마디 말로 광구하지 못하며, 하문이 있을 때마다 문득 '지당하옵니다.'로 대답하여, 세상 사람들이 '지당재상'이라 하였다. 그리고 반정하던 날에는 창황망조하여 어찌할 것을 몰라 했는데, 그 아들 응룡이 억지로 일으켜 군문으로 나오니, 땀이 흘러 등을 적시고 머리를 조아려 사죄하며 다만 자진(自盡)할 수 있게 하여 주기를 애걸하였다. 이때 심신이 모두 상실되어 굳어진 한갓 고기 덩어리였는데, 요행히 삼대장(三大將 ; 박원종, 유순정, 성희안)의 죽이지 않는 은혜를 힘입어, 머리를 보전할 수 있게 되었다. 그런데 또 다시 그 이름이 훈적(勳籍)에 들고 재차 수상이 되니, 풍도(馮道) 후에 다시 이 사람이 있는 것이다. 횡경문난은 국가의 성대한 일인데, 이런 사람을 원로대신으로 지목하여 입시에 참여하게 하려 하니, 또한 부끄럽기도 심한 일이었다.】

풍도란 중국 오대 시절의 재상이름이다. 처음 연왕 유수광 밑에서 벼슬하였다가 진·요·한·주나라 등의 왕조 흥망에 따라 다니면서 벼슬하여 20년간이나 정승의 자리를 지킨 인물이었다. 따라서 왕명을 거역하지 않고 비위를 맞춰 오래도록 자리를 보전한 대표적인 인물로 지목하여 유순을 풍도에 비유하였던 것이다.

연산군 9년(1503) 유순을 우의정에 삼자, 이에 대한 사관의 평론에는 "조심성이 많아 모든 일을 자기 혼자 처리하지 않고 남에게 미루었으므로 처음부터 끝까지 실패한 일이 없었다. 기절과 결단성 없이 남의 비위만 맞추었으며, 성질이 또 욕심 많고 비루하여 재산을 많이 모아 그 집을 넉넉하게 했다. 이조 판서가 되어서는 공공연하게 뇌물을 받아 꺼림이 없었고, 여러 해 동안 재상이 되었으면서도 일찍이 한 가지 일을 건백(建白)하고 한 마디 말을 발의하여 공론을 부식(扶植)한 일이 없었으며, 날마다 왕에게 아첨하고 기쁘게 함으로써 총애와 녹봉을 굳혔으므로 그때 사람들이, '향원노적(鄕愿老賊)'이라고 했다. 이때에 왕이 마음대로 주색에 빠지려고 했으나, 대신들을 두려워하여 감히 일을 벌이지 못했으므로, 먼저 반대하는 자들을 제거하고 또 자기의 뜻에 순종하는 사람을 얻으려고 했는데, 유순이 기개가 없어 제어하기 쉬운 줄을 알고 특별히 정승으로 삼았다."라고 기록하고 있다.

이어 그는 좌의정을 거쳐 영의정에 올랐다. 그러나 이렇듯 수상의 자리에 있으면서도 남을 따르기만 일삼았기에, 반정하던 날 저녁에 3대장(박원종·유순정·성희안)이 사람을 시켜 뜻을 알리니, 유순은 겁이 나 알아차리지도 못하고, 다만 "박공이 임금이 되는가? 유공이 임금이 되는가?" 하다가 두세 차례 알려 준 연후에야 알아차렸다는 것이다.

반정이 일어나던 날 밤 연산군의 비위를 잘 맞추던 도승지 강혼은 반정군의 처벌자 명단에 들었던 자였다. 그는 시간을 새벽으로 잘못 알고 임금을 모시기 위해 대궐로 들어가다 마침 유순을 만나 반정군이 있는 곳으로 따라 갔다. 이를 본 박원종이 죽여야 할 자를 왜 데리고 왔느냐고 버럭 성을 냈던 것이다. 이를 듣고 있던 유순과 강혼의 등줄기에서 식은땀이 흘렀으나, 옆에 있던 유순정이 마침 일을 기록할 서기가 없다는 이유로 구원하니, 팔을 걷어붙이고 붓을 잡았다는 것이다. 이리하여 강혼은 3등 공신으로 책봉되어 진천군으로 봉해졌고, 이후로는 유순을 마치 부모 섬기듯 하여 조금도 게을리 함이 없었다 한다.

　　　연산군은 가까이 있던 승지 강혼에게 시를 자주 내렸다. 문장으로 이름 높았던 강혼도 이에 화답하는 시를 종종 올렸다. 그런데 수많은 어제시를 내려 신하와 화답한 것이 많았으련만, 유독 시

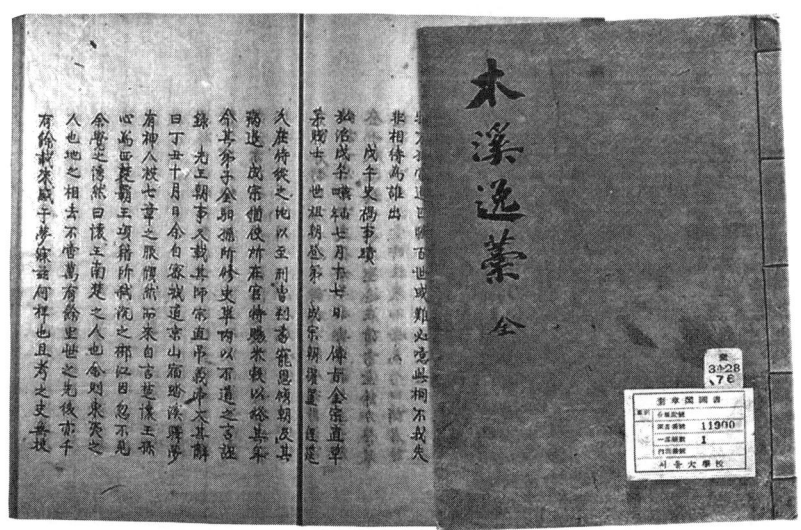

강혼 문집 『목계일고』
ⓒ 한국학중앙연구원
2권 1책 필사본으로 규장각에 소장되어 있다. 권2의 부록 편에 홍귀달·김일손 등의 증시(贈詩), 무오사화사적(戊午史禍事蹟) 등이 수록되어 있다.

구 하나가 사관들의 눈을 아주 거슬리게 했던 모양이다.

　강혼에게 시 한 수를 내리자 즉시 화답하는 시를 올렸고, 강혼의 화답시 문구를 따서 연산군은 재차 화답시를 내렸다.

　구슬 같은 <u>화월</u> 시구를 잊기가 어렵노니
　생가를 들을 적엔 이내 마음 경에게로
　고요한 주루에 야경이 맑기도 한데
　호탕한 이내 심정 어느 누가 위로할까

　이를 받아든 강혼은 "전일 화답해 올린 시에 '화월로 임금 마음 비치고 싶네[願將花月照宸懷]'라고 한 구절을 성상께서 심중에 유념하고 계시니, 감격스러운 마음 한이 없습니다."라고 아부한 것이다. 평소 강혼을 못마땅하게 여기던 사관은 사초에다 평을 하여 휘갈기기 시작했다.

　【사신은 논한다. 강혼은 젊어서 배우기를 좋아하고 글짓기를 잘하였으며, 성격이 명랑하고 몸가짐이 구차하지 아니하여, 평소에 사림의 중시하는 바 되었었다. 왕이 그의 글 잘함을 알고 발탁하여 승지를 삼았는데, 무릇 명하는 일에 모두 뜻에 맞추었다. 이러므로 총애가 더욱 높아져 김감(金勘)과 대등하였고, 반년이 채 못되어 1품에 올랐다. 왕이 여색에 빠지면서는 모든 음탕한 글과 여총(女寵)에 관한 것을 반드시 강혼에게 짓게 하므로, 강혼은 고금의 일을 인용

하고 심력을 다해 왕의 비위를 맞추는 데 전력하니,
사람들이 조롱하여 더러는 강총(江摠)의 압객(狎客)
에 비유하기도 했다.】

이 내용을 앞의 어제시에 따라 나오는 강혼의 기사 다음에
사론(史論)으로 실은 것이다. 따라서 누가 작성한 것인지 알 수는 없
으나, 사초 내용을 실록 편찬 당시 그대로 옮겨 놓았음을 알 수 있
다. 아부 잘하는 강혼을 중국 진나라의 강총에 비유한 것이다.

강총은 중국 진나라 신하로 벼슬이 복야 상서령에 올랐던
인물이다. 문장과 시문을 잘하며, 특히 오언·칠언시에 능했다. 그는
정무는 돌보지 않은 채 후원(後苑)에서 후주(後主)를 모시고 여색에
빠져 색정시(色情詩)를 지어 바친 것으로 유명한 인물이었다.

그 후 강혼은 중종 반정공신 반열에 올라 도승지·대제학·
판서를 거치면서 변신에 성공했지만, 항상 젊은 간관의 탄핵 표적
이 되는 수모를 겪어야 하는 신세가 되기도 한다. 그는 또 춘추관
겸지춘추관사를 역임하기도 했지만, 후배 사관들은 추호도 그를 용
서하지 않았다. 『연산군일기』뿐만 아니라 『중종실록』에서도 그에
대한 비판적인 사론은 여전하다. 그 중에서 간단한 하나를 소개하
면 다음과 같다.

【사신은 논한다. 강혼은 글줄이나 아름답게 꾸며 가
지고 폐주(廢主)의 총애를 받다가 한때에 기롱을 받
았다. 그 소행이 이 지경이었으니 다른 것은 볼 것이
없다.】

대제학 강혼 묘역(진주 전성면 동산리)
ⓒ 장득진

그는 한때 중종의 배려로 고향인 경상도 관찰사로 내려갔다 오기도 했으나, 그에 대한 탄핵은 끊일 줄 몰랐다. 서울시장에 해당하는 한성판윤에 제수되자 사직을 청했지만, 그 순간도 대간들의 탄핵이 두려워 사직을 청했다고 사관들은 기록하고 있다. 신용개가당대 문사들 중에서 자기 앞에 남곤과 강혼을 세우는 것은 용납할수 있지만, 그 밖에 누구도 자기를 앞설 수 없을 것이라 자부했듯이, 남곤과 강혼은 당대의 대 문장가였다. 그러나 둘 다 선비들에게 추앙 받지 못한 결과를 낳았음이 안타깝다.

연산군 때 이조판서를 역임한 성준의 애첩 이름이 이덕이었다. 성준이 연산군에게 병조판서를 사임하자, 전교를 내려 사직을 하지 말도록 권유하였고, 이 자리에서 당시 사관이 덧 붙였던 세

평을 한번 엿보기로 하자

【사신은 논한다. 성준이 이덕(李德)이란 첩을 가졌는
데, 이조판서로 있을 적에 벼슬을 구하는 자들이 주
로 이덕을 인연하여 뇌물을 주고 거래하므로, 어떤
사람이 벽에 써 붙이기를, '이조판서 이덕'이라 하였
으며, 성준이 병조판서가 되어서도 뇌물 거래가 여
전히 줄지 않았다.】

조선 말기 안동김씨 세도가 극에 달했을 때 장안에서 내노
라하는 세도가는 단연 김좌근이었다. 그에게는 나합이라는 기생첩
이 있었다. 합(閤)이란 정승에게만 붙일 수 있는 높임말이었고, 그
애첩이 나주출신이어서 나합으로 불려 진 것이다. 김좌근의 권력을
이용한 나합이 활개 쳤으니, 지방 군수 자리라도 하나 얻으려면 나
합에게 뇌물만 먹여야 가능했다. 그 집 앞에는 뇌물 들고 엽관운동
을 벌이는 자들로 문전성시를 이루었으니, 동서고금을 막론하고 성
행했던 뇌물로 시끄럽기 마련이다.

3
사관 눈에 비친 다양한 인물

세조 측근 신숙주와 홍윤성

당대 최고의 학자이자 정치가로 이름 날렸던 신숙주였건만, 후대에 성삼문을 비롯한 사육신들이 충신으로 대접 받으면서 변절자로 낙인찍히는 신세가 되고 말았다. 오죽했으면 숙주나물까지 연결시킨 억측과 오해들이 난무했겠는가?

궁중 안에서 경연을 마치고 사관들까지 물러간 상황에서 홀로 남은 신숙주가 임금에게 부당한 청탁을 올린 일이 있었지만, 매의 눈을 가진 사관들 또한 이를 놓칠 리 없었다.

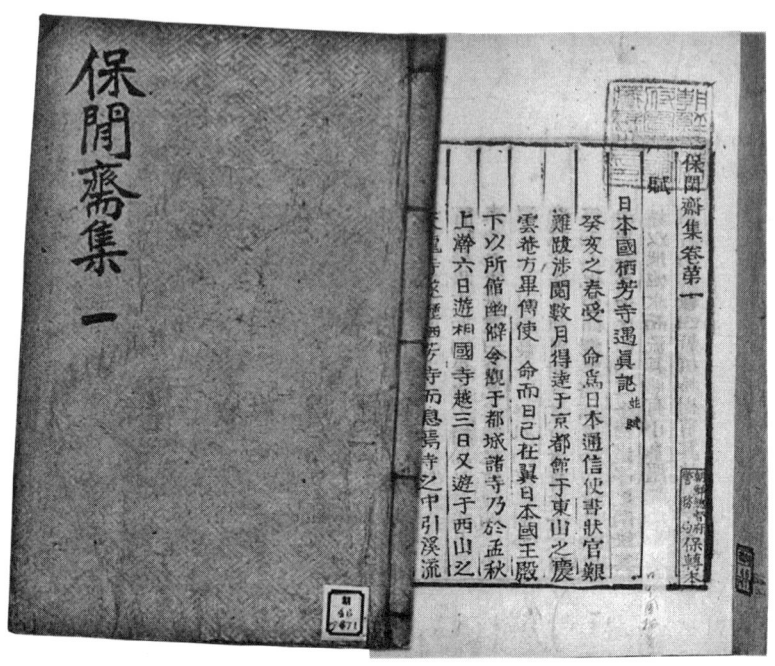

신숙주 문집 『보한재집』
ⓒ 한국학중앙연구원

17권 4책의 목판본으로 규장각 등에 소장되어 있다. 변절자로 지탄 받았던 저자의
근신·권학을 내세운 면이 크지만, 유실된 시문이 많아 소루함을 면치 못하다는
평을 받는다.

【사신이 말하기를, "이날 경연의 여러 신하들은 모두
나가고 신숙주만 홀로 남아서 아뢰고 사관은 듣지 못
하였다. 대저 김이정은 신숙주에게 족친이 되어 지
평·정랑의 자리에 이르렀었는데, 이제 장차 장신(杖
訊)하려고 하기 때문에 신숙주가 김이정이 장죄(贓
罪)에 처해 질 것을 염려하여 이 밀계(密啓)가 있었

다. 성상의 밝음이 아니었다면 능히 의심이 없었을
것인가?" 하였다.】

　위의 내용은 『성종실록』에 나타나는 수많은 사론(史論) 중
에 하나다. 사론은 실록을 편찬할 때 사초를 근거로 사건이나 인물
에 대한 평가를 첨부한 것이 주 내용이다. 주로 군왕이나 대신들의
인물평이 많기 때문에 섬뜩한 느낌까지 들게 할 때도 있다.
　　당시 신숙주는 영의정이자 원상으로 어린 주상을 돕고 있
었다. 원상이란 어린 성종의 치정을 돕기 위해 원로대신들로 구성
한 당시의 한시적이고 특수한 제도였다. 그런데, 신숙주의 족친인

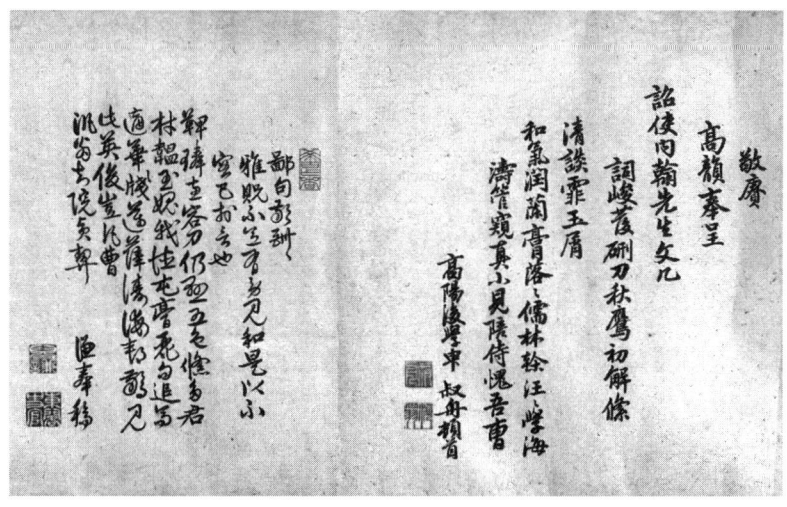

봉사조선창화시권
ⓒ국립중앙박물관

명나라 사신 예겸(倪謙)과 집현전 학사 성삼문 신숙주 정인지 등이 나눈 창화 시
권 중에 부분도

형조정랑 김이정이 국가 소속 노비를 개인 사노비로 부려먹고, 가포(價布)를 거두어 사사로이 썼다는 사헌부 탄핵을 받았다.

이는 자칫 김이정 죄명이 장안(贓案)에 오를 수도 있어, 구명 운동이 시급했음을 보여준다. 요즘이야 어지간한 뇌물과 독직 사건은 떡값으로 처리를 해주고 있는 세상이다. 그러나 조선 시대에는 장리(贓吏) 명부인 장안에 올랐다 하면, 자손들까지 관직에 나아가지 못하는 등 가혹하게 다스리던 것이 당시의 법이었다. 사정이 이러하니 신숙주로서는 장리라는 멍에만은 벗겨주려고 이런 구명 운동을 벌이다가, 그의 이름에 오점 하나를 추가하고 말았다.

사간원과 사헌부가 매일같이 김이정을 장리죄로 다스려야 한다는 직간을 올렸고, 그때마다 성종은 재가 하지 않고 고신(告身 : 임명장)만 빼앗는 것으로 마무리했다. 그 고신이야 나중에 되돌려 주면 그만 아닌가. 신숙주 영향력이 미쳤음을 보여주기도 한다.

신숙주와 같이 홀로 남아 적절치 못한 행위를 표현할 때 「장하유신(仗下留申)」이란 말을 썼다. 성종 때 경연관 이승소가 "옛 말에 '장하유신(仗下留申)'이란 말이 있는데, 권신이 장하(仗下)에서 여러 신하가 다 나가기를 기다려, 홀로 머물면서 사사로운 사정을 아뢴다는 뜻입니다."라고 한 것이 그것이다. 국어사전에는 어떻게 풀이하나 궁금하여 뒤적거려 보았지만 찾을 수가 없다. 어디서 유래된 고사성어인지 지금까지 확인하지 못하고 있지만, 남모르게 하는 청탁을 빗댄 재미있는 말이 아닐 수 없다.

홍윤성은 우리에게 매우 친숙한 인물이다. 드라마에서 희화한 모습으로 자주 접하는 인물 중에 하나이기 때문일 것이다. 대체로 부정적인 인물로 그려진 것이 대부분이지만, 실제 실록에는 어떻게 기록되어 있을까? 영의정까지 지낸 그가 죽자, 『성종실록』에서는 그 인물됨을 자세하게 묘사한 졸기(卒記)가 첨부되어 있다.

인산부원군 홍윤성이 졸하니, 철조(輟朝 : 애도 기간 동안 정사를 보지 않는 것)·조제(弔祭)·예장(禮葬)하기를 예와 같이 하였다. 홍윤성의 자는 수옹이니, 회인현 사람이다. 경태 경오년(1450)에 문과에 급제하여 승문원부정자가 되었고, 무재가 있다 하여 특별히 사복을 겸하였다. 신미년(문종 1)에 한성참군을 뛰어 배수하고, 통례문 봉례랑·사복 주부를 역임하였으며, 세조가 잠저에 있을 때, 문종이 명하여 진서

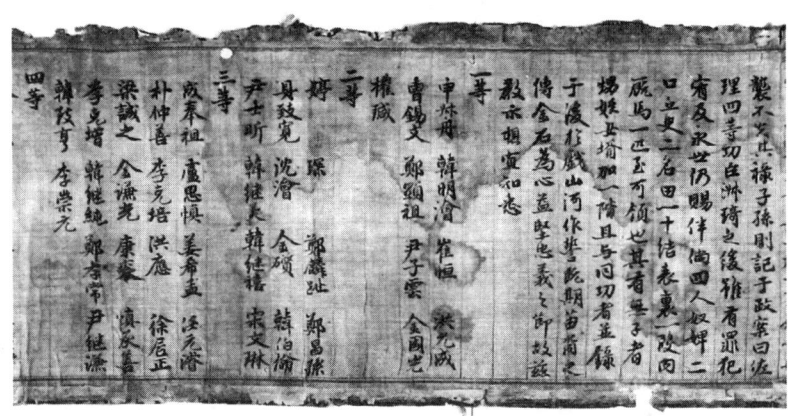

좌리공신 녹권
ⓒ 한국학중앙연구원

성종 2년(1471) 신숙주와 한명회 홍윤성 등이 보필을 잘했다는 이유로 1등 공신으로 책봉되었으니, 훈신들의 정치적 지위가 더욱 높아져 훈구파 핵심세력이 되었다.

(陣書)를 찬하게 하니, 홍윤성은 낭좌로 참여하였다. 문종이 승하하자 세조는 주상이 젊으므로 나라가 위태함을 근심하였는데, 홍윤성을 보고는 기이하게 여기어 은미한 뜻을 나타내니, 홍윤성이 제일 먼저 권남에게 천거되었다. 계유년에 세조가 정난하여서는 수충협책정난공신(輸忠協策靖難功臣)의 호를 내려 주고, 사복시 판관으로 승직하였으며, 갑술년에 소윤에 오르고 얼마 있다가 사헌 장령으로 옮겼다. 을해년에 판사복시사가 되었다가 세조가 즉위하니, 통정대부 예조 참의를 제수하고, 또 좌익공신의 호를 내려 주었다. 병자년에 가선 대부 참판으로 올라, 인산군을 봉하였고, 얼마 후 병조에 천직하였다가 또 가정대부에 올라 다시 예조에 제배되었다. 천순 정축년에 자헌대부 판서에 오르고, 이 해에 모친상을 당하였는데, 기복하여 경상우도 도절제사를 삼았다. 기묘년에 다시 예조판서에 제배되었고, 경진년에 정헌대부를 더하였다. 당시에 모련위 낭보군이 반란하니, 세조께서 신숙주를 장수로 삼고, 홍윤성을 부장으로 삼아 토벌하게 하였으며, 돌아오자 숭정대부를 더하였다. 갑신년에 인산군 겸판예조를, 성화 정해년에 대광보국숭록대부 의정부 우의정을 제배하였다. 기축년에 좌의정에 오르고, 예종이 고명을 받음에 사은사가 되어 북경에 갔다가 돌아오자 영의정에 올랐다. 경인년에 인산부원군으로 책봉되고, 신묘년

에 순성명량경제홍화좌리공신의 호를 내려 주었는데, 이에 이르러 발에 종기를 앓다가 졸하니, 나이는 51세이다. 시호는 위평(威平)이니, 용맹하여 강인한 결단력이 있음이 위이며, 능히 화란을 평정함이 평이다. 홍윤성은 용모가 웅위하고, 체력이 남보다 뛰어났으며, 젊어서는 가난하였는데 힘써 배워서 급제하니, 사람들이 재능이 있는 웅걸로 기대하였다. 세조를 만나게 되자, 총애하여 돌봄이 매우 융숭하였고, 홍윤성이 본시 빈궁하였음을 알고 많은 토지를 내려 주었다. 홍윤성이 재화를 늘리는 데 힘써 홍산 농장에 쌓인 곡식은 거만(鉅萬)이었고, 노복은 세도를 믿고 함부로 방자하여서 조금이라도 어기고 거슬리는 것이 있으면 혹 장살하기도 하였다. 세조가 온양에 거둥하여 목욕할 제, 사족 부인 윤씨가 상언하여, 그 지아비가 홍윤성의 노복에게 살해되었음을 호소하니, 명하여 유사에 국문하게 하여, 그 노복을 환형하고 홍윤성은 국문하지 않았다. 사헌부에서 탄핵하여 아뢰기를 "홍윤성의 거칠고 광망한 태도와 교만하고 제 마음대로 날뛰는 형상을 성감은 통찰하소서." 하니, 당시에 사람들이 "그의 잘못을 똑바로 맞추었다."고 하였다. 시첩(侍妾)·노복이 조금이라도 어기고 거슬리면 문득 용서하지 않고 궁검을 쓰기까지 하였으며, 아내 남씨에게 자식이 없어서 같은 고을의 사족 김자모 딸을 강제로 취하여 장가들었다.

홍윤성이 죽은 지 8개월 정도 지났을 무렵, 상속 문제로 온 조정이 시끄러웠다. 그의 후취 김씨가 적처인지 첩인지를 밝혀야만 했다. 상속이나 문음 혜택 등을 판별하기 위해 처와 첩을 가리는 소송이 잦았던 시기였고, 정식 혼례를 올렸는가 하는 문제가 관건이었다. 전처인 남씨를 적처로 삼아 노비와 가사(家舍)를 모두 그 자식들에게 상속해 버리자, 후처 김씨 쪽에서 소송을 제기한 것이고, 그 파문이 실록에까지 오르게 된 것인데, 아무튼 그 내용 아래 덧붙여진 사론은 다음과 같다.

> 【사신이 논평하기를, "홍윤성의 농장이 홍산에 있었는데, 근방에 대족 김생이란 자가 있어 홍윤성과 본디 서로 좋게 지내었다. 김생에게는 나이 장성한 딸이 있었는데, 집이 매우 가난하여 시집을 보내려 해도 보내지 못한 것이 여러 해이었다. 홍윤성은 그 딸이 미색임을 듣고 김생에게 속여 말하기를, '듣건대 그대에게 나이 장성한 처녀가 있다 하니, 내가 그대를 위하여 사위를 고르려고 한다. 혼수는 내가 마련하겠다.' 하니, 김생이 기뻐하며 사례하였다. 홍윤성이 많은 포백(布帛)과 미곡을 가지고 실어 보내어 몸차림을 든든히 하게 해놓고, 또 글로 속여 말하기를, '그대는 이미 좋은 사위를 얻게 되었다.' 하므로, 김생이 이를 믿고 약속과 같이 때가 되기를 기다렸는데, 홍윤성이 스스로 가서 장가드니, 곧 김씨였다."라고 하였다.】

홍윤성 처 김씨 묘(부여군 은산면)
ⓒ 장득진

　　홍윤성과 전처 남씨에게는 딸 하나만 있었고, 후취 김씨에게서 아들을 보았다. 이리하여 김씨를 첩이 아닌 후처로 불렀다는 것인데, 정식 혼례절차를 밟았다는 증거도 없고, 외명부 직첩 근거도 명확하지 않아 해를 넘겼다. 조정에서는 김씨가 사족 부녀라 하여 특별히 처라는 허락을 내렸으나, 사헌부·사간원의 반대 또한 만만치 않았다.

　　당시 가족제도와 혼인제도가 다소 어정쩡하여 이런 소송은 사대부가에서 흔한 일이었다. 조선초기까지도 처와 첩에 대한 구분이 명확하지 않았고, 처도 한 사람만 있어야 한다는 법이 없던 시절이었다. 관직생활을 하기 위해 상경한 경우엔 고향에 향처(鄉妻)를 둔 채 경처(京妻)를 맞이한 경우도 있었다. 이성계의 한씨 부인이 향처요 강씨 부인이 경처에 해당한다. 유교적인 남녀 내외법이 정착되지 못했고, 재산 상속이 딸에게까지 고르게 나누어졌기에 그 의무인 제사도 자식들이 돌아가면서 지내던 시절 이야기이다.

정여창과 소격서

조선 시대 성리학 문화는 인간 생활의 행위 규범을 철저하게 제약하는 것이었다. 이는 선비 집안에서만 강요된 것이 아니라 전 백성에게 파급되어 사회 기초 질서의 기준으로 자리 잡게 되고, 그 유습은 오늘날까지 전승되었다.

당시 인간 생활의 기초 행동을 규격화한 것이 『소학』이다. 태교에서 시작되는 모든 교육법을 망라한 입교(入敎), 오륜을 밝힌 명륜(明倫), 예의범절을 규정한 경신(敬身) 등의 내편과 가인(嘉人)이나 선행(善行)을 담은 외편으로 구성되어 있다. 따라서 『소학』은 모든 행동에 제약을 주는 실천적 학문이었다.

김종직의 문하에서 수신(修身)을 주로 하던 소학동자 김굉필과 정여창이 여기에 몰입했고, 그의 학문과 사상들이 조광조를 비롯한 기호 사림들에게 영향을 미쳐 소학 지상주의로까지 끌어 올렸으니, 조선의 진정한 선비정신도 『소학』에 바탕을 둔 것이었다.

소학의 참 실천자 정여창은 성종 21년(1490) 7월에 장사랑 소격서 참봉이 되었다. 지금으로 치면 중앙 조그마한 부서의 말단 9급 공무원인 셈이다. 인사발령에 관한 기사 밑에 정여창에 관한 다음과 같은 사론이 첨부되어 있다.

> 【사신이 논평하기를, "정여창이 거상(居喪)을 잘하자
> 향리 사람들이 감화되었는데, 어떤 갑사(甲士)가 정
> 여창을 본받아 상중에 있으면서 죽을 먹으니, 백정
> 이 놀리기를, '정여창을 본받고자 하여 죽을 먹으니,
> 얼마나 고생스러운가?'라고 한 일이 있을 정도였다.
> 정여창이 일찍이 태학에 유학할 적에 장관(長官)이
> 유생을 모아《중용》·《대학》을 강론하였는데, 정여창
> 이 의심스럽고 어려운 것을 질문하니, 장관이 능히
> 대답하지 못하였다. 성균관의 노비가 항상 아침저녁
> 으로 소를 잡아서 유생을 먹이자, 정여창이 의리에
> 어긋난다 하여 홀로 먹지 아니하니, 여러 동류가 공
> 경하고 어려워하였다." 하였다.】

정여창이 성균관에서 학업을 닦을 때부터 그의 재능이나
도학에 바탕을 둔 인간됨이 널리 알려졌음을 보여준다. 그런 그가
처음 관직으로 나간 곳이 소격서였으니, 그곳은 도교를 관장하여
하늘에 제사 지내는 초제(醮祭)를 관장하던 관청이었다.

건국초기부터 국가 이념을 유교에 두었기에 도교와 불교는
배척 대상이었다. 여러 가지 신앙 차원의 행사도 음사(淫祀)로 규정
하여 금하던 시절이었지만 도교만은 예외로 인정하여 국가에서 관
장하는 소격서란 관청을 두고서 초제를 지내도록 해 왔다. 성리학
사회가 점차 굳어가면서 이단을 배척하는 분위기가 팽배해 지자,

일두 정여창 고택(경암 함양)
ⓒ 장득진

소격서 또한 피해 갈 수 없었다. 성종 21년(1490) 12월에 성변(星變)이 나타나자, 소격서 초제를 시행하여 물리치자는 승정원의 건의가 올라왔다. 이에 성종은 덕을 닦는 데 있는 것이지 하늘에 빌어 물리칠 수 있는 것이 아니란 이유로 거절했다. 이때 사관이 작성하여 덧붙였던 사론에서도 성리학 사회를 지향하는 모습이 잘 그려져 있다.

> 【사신이 논평하기를, "이 전교를 보면 성상의 학문이
> 고명(高明)함을 알 수 있다. 어찌 진나라·한나라 이
> 후의 임금으로서 훌륭한 임금에 가깝다고 할 수 있지
> 않겠는가? 우리 나라는 본래부터 불교가 성행하였고

도교는 다만 나라에 소격서만 있을 뿐이었다. 뒤에
임금이 그것이 허황된 것임을 깊이 알고서 승정원에
묻기를, '소격서는 폐지할 수 없느냐?'고 하였으니,
이는 우연히 한 말이 아니고 반드시 뜻한 바가 있었
던 것인데, 당시의 대신이 동조하는 자가 없었으니,
애석한 일이다." 하였다.】

유교정치에 있어 대신들 보다 성종이 앞서 갔다는 것을 잘
나타내주는 대목이 아닐 수 없다. 연산군 시절에도 소격서 혁파에
대한 논의가 있었고, 중종 때 결국 혁파되었다. 당시는 신진 세력인
조광조 일파를 중용 하면서 개혁 물줄기가 크게 흐르는 양상이었
고, 소격서 또한 그들 주장으로 혁파되기에 이른다. 소격서에서 관
장하는 초제는 『소학』이 규정한 일종의 잡신이요 음사였기 때문이
다. 신진세력의 큰 스승으로 영향을 미친 정여창의 첫 관직이 소격
서 참봉이었다는 것 또한 역사의 아이러니가 아닐 수 없다.

간신 3대를 배출한 임사홍 가문

성종 9년(1478) 4월 흙비가 심하게 내렸다. 하늘의 변괴라
여겨 모두들 두려운 마음으로 걱정했다. 자연재해는 단순한 자연현
상이 아니라 천도(天道)를 어길 때 경고하는 현상으로 보았던 것이
성리학적 천문관이었다. 정승들은 사직소를 올리고 군왕은 더욱 경

계하는 자세를 취해야 한다. 평소 사용하던 궁궐을 옮기는 피전(避殿)이나 수라상의 반찬 수를 줄이는 감선(減膳) 등의 조치가 반드시 뒤따랐다. 군신 모두가 공구수성(恐懼修省) 해야 하는 것은 천도가 곧 민심이었기 때문이다.

임사홍은 왕실과의 혼인을 기반으로 이조 참의에서 일약 도승지로 발탁되어 성종을 보필했다. 하지만, 신진사림들 눈에는 사사건건 아첨만 일삼는 소인으로 지탄받고 있었다. 젊은 신예들로 구성된 사관들이 이를 버려둘 리가 없었다. 사관들이 남긴 인물평의 사론에서 폄론을 가장 많이 받은 인물이 되었다. 성종이 애지중지하던 혜신옹주(惠愼翁主)와 결혼한 임사홍 아들 임숭재가 마침 큰 저택을 지었다. 뿐만 아니라 각 지방에도 백성들을 동원하여 창고를 짓는 등 큰 역사(役事)를 벌였으니, 이와 연관된 논란들이 끊이질 않았다.

도승지 임사홍이 적극 나서서, 흙비에 대한 생각을 아뢰었다. 천수(天數)의 자연이니 두려워하고 반성할 필요가 없다는 것이었다. 조정 대신들이나 대간들의 반발이 심했다. 임금을 속이고 아첨만 늘어놓는다는 비난이었다. 이에 대해 사관들은 "백악산이 무너지고 한강이 마른 뒤에야 재변이 이르렀다고 할 위인이다."라고 적고 있다.

연산군 3년(1497) 6월 벼락이 궁궐 안을 때렸다. 대궐 안에서 가장 중심이 되는 정전을 내리쳤으니, 모두 놀라 안팎이 시끄러웠다. 임금 총애로 여전히 권력을 쥐고 흔들던 임사홍에게 화살이 돌아가는 것은 당연한 이치였다.

【사신은 논한다. 이때 사람들이 조롱하기를, 임사홍이 당초에도 하늘의 변괴가 무서울 것 없다는 말 때문에 죄를 당하더니, 금번에도 역시 하늘의 변괴 때문에 그 올려 준 품계를 회수 당하니, 하늘의 보응(報應)이란 무서운 것이로다.】

정사를 어지럽힌 죄로 다시는 등용하지 않겠다며 임사홍을 귀양까지 보낸 성종이었으나, 연산군 때 보란 듯이 재기했고, 무수한 탄핵 속에서도 폭군의 비호로 조정에 눌러 앉았다. 그의 아버지 임원준이 공신이었다는 이유로 자급을 올려 승진

임원준 묘역의 무석인(여주 능현리 풍천임씨 선영)
ⓒ 장득진

까지 되었으나, 이때 와서 관직이 회수되었다. 그런데 사관의 논평에서 하늘의 보응으로 죄를 받고 가자를 회수 당했다 했으니, 이 또한 얼마나 무서운 소리인가. 그의 아버지 임원준과 그의 아들 임숭재 등 3대가 함께 정사를 어지럽히는 인물로 지목되어 탄핵을 자주 받았으니, 사관들 또한 그들에 대한 폄론을 이렇게 남겼던 것이다.

세조 때 이시애 난을 계기로 정계에 등장했던 류자광 같은 모사꾼도 임사홍에게 잘 보이려고 무던히 애를 썼다. 하지만, 중종

반정 때 류자광은 반정군의 편에 서서 임사홍을 주살하는 일에 앞장섰다. 이 일을 두고 사관들은 이렇게 남겼다.

【임사홍은 성종 조에 죄를 얻어 폐기된 채 등용되지 못하다가, 연산 조에 와서 그 아들 임숭재가 부마로 임금의 총애를 얻자, 사홍이 그 연줄로 간사한 꾀를 부려 갑자기 높은 품계에 올랐다. 갑자사화 이후로는 앞서 자기를 비난한 자에게 일일이 앙갚음하였고, 이미 죽은 사람까지도 모두 참시(斬屍)하였다. 온 조정이 그를 승냥이나 호랑이처럼 두려워하여 비록 두 신씨(연산군의 처남 신수근 형제)라 할지라도 또한 조심스럽게 섬겼다. 연산군은 하고 싶은 일이 있으면 곧 그에게 쪽지로 통지하고, 사홍은 곧 들어가 지도하여 뒤미처 명령이 내려지니, 그가 부도(不道)를 몰래 유치한 일은 이루 말할 수 없었다. 그 아들 임희재가 피살되던 날에도 평일과 다름이 없이 그의 집에서 연회를 베풀고 고기를 먹으며 풍악을 울리니, 연산군이 사람을 시켜 이를 엿보고는 더욱 신임과 은총을 더하여, 한결 같이 그의 계교를 따랐다. 그가 임금에게 아첨하여 총애를 취함이 모두 이와 같았다. 그때 사람이 다음과 같은 시를 지어 읊었다.

　작은 소인은 숭재요 큰 소인은 사홍이라

　　小任崇載大任洪

　천고에 으뜸가는 간흉이구나

千古姦兇是最雄

천도는 돌고 돌아 보복이 있으리니

天道好還應有報

알겠느냐 네 뼈 또한 바람에 날려질 것을

從知汝骨亦飄風

이는 당시 죄인의 뼈를 부수어 바람에 날리는 형벌이 있었기 때문에 한 말이다. 숭재는 일찍이 장녹수를 간통했었는데, 녹수가 연산군의 총애를 받게 되자 일이 탄로 날까 두려워 몰래 녹수에게 부탁하기를, "만약 평소의 일에 대한 말이 나오거든, 마땅히 희재가 한 일이라고 대답해야 한다. 그러면 반드시 나를 믿고 시기함이 없을 것이며, 너도 보전될 것이다." 하였다. 이 때문에 화가 그 형에게 미친 것이다. 그런데, 숭재는 사홍보다 앞서 죽었으므로 처형을 모면할 수 있었다.】

임사홍의 아들 중 사림세력과 가깝게 지내던 이가 임희재였다. 임희재는 갑자사화로 죽음을 당했고, 연산군에게 총애 받던 임숭재도 그 시절 이미 죽었으니, 아들 둘을 먼저 보내고 자기도 따라 간 셈이다. 일찍이 연산군이 임사홍의 집에 갔다가 병풍에 새긴 임희재 시를 본 적이 있다.

요순을 본받으면 저절로 태평한 것인데,
진시황은 무슨 일로 백성을 괴롭혔는가.

재앙이 집안에서 일어날 줄 모르고,
공연히 오랑캐를 막으려고 만리장성만 쌓았구나.

이를 본 연산군은 피가 거꾸로 솟았다. 무오사화 때 임희재
는 귀양 갔고, 그 후 방면되었으나 갑자사화 때 결국 능치처참 되었
다. 그의 아들이 처형당하는 날도 주연과 풍악으로 왕의 신임 얻기
에 급급했던 임사홍이었다. 임희재가 성종 17년(1486) 진사시 장원
으로 합격되던 날, 사람들이 시를 지어 그 문간에 쓰기를,

임가 어린애가 이번에 장원랑 되니
任童今得壯元郞

임사홍 묘(여주 능현리 풍천임씨 선영)
ⓒ 장득진

두 늙은이 문장이 빛을 나타내지 못하누나

二老文章不顯光

하였는데, 두 늙은이란 임원준과 임사홍을 가리킨 것이다. 당시 임사홍 집에 의탁했던 강윤이 지은 글로 임희재가 장원했던 것이고, 그 후 성종 19년(1488) 향위(鄕圍)에 술수를 써서 또 합격하였으나 대간 논박으로 무효 처리하는 파방(罷榜) 조치가 내려지기도 했다. 당시 식자들 모두가 임사홍의 간악함에서 나온 것으로 여겼다.

중종반정을 이끈 박원종·성희안·류순정·류자광 등은 정국 1등 공신으로 책봉되어 온갖 부귀영화를 누렸다. 처형된 자들의 처첩이나 재산은 당연히 공신들 몫이었다. 그런데 성희안이나 류순정이 받은 집은 텅텅 비어 쓸 만한 물건이 없었다. 그런데 비해 류자광이 받은 것은 임사홍의 집과 재산이었다.

억만금이나 되는 임사홍의 집을 무령군 류자광이 차지했으니, 권력 주위를 맴돌며 임사홍을 부러워했던 류자광은 복이 터진 셈이고, 빈껍데기만 얻은 류순정이 얼마나 부러워했겠는가. 하지만, 그 순간을 놓칠 리 없는 사관의 붓은 매섭고도 무섭다. 부귀가 하늘을 찌를 듯한데도 만족할 줄 모른다고 낙인이 찍혔기 때문이다.

천하를 움켜 쥔 류자광

서얼로 태어난 류자광이 경복궁 건춘문을 지키는 갑사로

일 하다가, 세조 13년(1467) 이시애 난으로 발탁되어 일약 병조정랑(정5품)에 올랐다. 그런 후 세조가 온양 행차 때의 별시(別試)로 장원으로 뽑혀 병조참지(정3품)에 임명되었으니, 29세의 천출이 고작 8개월 만에 당상관이 된 것이다. 이어 예종이 즉위 하자 시기하던 남이를 역모 죄로 무고하여 1등 공신에다 무령군에 봉해졌다.

사림 세력들이 크게 진출했던 성종 재위시절부터 사론이 급증하다가 무오사화를 계기로 사관 활동이 크게 위축되었으니, 류자광을 평가한 사론 또한 그와 맥을 같이 한다. 『성종실록』에는 그를 부정적으로 평가한 사론들이 자주 등장하지만, 『연산군일기』에는 단 한 건도 찾을 수 없다. 집에 감추어 두는 가장사초라 할지라도 폄론으로 도배질 한 인물 평가 위험성 때문이었을 것이다. 성종 집권 하반기의 류자광에 대한 평가는 대충 이런 종류였다.

【사신(史臣)이 논평하기를, "류자광이 남원에 있을 때에 밭둑길이 잇닿은 많은 땅이 있었는데, 관가에 속한 사람들을 부려서 경작하여도 수령이 피해당할 것을 두려워하며 감히 어겨 거슬리지 못하였다. 일찍이 물을 막아 이익을 독차지하였으므로 백성이 매우 원망하고 미워하여 목을 베어 피를 뿌리겠다고 극단으로 말하여 욕하는 자가 있었는데, 오히려 신주가 고을 사람을 침학한 것을 논하였으니, 그 간사함이 심하다." 하였다.】

【사신(史臣)이 논평하기를, "류자광은 대대로 남원에

『악학궤범』
ⓒ국가유산포털

조선 시대 궁중 음악을 도설과 함께 수록한 책으로, 성종 명을 받은 장악원 제조 유자광이 예조판서 성현 등과 함께 낡고 틀린 악보를 바로 잡은 것이다.

살면서 전택을 많이 두고 백성들을 많이 점유하고서 관리들이 감히 문에 들어오지 못하게 하였는데, 부사 정회가 차츰 그것을 억제하였었다. 일찍이 요역 문제로 그의 얼속(孽屬)을 때린 적이 있는데, 류자광이 불평을 품고 이에 개성부에 성을 수축하며 완성하지 못한 것을 아뢰면서 남원성의 감축(監築)한 인원까지 모두 벌을 받게 하였는데, 정회는 겨우 모면했었다. 이제 또 은구어를 별도로 바치게 하여 정회가

마침내 탄핵을 받았는데, 모두 류자광이 몰래 꾸민
음모이다." 하였다.】

그러다가 뒤늦게 중종반정에 참여했던 류자광 권세가 하늘
을 찌를 듯하자, 그와 관련된 세평이 달라지기 시작했다. 중종 1년
(1506) 10월 18일 도승지 홍경주가 아뢰었다. 삼 대장(박원종·류순
정·성희한)이 공신으로 하사받은 집은 그 몰수된 재산까지 아울러
주고, 류자광도 그 세 사람에 버금가는 대우를 해줘야 한다는 것이
었다. 힘이 없었던 중종은 그대로 따를 수밖에 없었는데, 사관이 남
긴 사초가 근거가 되었던 사론 몇 개를 통해 당시 상황을 엿볼 수
있다.

【사신(史臣)은 논한다. 류자광은 본래 모의에 참여하
지 않았다. 여러 차례 큰일을 겪어 연달(鍊達)함이
이미 익숙하였으므로, 거사하는 날 사람을 보내어
그를 부르니, 말이 미쳐 끝나기도 전에 곧 일어나 달
려 나왔다. 반정한 뒤에는 논공하는 것을 전적으로
맡아 세 사람 아래에 무릎쓰고 끼인 것이지 실로 공
이 있는 자는 아니었다. 홍경주의 이 아룀은 자광을
위함이 아니다. 4일이 지나 경주 또한 가산을 받았으
니, 그 계교가 심히 공교하다. 그러나 곧 탄로되어
사람들이 모두 더럽게 여겼다.】

【사신(史臣)은 논한다. 류순정이 일찍이 집에 있을

정국1등공신 류순정의
화상
ⓒ 서울역사박물관

적에 어떤 손님이 찾아 갔었는데, 순정이 이르기를,
'복도 많구나, 무령(武靈 : 류자광 봉작 호) 이여! 그
가 차지한 임사홍 집은 장이 10여 항아리나 되고 다
른 물건들도 이와 맞먹는데, 내가 얻은 집은 하나도
쓸 만한 물건조차 없으니, 참으로 복 많은 사람을 따
라잡지는 못하겠다.' 하였다고 한다. 부귀가 이와 같
으면서도 오히려 불만을 품는단 말인가?]

반정의 공은 삼 대장이 세웠는데, 실속은 복 많은 류자광이 몽땅 차지했다는 류순정의 한탄이 흥미를 끈다. 세월이 흘러 중종 10년(1515) 12월 26일자에 실린 또 하나의 사론도 재미있다. 류자광이 아니라 손계돈 인물평에 대한 사론이지만, 류자광을 비판한 그의 기개와 지조가 돋보이는 대목이다.

【사신은 논한다. 손중돈 아우 손계돈의 성품은 세속에 굴하지 않고 지조가 굳었다. 무오년에 성균관에 입학하니, 마침 사화로 죄를 입은 선비들이 재산을 적몰 당했는데, 류자광의 아들 류방(柳房)도 성균관에 있었다. 계돈이 여러 사람이 앉은 자리에서 자광의 죄를 극진하게 논하자 방이 노한 말로 따졌다. 계돈이 말하기를 '네가 또한 내 집을 탐내느냐.'라고 몰아붙였는데, 이는 류자광이 집을 상으로 많이 받았기 때문에 빗대어 그렇게 빈정거린 것이다. 그 굴하지 않음이 이 같았다.】

반정 군에 합류하여 정국공신에 올랐건만, 몇 해 버티지 못한 류자광은 광양으로 유배 가는 신세가 되었다. 뿐만 아니라, 아들 류진과 류방도 각각 양산과 산음으로 귀양 갔다. 이때 덧붙여진 사론은 이례적이라 할 만큼 길고도 길다.

【사신은 논한다. 자광은 부윤 류규(柳規)의 서자다. 재빠르고 힘이 세며, 원숭이처럼 높은 데를 잘 올라

갔다. 어려서 무뢰배가 되어 장기바둑으로 재물을 다투며, 새벽과 밤중에 노상으로 떠돌다가 여자를 만나면 붙잡고 간음하였다. 류규가 그 소생이 미천하고 또 방종함이 이러하므로, 여러 번 매를 때리고 아들로 여기지 않았다. 처음 갑사에 속하여 건춘문을 파수하였는데, 상소하여 자천(自薦)하므로 세조가 그 외람됨을 장하게 여겨 탁용하였으며, 또 무자년[남이의 옥]에 고변 한 공으로 훈봉을 받아 1품에 뛰어올랐다. 언제나 호걸의 인물임을 자칭하였는데, 성품이 음흉하여 남을 해치기를 좋아하며, 재능이나 명예·은총이 자기보다 나은 자가 있으면 반드시 모함하려 하였다. 한명회의 문호가 번성함을 시기하고, 또 성종이 한창 간하는 말을 잘 받아들이는 것을 보고, 기이한 의논으로 위의 좋아하는 것을 맞추려고 하여, 명회가 발호할 생각을 가지고 있다고 상소하였는데, 왕이 죄주지 않았다. 그 후에 임사홍·박효원 등과 함께 현석규를 밀어내려 하다가, 계획이 실패하여 동래로 귀양 갔다가 곧 방환되었다. 그러나 왕은 그가 정사를 어지럽히는 사람임을 알고 다만 훈작만 회복하였을 뿐이며 일찍이 정무를 보는 소임은 주지 않았었다. 자광이 은택을 노려 못하는 짓이 없었는데, 마침내 마음대로 되지 않자, 항상 앙심을 품고 있었다. 그러다가 이극돈 형제가 당시 집권함을 보고 자기 뜻을 펼 수 있다는 것을 알고 전력을 다하여 빌붙어 깊이 사귀었다. 한번은 함양군에 놀러 갔다가 시를 짓고, 그 시를 고을 원에게 부탁하여 현판에 새겨 벽에 걸게 하였는데, 김종직이 그 고을 원으로 가서, '자광은 어떤 자인데 감히 현판을 걸었는가.' 하며 곧 떼어내 불태우게 하니, 자광이 분개하여 이를 갈았다. 그러나 종직의 임금 총애가 한창 높았으므로 도리어 찾아가 교제하였으며, 종직이 죽자 만사를 지어 왕통과 한유에 비하기까지 하였다. 김일손이 일찍이 종직에게 수업하였는데 헌납이 되자 하고 싶은 말을 다하고, 권세가를 피하지 않았다. 또 상소하여 이극돈이 성준과 서로 친하여 우·이[당나라 인물]의 당을 이룬다고 논하니, 극돈이 크게 성내었다. 사국(史局)을 개설하게 되자, 극돈이 당상이 되어 일손의 사초에 자기의 죄악을 자세히 쓰고 또 세조의 일도 쓴 것을 보고서, 이로 인해 자기의 원한을 갚고자 하였다. 하루는 다른 사람을 다 물리치고 총재관 어세겸에게 말하기를, '일손이 선왕을 비방하였으니, 신자로서 이런 일을 보고서 위에 알리지 않을 수 있습니까? 내 생각으로는, 사초를 봉해 아뢰어 위의 처분을 들으면 우리들은 후환이 없을 것으로 여깁니다.' 하니, 세겸이 깜짝 놀라며 대답하지 않았다. 얼마 있다가 극돈이 자광에게 의논하니, 자광이 팔을 걷어붙이며, '이것이 어찌 주저할 일인가.' 하고, 곧 노사신·윤필상·한치형에게 가서는 세조에게 은혜 받은 것을 잊을 수 없다는 뜻을 먼저 말하여 그 마음을 움직인 뒤에, 그 일을 말하였다. 아마 사신·필상은 세조의 총신이요, 치형은 궁중에 인척 관계이니, 반드시 자기를 따르리라고 생각하였기 때문에 말한 것이었다. 그런데 3인이 과연 그 말을 따라 모두 차비문에 나가 도승지 신수근을 보고 한참 동안 귓속말을 한 후에 아뢰었다. 당초 수근이 승지가 될 때에, 대간·시종이 외척이 권세를 잡을 조짐이라 하며 힘써 그 불가함을 말하였으므로 수근이 앙심을 품고 있었다. 일찍이 다른 사람들에게 말하기를, '조정이 문신들의 손바닥 안에 물건이 되고 마니, 우리들은 무엇을 하겠는가.'고 하였다. 이때에 이르러 원한을 품은 자들이 모여들고, 왕이 또 포학하여 학문을 좋아하지 않기 때문에 더욱 문사를 미워하였다. 그래서 '명예를 요구하고 위를 업신여기며, 나로 하여금 자유롭지 못하게 하는 것이 모두 이 무리들이다.' 하며, 언제나 울울(鬱鬱)하여 좋아하지 않으며, 한번 쾌히 시행하려고 하면서도 감히 손을 대지 못하였다. 그러던 중 자광 등의 아룀을 듣고서 국가에 충성한다 하여 대우가 특별히 후하였다. 그리고 그에게 남빈청(南賓廳) 죄수의 국문을 맡기고 내시 김자원은 출납을 맡게 하였으며 다른 사람은 참여하지 못하게 하였다. 자광이 옥사를 자임하고 자원에게 전교가 있을 때마다 반드시 앞으로 나가 지나치게 공근한 태도를 지으며, 전교의 사연이 만일 엄각(嚴刻)한 것이면 제 스스로 위의 뜻을 얻은 양 다시 더 부복하고서 사례하려는 것처럼 하였다. 듣고 물러 나와서는 기쁜 듯 자부하는 기색을 가지며, 좌중에서 큰 소리로 말하기를, '오늘이야말로 곧 조정을 개정할 때이다. 이러한 큰 처치가 있어야지 심상하게 다스려서는 안 된다.'고 하였다. 그리고 또 아뢰기를, '이 사람의 도당이 매우 성하여 변을 측량할 수 없으니, 방어를 모름지기 엄밀히 해야 하겠습니다.' 하며, 금위병을 뽑아서 궁문을 파수하여 출입을 엄히 단속하고, 죄인을 국문할 때에도 군사들로 하여금 좌우에 서서 압송하여 가며, 하옥할 때에도 그렇게 하였다. 자광은 그래도 옥사 다스리는 것이 해이해져서 자기 뜻대로 다 되지 않을까 염려하여 밤낮으로 단련할 것을 꾀하였다. 하루는 소매 속에서 한 권의 책을 꺼내 놓았는데, 그것은 김종직의 문집이었다. 그 중에서 '의제를 조문하는 글[弔義帝文]'과 '술을 읊은 시[述酒詩]'를 지적하여, 여러 추관들에게 두루 보이며 말하기를, '이것이 모두 세조를 가리켜 지은 것이고 김일손 악행도 모두 종직이 가르쳐서 된 것이다.'라며, 제 스스로 주석을 하고 구절 마다 풀이하여, 왕으로 하여금 알기 쉽게 한 후에 이어 아뢰기를, '종직이 우리 세조를 비방하였으니, 그 부도한 죄는 대역으로 논해야 마땅하며, 그의 글을 세상에 전할 수 없으니,

목을 내놓을지언정 붓을 꺾진 않으리

다 함께 불태워 버려야 합니다.' 하니, 왕이 그대로 따랐다. 이리하여 종직의 시문을 간직한 자는 2일 이내에 각자 바치게 하여 빈청 앞뜰에서 불태우고, 각 도의 관사에 걸려 있던 현판은 그곳 관원으로 하여금 철거하게 하였다. 성종이 일찍이 종직에게 명하여 환취정기(環翠亭記)를 지어 기둥에 걸었는데, 함께 청하여 철거하니, 이는 과거 함양에서 있었던 원한을 보복한 것이었다. 자광이 왕의 노한 기회를 타서 많은 선비들을 일망타진 할 계획을 세워, 윤필상 등을 지목하여 말하기를, '이 사람의 악은 무릇 신하된 자로서는 불공대천의 원수이니, 그 당여를 끝까지 조사하여 깨끗이 제거한 후에야 조정이 청명해지겠다. 그렇지 않으면 여당이 다시 일어나 미구에 환란이 닥쳐올 것이다.' 하니, 좌우에서는 아무 말이 없었는데, 노사신이 손을 저으며 중지시키지를, '무령[자광 군호]이 어찌 이런 말을 하기에 이르는가? 홀로 당고의 사실을 듣지 않았는가? 금망(禁網)이 날로 엄준해서 선비들이 발붙일 곳이 없게 되자, 한나라가 따라서 망하게 되었다. 청론은 마땅히 조정에 있어야 되는 것이니, 청론이 없어짐은 국가의 복이 아니다. 무령이 어찌 말을 잘못하는가?' 하니, 자광이 좀 누그러졌다. 그러나 옥사에 연루된 자는 반드시 끝까지 다스려 마지않으려 하자, 사신이 또 말리기를, '당초 우리들이 아뢴 것은 사사(史事)를 위해서였는데, 지금 그 지엽이 뻗어나가 사사에 관계되지 않은 자의 수금(囚禁)이 날로 많아지니, 이는 우리들의 본의가 아니지 않은가?' 하니, 자광이 좋아하지 않았다. 그리고 죄를 정하는 날, 사신의 의논이 홀로 같지 않으니, 자광이 안색을 변하며 힐난하다가 각각 그 뜻을 따라 두 가지로 아뢰었는데, 왕이 자광 등의 의논을 따랐다. 이 날 낮인데도 어둡고 억수같은 비가 쏟아지며 큰 바람이 동남쪽에서 일어나 나무를 뽑고 기와를 날리니, 성 안의 백성들이 엎어지며 다리를 떨지 않는 사람이 없었는데, 자광은 의기양양하게 집으로 돌아갔다. 이로부터 그의 위엄이 중외에 행해지고, 조정에서는 그를 보기를 독사같이 하면서도 감히 그 뜻을 거스르지 못하였고, 유림은 기가 죽어 발을 포개고 숨을 죽였으며, 학사(學舍)는 쓸쓸하여 두어 달 사이에 글 읽는 소리가 나지 않았다. 부형들은 서로 경계하여 말하기를, '학문이라는 것은 과거나 볼 만하면 그만 둘 것이지, 많이 해서 무엇하랴?' 하였다. 자광은 지금이야말로 때를 얻었다 하면서 다시 거리낌이 없자 이욕을 탐내고 염치없는 무리들로서 그에게 따라붙는 자가 문에 가득하였다. 식자들은 적이 탄식하기를, '무술년 옥사는 바른 사람들이 사특한 무리를 공격한 것인데, 무오년의 옥사는 사특한 무리가 바른 선비들을 함몰시킨 것이니, 20년간의 일승일패로 치란이 뒤따랐다.' 하였다. 대

체로 군자의 형벌 씀은 언제나 너그러운 데 실수하
고, 소인의 보복은 반드시 잔멸시키고야 마는 것이
다. 무술년의 군자들이 능히 율을 다 썼더라면 어찌
금일의 화가 있었겠는가?】

이토록 길고도 긴 류자광 세평을 실록에 올린 의미는 무엇
일까? 중종 2년(1507) 4월 23일의 이 기사는 희대의 간신에 대한
역사적 경종 차원이었을 것이다. 이어 5월 1일자 기사엔 류자광의
정국공신 호를 박탈함과 동시에 유배지를 평해로 바꿨는데, 이때
덧붙여진 사론의 냉정함 역시 올곧은 역사의 평가였다.

【사신은 논한다. 자광이 무오년의 옥사를 주창하고,
또 갑자년의 화를 일으키어 사대부가 다 죽고 종사가
거의 전복될 뻔하였는데 목숨을 보전하여 천명대로
살게 되었으니, 비록 적소(謫所)에서 죽은들 어찌 족
히 나라를 그르치는 자의 경계가 되겠는가?】

세월이 흐른 중종 9년(1514) 1월에 또 다시 조정 공론에 따
라 류자광 원훈을 삭제했고, 그 아래 덧붙인 사론의 평가는 역시 냉
정했다.

【사신은 논한다. 자광은 천얼 출신으로 드디어 과거
에 급제했고, 또 남이의 난을 고변하여 공적에 참예
하여 숭반에 올랐으며, 친상(親喪)을 버리고 임금의

복을 입으려 하였는가 하면, 사사로이 복어를 바쳐 잘 보였으니, 이 모두가 인정으로 하지 못할 일이거늘 자광은 스스로 좋은 계책이라 생각하였다. 또 조정의 권귀(權貴)와 서로 깊은 관계를 맺고 조정에 일이 생길 때마다 힘써 간여하기를 요구해 왔다. 지난 무오년에는 이극돈의 음흉한 사주를 받아 사국(史局)의 화를 자아내고 선량한 사류를 해쳐, 연산 살육의 화단을 처음으로 일으켰으므로 사람들은 모두 눈을 흘기고 이를 갈았다. 성희안은 항상 사사로운 은우(恩遇)를 생각하고 있다가 반정의 의를 들던 날 그가 고사를 잘 안다는 것을 핑계로 같이 가담시켰는데, 곧 팔을 휘두르면서 지휘하여 그 일을 주장하려 하였으며, 외람되이 원훈을 차지하여 스스로 공로가 많음을 자랑하였다. 또 희안의 후원을 믿고 점점 정사에 간여하면서 더욱 흉독을 부리므로 당시 사람들은 간적의 괴수로 지목하였다. 마침내 귀양 가서 죽고, 자손들도 뿔뿔이 흩어져 귀양 가니, 사람들은 모두 '보복이 빠르다' 하였으니, 천도를 어찌 속일 수 있으랴!】

중종 10년(1515) 류자광 아내 박씨가 승정원에 탄원서를 올렸다. 절도에 유배 중인 아들 류진을 육지로 옮겨달란 청이었다. 여기에 덧붙여진 사론을 보노라면 역사의 평가가 참으로 매섭다.

【사신은 논한다. 류자광은 천한 서출이다. 젊어서부터 늘 출세하고자 온갖 방법으로 꾀하여 기회를 엿보았는데 세조에게 인정을 받아 녹공 되었고, 부원군에 이르렀다. 무오사화는 이 사람이 일으킨 것이며, 갑자사화 때에 사림이 다 죽었는데도 부족하게 여겨, 송일의 상소에 따라 또 일망타진하려 하였으나, 김세필이 그 간사한 정상을 박원종에게 애써 알렸으므로, 마침내 귀양 가서 죽었다. 그 아들 류진의 죄는 죽어 마땅하나 참작하여 멀리 유배 보냈다. 진의 아우 류방도 변변치 못하였는데, 세상에 용납되지 못할 것을 스스로 알고서 목매어 죽었다. 독사는 반드시 독사를 낳는 것이니, 이상하게 여길 것이 있으랴!】

남곤의 처세와 김안로의 말로

중종 22년(1527) 3월 10일 영의정 남곤이 57세의 일기로 죽었다. 이에 중종은 애도를 표하는 뜻으로 조참·경연·열무(閱武) 등의 일을 아울러 정지하고, 소찬(素饌)을 올리도록 전교를 내렸다. 이때 사관이 사론으로 남긴 것을 한번 보기로 하자.

【사신은 논한다. 남곤은 문장이 대단하고 필법 또한

아름다웠다. 평생 화려한 옷을 입지 않았고 산업(産業)을 경영하지 않았으며, 재주가 뛰어나서 지론(持論)이 올바른 것 같았다. 임종할 때 평생 동안의 초고(草稿)를 모두 불사르고, 이어 자제들에게 '내가 허명(虛名)으로 세상을 속였으니 너희들은 부디 이 글을 전파시켜 나의 허물을 무겁게 하지 말라' 했고, 또 '내가 죽은 뒤에 비단으로 염습하지 말라. 평생 마음과 행실이 어긋났으니 부디 시호를 청하여 비석을 세우지 말라' 했다.

병이 위급해지자 임금이 중사(中使)를 보내어 죽은 뒤의 일을 물었으나 이미 말을 할 수가 없었다. 기묘년에 남곤이 심정 등과 뜻을 얻지 못한 자들로 더불어 유감을 품고 같이 모의, 몰래 신무문(神武門)으로 들어가 임금의 마음을 움직였다. 그리하여 사림을 거의 다 귀양 보내게 했지만 그 형적이 노출되지 않았으니, 그 재주는 따를 수 없다 하겠다. 그의 말에 '마음과 행실이 어긋났다' 한 것은 이를 가리켜 한 말인 것 같다. 그렇다면 이 사람도 자신의 죄를 알고 죽은 것이다. 시호는 문경(文敬)이다.】

남곤은 사림파의 영수 김종직 문하에서도 문장이 뛰어난 자였다. 성종 25년(1494) 문과에 합격한 후 사관인 검열을 거쳐 부제학·좌부승지를 지냈고, 연산군 10년(1504) 갑자사화 때 서변(西邊)에 유배되기도 했다. 중종반정 후 박경이 박원종·류자광을 죽이려 했다는 무고의 공으로 이조참판에 올랐고, 여러 판서를 역임하였다.

중종 14년(1519)에 신진세력이던 조광조 일파를 숙청하는데 앞장 서 정승 반열에 올랐으나, 만년에 죄를 자책하여 자신이 남긴 글을 모두 불태웠다. 그러나 자신의 글로 인해 화를 입을까 염려하여 취한 행동이었다는 평가를 받기도 한다. 김종직 문하생이면서도 훈구대신의 길을 걸었던 인물인데, 김일손에게는 항상 경외하는 마음으로 대했다. 김일손 묘를 옮기던 날 만시(輓詩)를 지어 애도했고, 또 김일손 문장이 강하(江河) 같다면, 자신은 개천에도 미치지 못한다고 토로하곤 했다.

남곤이 남긴 「류자광전」은 그의 오묘한 글 솜씨가 오롯이 돋보이는 것이었고, 그 중에서도 무오사화 한 구절을 그림같이 묘

남곤 묘역(양주 은현면 봉암리)
ⓒ 장득진

사했다는 평을 후세 지봉 이수광으로부터 들었을 정도다. 류자광의 죄악이 여지없이 밝혀지도록 하고는, 기묘년에 이르러 류자광을 본받아 밤에 북문을 열고 일시에 조광조를 비롯한 사림들을 잡아 들였으니, 류자광 전기를 지을 적에 자기 악함의 정상을 스스로 폭로한 것이란 평을 추가하고 말았다.

만년에 인심과 공론이 거세어지자, 미복으로 남의 집으로 옮겨 다니다 새벽녘에야 집으로 돌아오는 등 극심한 불안 증세를 보이기도 했다. 이에 반해 그의 아우 남포는 벼슬이 직제학에 이르렀으나, 청맹(靑盲)이라 칭탁하고 감악산에 숨어 세상을 등지며 조용히 살았다.

조광조를 중심으로 한 신진 세력들의 급격한 개혁에 반발한 훈구세력들 반격은 참혹했다. 남곤을 비롯하여 기묘 삼간(三奸)으로 지목된 심정·홍경주 세상이 되었고, 중종은 이들 독주를 막기 위해 김안로에게 힘을 실어주었다. 중종의 길고 긴 치세 중반기 상황이었다. 외로웠던 세자(인종) 누이를 며느리로 맞았던 김안로가 정계에 급부상한 것이다. 척신정치라는 파행적인 정국운영이 열리는 순간이었다.

문정왕후와 경빈 박씨 틈에서 불안한 나날을 보내야 했던 세자였고, 그 보호자로 자처한 이가 김안로였다, 훈구 대신들 반발로 잠시 정계에서 축출된 적이 있지만, 동궁을 저주한 '작서의 변'을 계기로 복귀했고, 대윤과 소윤의 갈등 속에서 외줄타기 권력을 휘두르다 대·소윤 합동작전에 의해 처형되었다.

그가 권세를 누리는 동안 살리고 죽이는 일이 모두 그에게서 나왔고, 여러 번 큰 옥사를 일으켜 왕실지친과 공경대신들을 죽

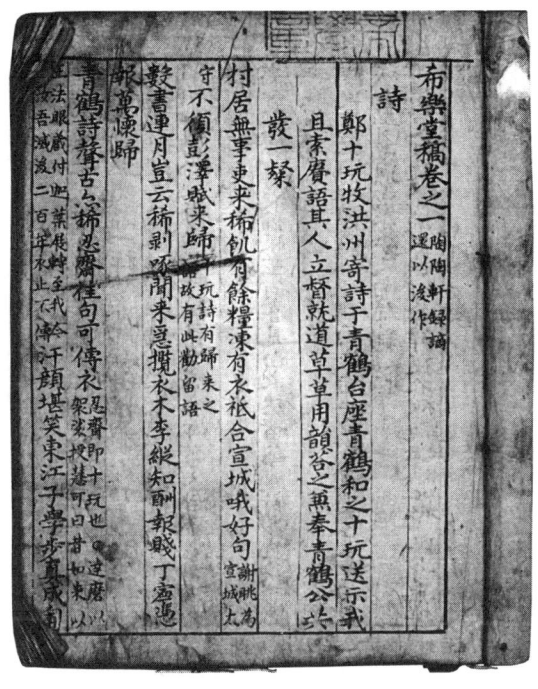

『희락당고』
ⓒ한국학중앙연구원

김안로 문집으로 규장
각 소장 8권 6책의 필
사본이다. 역모로 처형
된 이후 간행되지 못한
채 전해져 왔다. 남곤·
심정 등과 함께 사장학
을 주도했던 인물이란
점에서 가치가 크다.

이고 귀양 보낸 숫자가 얼마인지 모른다. 정적은 물론이요, 아부하
지 않는 자들까지도 거침없이 탄핵하여 내쫓거나 옥사에 연루시킬
정도였다. 김안로가 권력을 전단한다는 방서가 나붙자, 한림 나익
이 이를 사초에 기록했다. 비밀리에 감춘 사초를 뒤져 찾아낸 김안
로가 나익에게 들이대면서 누가 쓴 것이냐고 다그쳤다. 이에 "사필
을 잡은 자라면 누구인들 이렇게 쓰지 않으리오."라고 당당하게 응
한 나익은 결국 탄핵 당한 후 생을 마감하고 말았다.

중종 26년(1531) 5월, 혜성이 나타나자 임금은 피전하고
감선했다. 천변이 생겼으니 당연한 절차였다. 변괴에 대한 화살은
정권을 농단하던 척신 김안로에게로 향했다.

홍치14년신유이월일생원진사방
(弘治十四年辛酉二月日生員進士
榜)』(계명대학교 소장 보물 제
1464호)

ⓒ 한국학중앙연구원

연산군 7년의 생원진사시에 합격
했던 김안로였지만, 그의 이름이
먹으로 지워졌다.

【사신은 논한다. 김안로의 당여들이 유대를 공고히
하여 흉독을 부렸으므로 죄 없이 횡액을 당한 사람이
매우 많았다. 이것이 음양의 조화를 저해하였으니
재변의 발생은 괴이하게 여길 것도 없다. 그런데 피
전하고 감선하는 겉치레만 일삼고 있으니 실제적인
일로 하늘에 응답했다고 할 수 있겠는가.】

그런데, 6월에도 또 간방(艮方)에서 꼬리가 10자쯤 되는 혜
성이 나타나자, 사관들은 김안로에게 또 화살을 돌렸다.

【사신은 논한다. 27일에 김안로를 판한성부윤에 제

수했는데 28일에 혜성이 나타났고, 꼬리가 10여 자에 흰 빛깔이었다. 《강목(綱目)》을 보면, 진 효공 8년에 혜성이 서방에 나타났다고 썼고, 이어서 위나라의 공손앙이 진나라로 들어간 사실을 썼다. 대체로 혜성의 뜻은 옛 것을 고치고 새 것을 펴는 것이다. 진나라에서 공손앙을 쓰면서부터 모든 상세(上世)의 신명한 이의 후예들이 남김없이 사라졌고 삼대(三代) 성인의 좋은 법과 아름다운 뜻이 쓸어낸 듯이 없어졌으니, 혜성이 보이는 조짐의 응보는 큰 것이다. 지금 안로가 등용되자마자 혜성의 요괴로움이 바로 나타나니, 하늘이 조짐을 보임이 그림자와 메아리보다도 빠른 것이다. 옛사람이 혜성에 대해 논하기를 '흰 빛이 있으면 장군이 역모를 일으키며, 꼬리가 길고도 크고 오래 나타나 있으면 재앙이 크다.'고 하였다. 지금 이 혜성은 빛깔이 희고 길며, 또 7월이 다 가도록 없어지지 않았다. 김안로가 등용되자 명사들을 모두 죽이고 양법(良法)을 없앤 다음 날마다 새 법령을 선포하였으므로, 정사가 쇠털 같아서 백성들이 손만 들어도 법망에 걸리고 발을 내딛기만 해도 죄에 빠지게 만들었다. 그러다가 끝내는 반역의 정상이 드러나 정유년(중종 32) 겨울에 사약을 받았다. 그 출처와 행사가 상앙과 같았고, 장군이 역모를 일으키고 재앙이 크다는 예언이 여기서 더욱 증험되었으니, 하늘과 사람이 서로 감응되는 기미를 어찌 속일

수 있겠는가.】

혜성이 나타난 지 몇 달 지나 김안로 아들이던 연성위 김희가 죽었다. 연성위 김희는 인종 누이였던 효혜공주에게 장가들어 부귀를 누렸던 자이고, 그 연줄로 아버지 김안로가 권력을 마음대로 주무르는 척신으로 지탄받았다. 도성 안 소격동 근처에 호랑이 발자국이 발견되자 착호대장(捉虎大將)이 동원되는 법석을 떨었다. 이때 어느 사관은 "야수가 도성 안으로 들어오는 상서롭지 못한 일은 김안로 무리가 국가를 위태롭게 했기 때문에 하늘이 미리 경계를 보여줌이 영험하다."라고 사초에 남길 정도였다.

김안로 집은 훈련원 사청(射廳) 근처에 있었다. 군사들의 활 쏘는 것이 번잡하다는 이유로 사청을 다른 곳에 옮기려 했다. 김안로는 남달리 개고기를 즐겼다. 진복창·이팽수 같은 이들은 개고기 뇌물로 높은 관직을 얻었다. 외양이 단정한 김안로는 종일토록 앉아 움직이지 않았다. 얼굴은 관옥(冠玉)과 같았으며, 입었던 옷을 벗으면 한 가닥 구김도 없었으나 눈만 뜨면 요망한 태도가 볼 만 했다. 그가 얼마나 잔인한 인간상을 보여주는 가는 다음과 같은 사론에서 짐작할 수 있다.

【사신은 논한다. 김안로의 큰아들 이름은 김기인데, 아비는 인자하지 못하고 아들은 불효하였기 때문에 당시 사람들이 '부자가 원수지간이다.' 하였다. 김기는 사람됨이 경망하고 사특 한데다가 독살스럽고 세를 빌어 교만 방자하였는데, 술을 잘 마셔 병이 나서

일찍 죽었다. 하늘이 만약 수년만 더 살게 했더라면 패해를 입은 자가 얼마나 되었을지 모른다. 김안로에게는 눈이 멀고 못 생긴 딸 하나가 있었다. 안로가 그 딸을 미워하여, 죽이려고 굶기면 울부짖으며 밥을 달라고 하여 이웃이 들을까 두려워 못 굶기고, 칼로 찔러 죽이면 시체에 칼자국이 나서 친척들이 살해당한 것을 알게 될까 두려워서 못하였다. 그 흔적을 감추려고 독사를 항아리 속에다 넣고 뚜껑을 덮어서 나오지 못하게 하여 독이 잔뜩 오르게 한 다음 뚜껑을 열고 그 딸로 하여금 항아리에 발을 넣게 하니 한번 물자 그 자리에서 죽었다. 김안로는 속으로는 매우 기뻤으나 겉으로는 슬픈 척하면서 이웃 일가들에게 떠들기를 '내 딸이 변소에 가다가 독사에 물려 죽었다.' 하였다. 아, 이런 일까지 차마 했으니, 무슨 일인들 못하였겠는가.】

4
사관들의 세상만평

사치풍조

중종 때 정국공신들 모두가 큰 재산을 모았으니, 그 중에서도 박원종과 성희안이 대표적인 인물이다. 1등 공신에게 지급하는 규정된 전답과 노비 외에도 연산군 시절 각지에서 뽑아 온 흥청(기생) 300은 물론 온갖 금은보화까지 하사 받은 박원종이었다. 예조 낭관 정사룡이 공무로 박 대감 집을 방문했다가 눈이 휘둥그레지는 장면을 한번 보자.

세 문을 지나 대청 앞에 이르니 돌로 다듬은 뜰에 반

송 두어 그루가 있고, 붉은 난간 푸른 창문이 화려해 눈을 부시게 했다. 다시 문 하나를 들어서니 조그만 누각 하나가 날아 갈 듯이 서 있는데, 붉은 발이 땅에 드리웠고 말소리가 은은하여 마치 구름 속에서 노니는 것 같았다. 이때 머리 장식을 한 채 노란 적삼에 붉은 치마를 땅에 끄는 시녀 하나가 나와, 대감께 들어오시라면서 안내를 했다. 다시 문 하나를 더 들어서니 맑은 향기가 코를 찌르는 연못 동쪽 평상 위에 박공이 앉았는데, 수놓은 베개와 비단 자리에 두 여종이 부채를 들고 당상에 서 있고, 주렴 안에는 또 시녀들이 수없이 보였다. 용무를 끝낸 후 젊은 후배에게 대접하려고 술상을 내어 오라 명하니, 모든 시녀들이 일제히 대답하고 꿇어 앉아 술상을 올리는데, 진수성찬이 가득하고 기생 수백 명이 악기를 가지고 못가에 줄지어 풍류를 아뢰니 거나하게 취해 갔다. 자리를 파하자 여러 시녀들이 겨드랑이를 끼고 부축하여 문밖까지 전송해 주었다.

박원종의 사는 모습에 젊은 정사룡은 넋을 잃고 말았다. 이를 부러워했던 정사룡은 급기야 본처를 내쫓았고, 만년에는 집을 더 크게 지어 고기반찬을 10여 가지 이상 올리지 않으면 밥을 넘기지 않았다. 그러면서도 어찌 박공의 만분의 일이라도 따를 수 있을까 한탄하며 살았다.

정사룡의 재산 모으는 방법은 타의 추종을 불허했다. 강가

충렬공 박원종 묘역(경기 남양주)
ⓒ 장득진

묘역 초입에 박원종 신도비가 우뚝 서 있고, 그 위로 아들 박운 묘와 박원종 묘가
차례로 있으며, 그 서쪽에 부친 박중선 묘가 있다.

에 세워진 정자를 뇌물로 챙겨준 사람에게 과거 합격시켜 주기까지
했고, 찾아오는 손님에게 술 한 잔 대접하는 법이 없었다니 가히 짐
작이 간다. 뛰어난 문장으로 중국으로 보내는 외교 문서를 도맡아
쓸 정도였기에 오랫동안 대제학으로 있었고, 정난종 손자요 영의정
정광필 조카에다 판서까지 지냈으니, 누릴 재산이 충분하였을 것임
에도 이토록 욕심 부렸으니, 후세에까지 두고두고 욕먹을 일만 벌
인 셈이다.

　　　정사룡이 그렇게 부러워했던 박원종은 적처에게 아들을 보
지 못해 서자 운에게 만금을 물려주고 이승을 하직했다. 박원종의
서자 운이 물려받은 집은 김안로 자식 집과 담을 두고 붙어 있었는
데, 한 틈바구니 땅을 가지고 다투다가 원수지간이 되었다. 김안로

역시 사람들에게 지탄 받던 권세가였으니, 그의 집 또한 단청과 화채가 신하로서는 도저히 생각할 수 없는 집이었다. 집 주위 민가들을 강제로 사들여 넓혔기에 의탁할 곳을 잃은 백성들이 통곡했다했으니, 짐작하고도 남을 일이다.

조선조 사치 풍조에 대해 사관들의 눈은 매서웠다. 사치하게 되면 재물을 손상하고 재물을 손상하면 반드시 백성을 괴롭히게된다는 생각 때문이었다. 사치란 천재지변보다도 더 무서운 것이라고 경계하던 것도 그런 이유 때문이었다.

서슬이 퍼렇던 연산군 재위 8년에 사헌부에서 사치 혼수를금하는 절목을 정했으니, 채단과 침구에 사라·능단(紗羅綾段)을 쓰는 것, 갓 장식에 금은·주옥(金銀珠玉)을 쓰는 것, 갓끈에 산호·유리(瑠璃)·명박(明珀)을 사용하는 것, 동뢰연 외에 유밀과(油蜜果)를 쓰는 것, 화려하게 안장을 꾸민 말을 먼저 보내는 것, 신부가 시부모를뵐 때 사라능단 의복과 금은·주옥 패물을 갖추어 가는 것들을 모조리 금했다. 혼인하는 집에서 납채(納采)와 예식 날짜를 미리 관에 알리면, 아전들을 보내어 감찰하도록 하고, 만약 날짜를 알리지 않았다가 발각되면 가장은 물론이고 거주지 관원과 관령(管領)들까지중한 죄를 받게 될 뿐만 아니라 찾아오는 손님까지 처벌하도록 규정하고 있다.

호화혼수를 마련하지 못해 혼기를 놓치는 사례가 많았던것이 당시의 고질병이었다. 가난하지도 않으면서 시속에 구애되어혼인할 시기를 놓친 사람은 그 가장을 형률에 따라 처벌한다는 법규정이 추가된 것도 그런 이유 때문이다. 사라능단 같은 비단은 중국에서 수입한 물품들이다. 지금이야 중국에서 수입한 물품들이 보

『단원풍속도첩』시집가는 날
ⓒ 국립중앙박물관

잘 것 없어 저급한 것들뿐이지만, 당시만 하더라도 중국산 비단이나 물품들이 최고급이었음을 말할 나위 없다. 중종이 재위 14년에 백포·흑포 각각 40필을 대내에 들이도록 명하자, "성종 조에는 전혀 낭비가 없어 왕자와 왕녀도 군색함을 호소하였는데, 오늘 명한 것이 적기는 하나 실로 뒷날 허비의 조짐이었다."라고 역사 기록에 남길 정도였다.

명종 시절에 사치 대명사는 외척 윤원형을 따를 자가 없었다. 호화로운 큰 상에 팔진미를 고루 갖춰 하루에 만전(萬錢)씩 소비하면서도 중국 진나라 하증 같이 수저 갈 데가 없다는 탄식을 늘어났다. 장안에 1급 저택이 13채나 되었는데, 그 사치스럽고 웅대함이 극에 달하여 비단으로 만든 휘장을 치고 금은으로 꾸민 그릇을 사용했으며, 사치스러운 가구와 집기는 임금에게 비길 만하고 첩들의 사치한 복식은 대궐보다 지나쳤다고 실록은 적고 있다.

당시 여자들의 화장이나 패션 등 유행의 일번가는 궁중이었다. 흔히 궁중양식이라 하는 것들이 사대부가로 흘러들어 가고, 나중에는 민가에까지 유행하게 된다. 이리하여 비빈(妃嬪)·시첩(侍妾)들로 하여금 사치하거나 화려한 옷을 입지 못하게 하고, 왕자나 부마 집에서 주옥·비단으로 장식하는 풍조를 엄하게 금해야 한다는 목소리가 높아지고 있었다.

조정에서는 의복제도를 고치게 하여, 선비는 관건(冠巾)·단령(團領)을, 무인은 모립(毛笠)·철릭(帖裏)을, 장사치나 노예들은 모모(毛帽)·면의(綿衣)를, 농사꾼은 대립(臺笠)·포의(布衣)를 입도록 정하기도 했다. 조정 대신들도 사라능단은 대회례(大會禮)나 연향(宴享)이 있을 때와 같이 거의 예복으로만 입었으나, 중종 때에는 당상관으로 승진하자마자 아무 때나 입고 다닌다는 폐단이 지적되고 있는 걸로 볼 때 조정대신들의 사치 풍조도 만연했던 것 같다.

중종 36년(1541)에 사대부에게 화려하고 아름다운 복식을 금지한다는 명을 내린 적이 있고, 이 때 덧붙여진 사론은 다음과 같다.

【사신은 논한다. 호조 좌랑 김생해가 입은 옷이 극도
로 사치스럽자 정랑 권겸이 좌석 상에서 크게 꾸짖기
를 '그대가 중이 물려준 부를 빙자하여 분수에 넘치
는 사치스런 옷을 입고 스스로 호걸인 체하고 있으나
식자들이 보기에 어떻게 생각하겠는가.' 하니, 생해
가 부끄러워 얼굴을 붉히고 감히 말 한 마디 못한 채
땀만 흘리고 있을 뿐이었다.】

김생해가 호조 좌랑이니, 지금으로 치면 재정경제부 계장
쯤 되는 자이다. 상사인 권겸에게 사치스런 옷차장으로 혼쭐나고
있는 모양은 생각만 해도 고소한 느낌이 든다. 중이 물려 준 부라고
비난한 것은 당시 요승으로 지목되었던 학조를 가리킨다. 학조는
세조 말기에 불사를 크게 일으킬 때 총애를 바탕으로 큰 재산을 모
았고, 또 여자관계가 복잡하다는 이유로 사림들이 크게 배척했던
인물이었다. 학조가 그 재산을 숙부인 김생해의 아버지에게 물려주
었기에 놀림의 대상이었다.

이러한 사치가 사대부가는 물론이요, 민가에까지 만연하자
이를 금지해야 한다는 목소리가 높아졌다. 이 때 신용개와 안당도
한 목소리로 거들었지만, 지켜보던 사관은 이 순간을 놓치지 않았
다.

【사신은 논한다. 신용개는 제도를 벗어나 아주 사치

김홍도 작 평양감사향연도
ⓒ 국립중앙박물관

하게 집을 꾸미고, 아름다운 첩을 많이 거느려 각각
다른 집에 두고 날짜를 헤아려 돌면서 자고 다녔고,
남녀 하인들도 앞을 다투어 의복과 음식으로 아름다
움을 뽐내고, 용개는 밤낮으로 주색에 빠져 지냈다.
안당은 소격동에 집을 짓되 돌로 기둥을 만들기까지
하였으므로, 대간이 논박하였다. 이 두 사람은 다 자
신이 절검하지 않았는데도 말하는 것은 그럴듯하였
으니, 부끄러운 일이로다.】

당시 사림 사회에서나 후세의 사가들에게도 선비다움의 풍

모가 있었다는 긍정적인 평가를 받는 인물이 신용개와 안당이었다. 그들은 당대의 제일가는 문장가인 동시에 신구 세력의 갈등 속에서도 이를 조정하려고 애쓴 정치가였다. 그런 위치에 있던 사람들에 대한 사관의 평가가 이러하니, 수신제가가 이토록 어려웠던 것인가. 오늘 날 우리들 자화상 같은 느낌을 지울 수가 없다.

호화장례

성리학적 사회질서의 틀이 잡히기 시작하자, 이에 따른 문제점들도 나타나고 있었다. 중종 때 만연되고 있던 호화장례 폐단도 그 중의 하나였으니, 당시 임금께 건의한 내용을 한번 보자.

지금은 세속이 외관의 아름다움만 숭상하여, 미관말직의 상사(喪事)에도 자손들은 반드시 비갈(碑碣)을 세우는데, 이를 먼 지방에까지 실어 나르게 되어 민폐가 적지 않습니다. 인심이 예 같지 아니함이 이러합니다.

개나 소나 묘비를 세우던 세풍을 영의정 정광필이 짚고 나선 것이다. 현재 남아 있는 금석문들을 조사해 보면 고려 이전의 것은 매우 드물다. 남아 있다 할지라도 불교계의 큰 족적을 남긴 고승들의 것이 많다. 이에 비해 조선조에 들어오면 너나 할 것 없이 비를 세웠다는 사실은 현존 유물들을 통하여 짐작할 수 있다. 이런 사실을 꼬집은 것이다. 위의 『중종실록』 기사 아래에 덧붙여진 사관의 논평을 한번 보자.

【사신은 논한다. 이때 사대부가 상사를 당하면 얻기 어려운 물건을 기어이 얻으려고 하여, 석회를 얻지 못하면 감히 매장하지 못하고 다투어 외관의 아름다움에 힘을 썼다. 이로 말미암아 항간의 소민(小民)들도 그 풍속을 사모하여 화려함을 힘쓰게 되고, 장사하는 날에는 술과 과일을 풍성하게 갖추어 이웃과 친척들을 흡족히 접대하면서 술 마시고 농담하였다. 그리고 모든 상구(喪具)에 대해서는 삼가서 정성을 다하지 아니하며 보는 자가 아름답게 여기도록 하기에만 힘써, 향리(鄕里)의 칭찬만 받으려고 하였다. 만약 가난하여 이를 갖추지 못하게 되면 때가 지나도 장사를 치르지 아니하고 땅 마지기를 팔아서라도 준

『기산풍속화첩』속의 조관행상(朝官行喪) 모습
ⓒ 국립중앙박물관

비를 하여, 기어이 부자들과 같이하려 하였다. 그리
하여 혹 그 장례 기간을 물으면 아직 술과 과일을 장
만하지 못했다고 말하며, 그 풍습이 왜 그렇게 되었
는지 이상히 여기지 않았다. 술과 과일을 풍성하게
준비하여 많은 사람을 취하고 배부르게 하면 고장 사
람들이 서로 칭찬하기를 '아무개는 돌아간 어버이를
위하여 정성을 다하였다.' 하고, 그렇지 못하면 '그
정성이 박하다.' 하였다. 풍속의 불미함이 이와 같은
데도 조정에서 이를 개혁하지 못하므로 정광필이 언

급한 것이다. 풍속이 또 보본(報本)을 숭상하므로,
우부우부(愚夫愚婦)라도 속절(俗節 ; 제삿날 이외에
철 따라 사당이나 선영에 차례를 지내는 날)을 만날
때마다 반드시 그 선영에 제사하기를 폐하는 일이 없
으니, 식자가 서로 이르기를 '우리 나라의 좋은 풍속
은 오직 이것뿐이다.' 하였다.】

정광필의 건의에 대해 중종도 적극적으로 찬성하고 나섰
다. 옆에 있던 시강관 이언호도 당시 세태를 개탄했다. 사치 풍조가
너무 심해 음식과 의복을 남과 같이 하지 못함을 부끄럽게 여기어
재상·사대부 집 부녀는 담비 모피로 된 초구(貂裘)나 나사(羅紗) 같

정광필 신도비각(경기 군포 동래정씨 세장묘역)
ⓒ 장득진

은 옷이 없거나 지붕 있는 가마가 없으면 수치스러워 출행하지도 못했고, 중국 비단 품질이 좋지 않다 하여 자기 집에서 사사로 직조하기에 이르렀다는 것이다. 이토록 사치가 습속을 이루니 물가가 등귀하는 현상까지 벌어졌다고 개탄하고 있었다.

　　위의 정광필 건의와 사관 논평은 당시 장례 풍습과도 큰 관련을 맺는 것이다. 고려 시대의 귀족들은 불교 의식에 따라 대개 화장을 하는 경향이 많았던 것에 비해 조선 사회로 넘어오면서 사대부가에서는 오로지 '봉제사(奉祭祀) 접빈객(接賓客)'을 최고의 미덕으로 삼았기에 관혼상제와 그에 관련된 손님 접대에 심혈을 기울이는 것이었다.

　　이는 한국의 체면문화와 직결되는 것이기도 하다. 합리적

동래정씨 세장世葬 묘역(경기 군포)
ⓒ 국가유산포털

군포 속달동 산 3번지 수리산 자락의 동래정씨 묘역엔 허백당 정난종과 그의 아들 정광보, 정광필 등의 묘와 신도비들이 즐비하다.

이고 실리적인 서구 문화에 젖은 사람들이 보면 도무지 이해를 하지 못하는 이질적인 것이다. 그러나 우리의 경우는 이해를 하면서도 싫은 것은 어쩔 수 없는 문화 중의 하나이다.

똑똑한 조상이 돈 많은 자손을 두어 왕릉처럼 조성하는 묘역이 늘어 가는지 모르겠지만, 묘역 조성도 법도가 있는 법이다. 비문에 새겨진 내용을 후대에도 믿기를 바라는 마음으로 세우기야 하겠지만, 그대로 믿을 후손들이 몇이나 되겠으며, 후대의 사가들에 의해 어떤 평가를 받을 것인가를 먼저 생각해 보아야 한다.

조선조 영남학파의 거두 조식 선생은 선고(先考)의 비문에서 "자기의 서술이 혹시 사실에 어긋나 아버지를 속이고 부끄럽게 해서는 안 된다."라고 한 말을 되새겨 봐야 한다. 그는 또 『유두유록(遊頭流錄)』에서 암석에 이름자 새긴 자들을 두고 "그들의 이름은 후세에 전혀 알려지지 않았고, 청절고행(清節苦行)한 정여창 등의 이름만 길이 전해진다."라고 개탄하지 않았던가.

이러한 허풍과 과시욕이 체면을 낳게 된다. 오로지 체면을 중시하는 한국인의 의식구조는 우리 선조들이 물려 준 것이 틀림없다. 조선조 사대부들이 죄를 지을 경우 체형보다는 체면을 손상시키는 형벌에 처했던 것도 그런 의식구조의 한 단면이다. 잘 입은 거지가 더 잘 얻어먹는다는 말이 왜 생겨났겠는가.

우리가 못 먹고 못 살 때는 체면을 먹고 살았지만, 이제는 실리를 먹고 살아야 하는 산업사회이다. 그런 의미에서 본다면 조선 시대에 걱정했던 사치와 체면문화가 아직도 걱정으로 끝나서는 안 된다는 점을 명심해야 할 것이다.

노와공신怒臥功臣

연산군을 폐위시키고 중종을 옹립한 반정세력들은 공신책봉을 둘러싸고 한창 머리를 맞대고 있었다. 월산대군 처남 박원종이 그의 누이가 연산군에게 희롱 당한 분을 풀기 위한 것이었는지, 아니면 구국의 결단이었는지 알 수는 없지만, 성희안과 유순정이 있었기에 거사를 성공할 수 있었다.

구국의 결단이었다 해도 공신들의 행동들이 역사적 평가를 정당화하는 데까지는 이르지 못했으니, 행위의 거울인 역사가 두렵기만 한 것이 아닌가. 성공한 쿠데타는 처벌할 수는 없다는 말이 있지만 역사가 결국 처벌하는 것이니, 역사에 대해 정당한 행위여야 한다는 점이 전제되지 않고서는 반역사적인 죄인이 될 수밖에 없는 것이리라.

반정을 성공으로 이끈 박원종을 비롯한 핵심 인물 세 사람이 모여 공을 의논하는 자리에서, 자신의 가까운 가족과 인척들을 하나라도 명단에 더 올리기 위해 혈안이 되었다. 이리하여 정국공신(靖國功臣)으로 명칭이 정해진 이들은 4등 공신까지 나누었고, 117명에 달하는 숫자를 공신으로 책봉했다. 정국공신 중에서 종친 5명, 환관 6명을 제외한 106명을 조사해 보면 사촌 이내 친족이 41%(45명)이고, 혼인관계로 성립된 인척 집단이 35%(39명)를 차지한다. 반정을 주도했던 3대장, 즉 유순정 관련자는 7명, 성희안 관련자는 6명, 박원종 관련자가 5명으로 나타난다.

명분에 어긋나는 공신 책봉은 혼란을 야기했다. 사림세력들의 공격 빌미가 된 것이다. 위훈(僞勳)을 삭제해야 한다는 명분의

순창삼인대(淳昌三印臺)
ⓒ 국가유산포털

성희안 박원종 등이 중종반정 후 단경왕후 신씨를 역적의 딸이라 하여 물러나게 하자, 순창군수 김정과 담양부사 박상 등이 죽음을 각오하고 상소를 올릴 적에 관인을 소나무 가지에 걸었다하여 삼인대라는 비각을 세웠다.

목소리는 커져만 갔고, 후세 사가들에게도 반정의 정당성을 부여받지 못하는 결과를 낳았다. 공신 책봉 당시 에피소드까지 당시 사관들은 놓치지 않았다.

【사신은 논한다. 신수린은 성희안의 매부다. 공을 논할 때, 성희안이 그의 어머니에게 고하기를, '박원종·유순정과 저 세 사람의 자제들이 모두 공신 등록에 참여하였으되, 저희 자제가 가장 많습니다. 수린

은 나이가 젊어서 형편상 입을 열 수 없습니다.'라고 하니, 그 말을 듣고 어머니가 노하여 돌아누우며 '내 다시는 네 낯을 보지 않으리라.' 하였다. 이튿날, 성희안이 어머니의 말로 박원종 등에게 청하여 공신록에 덧붙여 기록하였다. 이웃 마을이나 사람들이 신수린을 지목하여, 노와공신(怒臥功臣)이라 하였다. 기타 외람되게 참여한 자도 또한 이와 같은 것이 많았다.】

　들어 누워 화를 냈더니 공신이 되었다는 노와공신 신수린은 4등 공신으로 책봉되었다가 조광조 등 신진 사림들의 주장으로

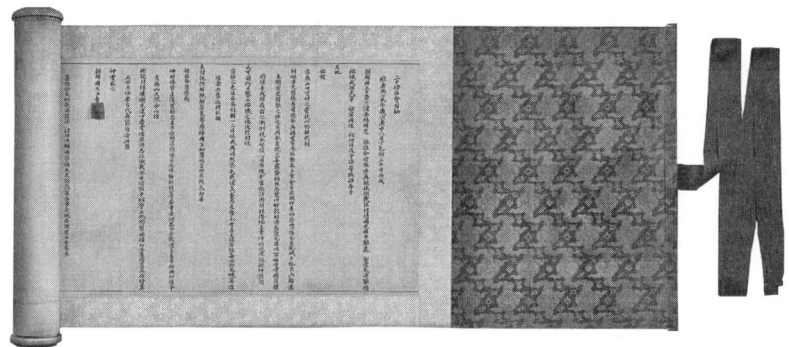

국보 이십공신회맹축(二十功臣會盟軸)
ⓒ 국가유산포털

숙종 6년(1680) 개국공신 이래 보사공신까지 공신과 자손들을 모아 회맹제(會盟祭)를 거행한 후 작성한 회맹축으로 작성된 시기는 1694년이다. 공신과 공신 적장자손에게 반사하기 위해 활자로 간행한 회맹록은 다수가 전하지만, 이 회맹축은 어람용이므로 유일본에 해당된다.

위훈삭제 될 때 모두 공신록에서 삭제되었다.

【또 논한다. 연산 말년에 장차 복망(覆亡)할 화가 있
었으나, 조정에 있는 뭇 신하는 한 사람도 계교를 내
어 의를 외치는 일이 없었으되, 전라도에서는 유빈
등이 거사할 것을 같이 모의하여 서울과 지방에 격문
을 띄웠고, 경상도에서는 조윤손 등이 가까운 친척
인 윤탕로와 더불어 기병할 것을 모의했으나 거사하
기에 미치지 못하였는데, 마침 박원종 등이 먼저 대
의를 세움에 힘입었으니, 삼공육경은 목숨을 보전할
수 있었던 것만으로도 족하다 할 수 있다. 그런데 훈
맹(勳盟)에 참여해서는 부끄럽게 여기지 않고 또 자
제로 하여금 훈적(勳籍)에 참여하게 하였으니, 그 이
른바 공이 무슨 일인지 알지도 못하겠다. 그뿐만이
아니라 연줄로 인하여 참여하기를 청한 자가 얼마인
지를 모르겠으니, 이와 같은 유는 족히 말할 것도 못
된다. 그러나 우의정 김수동은 한때의 명류(名流)로
어머니 복제 중이었으니, 추대한 뒤에는 곧 돌아가
상주 노릇 하는 것이 옳거늘, 공을 논한 뒤에 조용히
집으로 물러나 유자광에게, '아우 김수경은 어떤 등
급의 공에 기록되었느냐?'라고 물었다. 조금 지식이
있다던 김수동의 탐욕스러움이 이 같았는데, 하물며
다른 사람이겠는가.】

참으로 서릿발 같은 역사의 심판이 아닐 수 없다. 김수동은 당대 명망 있는 정승으로 반정에 뒤늦게 참여했지만, 귀양길에 오른 폐주에게는 마지막 예를 다하는 대인의 면모를 보여 주었다. 연산군 뜻에 따라 움직인 신하라는 비판을 받기도 했지만, 공포정치하에 재치 있는 용기로 많은 사람들의 목숨을 구하거나 화를 면하게 했던 것도 사실이다. 이런 점에서 굽은 소나무 충신이란 평가를 받아 왔다. 그러한 그가 공사를 구분하지 못한 한 때의 잘못된 판단으로 사관들에게 지탄받는 신세가 되고 말았다. 역사의 평가는 이렇듯 매섭고도 차갑다.

희대의 모사꾼으로 알려진 유자광도 처음부터 반정 모의에 가담한 것은 아니었다. 반정 모의가 한창 무르익을 무렵 성희안에 의해 갑자기 여락 받고 반정군으로 참여하여 1등 공신으로 책봉된 것이다. 여기에서도 그의 꾀주머니가 발동하게 된다. 반정이 끝나 녹훈하는 자리에서 자신은 이미 예전에 공신책봉을 받았으니 그 공을 자손에게 줄 수 있도록 박원종에게 간청했다. 반 내락을 받은 그는 손자 승건의 이름을 손수 먼저 올리니, 유자광도 그냥 둘 수가 없어 함께 공신으로 책봉할 수밖에 없었는데, 그 후 박원종의 속았다는 후회는 이미 때늦은 뒤였다(『연려실기술』에는 유자광이 그의 아들 방(房)과 함께 공신으로 책봉되었다 했으나, 실록에서 공신으로 녹훈된 자는 그의 손자인 승건으로 되어 있다).

류자광에게 부탁한 김수동의 동생 김수경은 3등 공신으로, 유자광의 손자 유승건은 4등 공신으로 책봉되었지만, 공신록에서 삭제되었다. 이러한 위훈삭제는 훈구세력들에게 엄청난 반발을 샀다. 조광조를 비롯한 사림들이 대거 화를 입는 기묘사화 원인이 되었고, 추탈되었던 공신들도 전원 복권되고 말았다.

반정이란 『춘추공양전』의 '발란반정(撥亂反正)'에서 나온 말이다. 난세를 평정하여 정상을 회복한다는 뜻이다. 이는 『사기(史記)』의 태사공 자서(自序)에서도 쓰인 후 보편화되었다. 유교를 이념으로 하는 왕조국가에서 왕권에 도전하는 것은 생각할 수도 없는 것이다. 그러나 천도를 어긴 자를 언제든지 내쫓을 수 있는 명분을 제공한 것이 반정이며, 이를 통해서 그 행위는 정당화된다.

조선 시대에 반정은 두 차례 있었다. 인조반정은 일부 서인 세력들에 의해 성공하였기에 광범위한 지지를 받을 수 있는 상황이 아니었다. 그러나 중종반정은 유교국가 사회에서 도저히 용납되지 않을 폭군을 몰아 낸 반정이었기에 광범위한 지지를 받을 수 있는 여건이었지만, 정국공신들이 자제력을 잃어 그 명분을 퇴색시키고 말았다.

역사는 정직하다. 바르고 곧은 것이 역사의 생명이니, 바르고 곧지 않은 것은 역사가 아니다. 정직한 역사가 후손들을 바르게 인도할 수 있는 것이니, 오늘날도 역사의 눈은 속일 수 없도록 모두가 노력해야 한다.

암탉이 울면 집안이 망한다

명종 6년(1551) 2월 10일 임금은 승정원에 전교를 내렸다.

"이번에 함경 감사의 장계(狀啓)를 보니 함흥 지방에 암탉이 수탉으로 변한 일이 있다 한다. 지난 을해년 (중종 10)에도 그러한 변괴가 있었는데, 지금 또 다시 있다 하니 이는 비상한 변괴이다. 정원은 이를 알고 있으라."

암탉이 수탉으로 변했다는 일은 우리 역사상 흔히 나오는 이야기다. 생물학적으로 돌연변이에 의한 것인지 알 수는 없으나, 역사상의 기록은 이와 연관된 해석이 필요하다. 예를 들어 중종 9 년(1514)과 10년 사이에도 4차례나 암탉이 수탉으로 변했다는 것이 보고되었고, 이것을 실록에 남긴 이유는 간단하다. 중종 계비 장경왕후가 인종을 낳은 출산 후유증으로 7일 만에 사망했고, 왕의 총애를 받던 경빈 박씨 움직임 또한 심상치 않았을 시기였다. 박씨는 세자보다 여섯 살이나 많은 복성군을 두었으니, 이런 배경에서 암탉·수탉 이야기가 실록에 올랐던 것으로 보인다.

이러한 상황은 천재지변과 비슷한 일종의 변괴에 해당한다. 따라서 임금을 비롯한 위정자들은 더욱 더 근신해야 한다. 전근대 사회에서 암탉·수탉론은 여성의 정치 참여가 심해질 때 주로 나타나는 경향을 보인다. 조선 초기 권근의 주도하에 편찬된 『동국통감』에서 신라 여왕에 대한 사론에 보면, 당 태종이 선덕여왕에게 책봉 내린 것은 인도(人道)를 저버린 것이라 했던 동시에 한의 여후(呂后)나 당나라 무후(武后) 예를 들면서 암탉이 울어 나라를 위태롭게 했다고 설명하고 있다.

명종 재위 기간 동안 암탉이 수탉으로 변했다는 보고는 잦고도 잦다. 명종 12년(1557) 4월 경기도 안성, 13년 8월 전라도 무장, 14년 10월 함경도 이성과 경상도 의성 등에서 4차례나 더 보고되었다. 이는 어린 명종을 대신하여 그의 생모 문정왕후가 수렴청정 하는 동안의 전횡을 비유한 것이었다.

중종의 비는 단경왕후 신씨였다. 친정아버지 신수근이 반정세력에 의해 제거됨으로써 그녀 역시 사제로 쫓겨나는 불운을 맞았다. 계비 장경왕후가 뒤를 이었으나 인종을 생산한 뒤 생을 마감하였다. 이리하여 새로 간택된 이가 문정왕후였다. 간택할 시기에 윤지임 딸(문정왕후)이 위독하여 파성군 윤금손 딸을 들이기로 결정되었다. 그러던 어느 날 윤지임 딸이 나으면 파성군 딸과 함께 대궐에 나오라는 명이 내려졌고, 국모 자리는 윤지임 딸에게 돌아갔다. 암탉이 수탉으로 변하는 상황이었다.

인종대왕 태실(경북 영천시 청통면)
ⓒ 국가유산포털

중종이 39년의 치세를 마감하고 인종이 뒤를 이었건만, 8개월이란 짧은 재위기간을 겨우 채운 채 승하했다. 12세의 어린 이복동생 경원대군이 왕위를 계승하니, 13대 임금 명종이었다. 인종 외척인 대윤과 명종 외척인 소윤 갈등을 알리는 서곡이었다. 중종 하반기에 시작된 대·소윤 갈등은 첨예했고, 명종이 즉위한 후의 을사사화 계기로 대윤세력은 몰락의 길을 걸었다.

　　명종이 즉위할 때, 인종 비 인성왕후 박씨가 왕대비로 있었고, 문정왕후는 대왕대비였다. 어린 명종의 수렴청정 문제가 관심이었다. 예민한 문제 해결을 위해 선뜻 나서는 사람이 없었다. 이언적이 송나라 철종 고사를 들어 대왕대비 섭정의 논리를 폈다. 형수와 시동생이 궁전에 함께 앉을 수 없다는 논리이기도 했다. 명종의 생모 문정왕후에게 섭정이 맡겨지는 순간 암탉이 크게 울어대기 시

명종 태지석과 태항아리
ⓒ 국립고궁박물관

작했다.

　문정왕후를 흔히 조선 시대 불교를 중흥시킨 여걸로 표현하기도 한다. 그녀는 중종 재위시절에도 불교에 심취해 있었다. 왕실 재정을 맡은 내수사를 통하여 사방의 절에 밀사를 파견하였고, 각 지에 내원당을 두어 기도를 올리기도 했다. 세조 이래 왕실 불교가 쇠퇴해 갔건만, 왕비라는 특권이 작용했던 것이 분명했다. 불사를 일으키기 위해 문정왕후가 중용한 보우에게 그 화살이 돌아갔다. 문정왕후에게 가는 직접적인 공격은 위험이 따랐기 때문이다. 이런 상황에서 간접적으로 문정왕후를 공격할 수 있는 무기가 암탉이었다. 암탉이 수탉으로 변했던 것으로 시작하여, 암탉에서 변한 수탉이 울었다는 식으로 옮겨갔던 것이다.

　암탉이 수탉으로 변했다는 기록이 집중적으로 나타나는 시기는 문정왕후가 정권을 잡고 휘두르는 시기와 정확하게 일치한다. 암탉이 울면 집안이 망한다는 것은 『서경』에서 따온 문구였다. 사관들의 사초에 근거한 『명종실록』 사론(史論) 몇 개를 보기로 하자.

　　【사신은 논한다. 서울에서 양종을 다시 설립하자 함
　　흥에서는 보우가 발적(發跡)하였고, 서울에서 흰 무
　　지개가 해를 꿰뚫자, 함흥에서는 암탉이 수탉으로
　　변하였다. 하늘이 이물(異物)의 요망함을 보여준 것
　　이 마치 그림자나 메아리처럼 서로 반응을 나타내니
　　어찌 매우 두려워할 일이 아니겠는가. 대신은 혀를
　　묶어놓고 대간은 입을 봉한 채 말이 없는데, 미약한
　　정원이 겨우 두려워해야 한다는 뜻으로 범연히 아뢰

어서 끝내 임금의 마음을 감동시키지 못하였으니, 식견이 있는 자는 마땅히 팔을 걷어붙이고 길게 탄식해야 할 것이다.】

【사신은 논한다. 천지 사이에 생명이 있는 물건은 태어날 때부터 암컷과 수컷이 정해져 결코 서로 뒤바뀌지 않는 것이니, 이는 음과 양의 바꿀 수 없는 정해진 이치이다. 의성 고을에서 암탉이 수탉으로 변해서 볏과 뒷 발톱이 나고 수탉처럼 울기까지 하였다니 이변으로는 극에 이른 것이다. 《서경》에 '암탉은 새벽에 울지 않는다. 암탉이 울면 집안이 망한다.'고 하였다. 암탉이 새벽에 우는 것도 오히려 집안이 망한다고 하였는데, 더구나 수탉으로 변해 닭 벼슬과 뒷발톱이 나고 울기까지 하였음에랴. 당시에 문정왕후가 안에서 국정을 잡고 외척이 밖에서 권력을 휘둘러, 임금은 위에서 고립되고 중들은 아래에서 날로 번창하였다. 음양이 뒤바뀌고 요얼(妖孽)이 거듭 이르는데도 군신 상하가 멍청히 두려워할 줄 모르니, 아, 통탄할 일이다.】

사대부들 입장에서 예민했던 불사 문제는 현실에서도 큰 논란 거리였다. 대간이나 경연관들이 쉴 새 없이 불사를 중지하고 요승 보우를 처단하라는 직간을 올렸다. 『명종실록』 분석에 따르면, 양종을 다시 세우라는 명령을 철회하라는 상소가 423회, 보우를 없

문정왕후
가상존호금보보록
ⓒ국립고궁박물관

애야 한다는 계(啓)가 75회에 달한다. 당시 사림정치는 공론(公論)을 바탕으로 움직였다. 문정왕후가 불사를 일으키는 것이 바로 공론을 저버린 처사였으니, 힘겨루기는 계속되었다.

괄괄한 성격의 문정왕후는 물러설 기미를 보이질 않았다. 임금에게도, 내가 아니었다면 어떻게 이 자리를 차지할 수 있었는 가라며 윽박지르기 일쑤였고, 민가에서 어머니가 자식에게 야단치 듯 했다. 이런 성격이고 보니, 명종 20년(1565) 창덕궁 소덕당(昭德 堂)에서 문정왕후가 죽을 때까지 바람 잘 날 없었다. 이런 상황인지 라 그녀에 대한 사관들의 논평이 고울 리 없다.

【사신은 논한다. 윤씨는 천성이 강하고 문자를 알았
다. 인종이 동궁으로 있을 적에 윤씨가 그를 꺼리자,
그 아우 윤원로·윤원형 무리가 장경왕후(인조의 어

머니)의 아우 윤임과 틈이 벌어져, 윤씨와 세자의 양쪽 사이를 얽어 모함하여 드디어 대윤·소윤의 설이 있게 되었다. 이때 사람들이 모두 인종의 고위(孤危)를 근심하였는데 중종이 승하하자 인종은 효도를 극진히 하여 윤씨를 섬겼다. 그러나 빈번히 원망하는 말을 하고 심지어 '원컨대 관가(官家)는 우리 가문을 살려 달라.'고 말하기까지 하였다. 인종이 이 말을 듣고 답답해하고 또 상중에 과도히 슬퍼한 나머지 몸이 상하게 되어 승하하게 되었다. 주상(명종)이 즉위하게 되어서는, 당시 여러 대신들이 그의 강한 성격이 반드시 나라를 해칠 것이라 근심하여 조정에 나오지 못하게 하려 했으나, 대개 그 시세가 부득이함을 헤아리지 못하고 곧 화를 부를 뿐이었다. 얼마 못 가서 문득 큰 옥사를 일으켜 인종을 비호한 사람들 모두 역적으로 지목하였다. 슬프다! 윤임 같은 사람은 소윤에게 미움을 당한 지 오래되었으므로 무지한 무부(武夫)로서 혹 스스로 불안한 마음을 품었지만 반역한 형적이 또한 나타나지 않았고, 유관 같은 사람은 본디 청렴하고 곧아 왕실에 마음을 다한 것으로 일컬어졌는데 또한 무슨 죄인가? 대개 윤 왕후가 전에 감정이 쌓이었고 뒤에 화를 얽어 만들었는데, 이기의 무리가 이를 도와 한 것이었다. 그래서 그 화가 길게 뻗치어 10여 년이 되도록 그치지 않았고, 마침내 사림을 짓밟고 으깨어 거의 다 쳐 죽이기에 이르렀으니, 이를 말하자니 슬퍼할 만한 일이다. 그 뒤에 불사를 숭봉함이 한도가 없어서 내외의 창고가 남김없이 다 고갈되고 뇌물을 공공연히 주고받고, 백성의 전지를 마구 빼앗으며 내수사 노비가 각 도에서 방자히 굴고 주인을 배반한 노비들이 못에 고기가 모이듯 숲에 짐승이 우글거리듯 절에 모여들었다. 그녀의 아우 윤원형과 중외에서 권력을 마음대로 하매 20년 사이에 조정의 정사가 어지러워지고 염치가 땅을 쓸어낸 듯 없어지며, 생민(生民)이 곤궁하고 국맥(國脈)이 끊어졌으니, 종사가 망하지 않은 것이 다행일 뿐이다. 더구나 정릉(중종의 묘)은 안장한 지 거의 20년이나 되었는데, 장경 왕후와 같이 누워있는 것을 미워하여 마침내 옮기기에 이르렀으니, 어찌 차마 그렇게 했단 말인가.

또 스스로 명종을 세운 공이 있다 하여 때로 주상에게, '너는 내가 아니면 어떻게 이 자리를 소유할 수 있었으랴.' 하고, 조금만 여의치 않으면 곧 꾸짖고 호통 쳐서 마치 민가의 어머니가 어린 아들 대하듯 함이 있었다. 임금의 천성이 지극히 효성스러워서 어김없이 받들었으나 때로 후원의 외진 곳에서 눈물을 흘리었고 더욱 목 놓아 울기까지 하였으니, 임금이 심열증(心熱症)을 얻은 것이 또한 이 때문이다. 그렇다면 윤비는 사직의 죄인이라고 할 만하다. 《서경》 목서(牧誓)에 '암탉이 새벽에 우는 것은 집안의 다함

이다.' 하였으니, 윤씨를 이르는 말이라 하겠다.】

　　중종 말기에 이미 세자를 지지하는 대윤과 경원대군(명종)을 지지하는 소윤으로 나누어졌다. 세자를 낳다 산고를 이기지 못하고 죽은 장경왕후가 파평 윤씨였고, 경원대군 어머니 문정왕후 역시 파평 윤씨였다. 중종 다음 보위를 둘러싸고 두 형제들이 암투를 벌인 것에서 대·소윤으로 나누어진 것이다.

　　인종이 재위 8개월 만에 후사 없이 죽자 명종이 즉위했고, 이것이 피비린내 나는 사화의 서곡이었다. 명종 외삼촌인 윤원형 일당이 인종 외삼촌인 윤임과 정승 유관 등을 애매한 죄목으로 제거했다. 을사사화는 이렇게 시작되었지만, 이는 시작에 불과했다.

장경왕후가 홀로 잠든 희릉(경기 고양 서삼릉 경내)
ⓒ 국가유산포털

척신 윤원형과 권신 이기가 주도한 지배체제는 아직 취약한 구조에서 벗어나지 못했고, 따라서 새로운 무언가가 필요했기 때문이다.

명종 2년(1547) 9월 사람들 왕래가 잦은 말죽거리 양재역에 벽서 한 장이 붙었다. 문정왕후와 이기가 국정을 농단한다는 내용이었다. 이로 인해 사림세력들이 또 화를 입었고, 이어 안명세 필화사건과 이약빙 자식 간에 벌어진 암투로 인해 사림세력들이 무수히 제거된 것도 을사사화의 연장이었다. 문정왕후와 그의 동생 원형이 주도한 것이었다.

중종은 장경왕후 희릉 옆에 나란히 묻혔다. 중종 능을 옮겨 문정왕후 자신이 그 옆에 누워야 적성이 풀릴 것 같았다. 보우가 주지로 있는 광주 땅 봉은사 쪽으로 이장하여 정릉이라 했으니, 지금의 강남땅이다. 그녀가 죽고 난 후 중종 곁으로 가지도 못하고 태릉에 묻혔다. 권력과 욕심만으로는 안 되는 게 사람의 일이다.

열녀와 환향녀

조정에서는 강화도를 천혜의 요새로 여겼다. 하지만, 병자년의 청나라 군사들에게 거친 조류는 더 이상의 장애물이 아니었다. 왕실 가족 호송을 책임졌던 김경징과 강화 유수 장신은 모든 것을 내팽개치고 나룻배로 도망쳤다. 김경징은 영의정 김류의 아들이요, 강화 유수 장신은 우의정 장유의 동생이었다. 섬에 남았던 왕실 가족과 대신들 가족들의 참상은 이루 말할 수가 없었다.

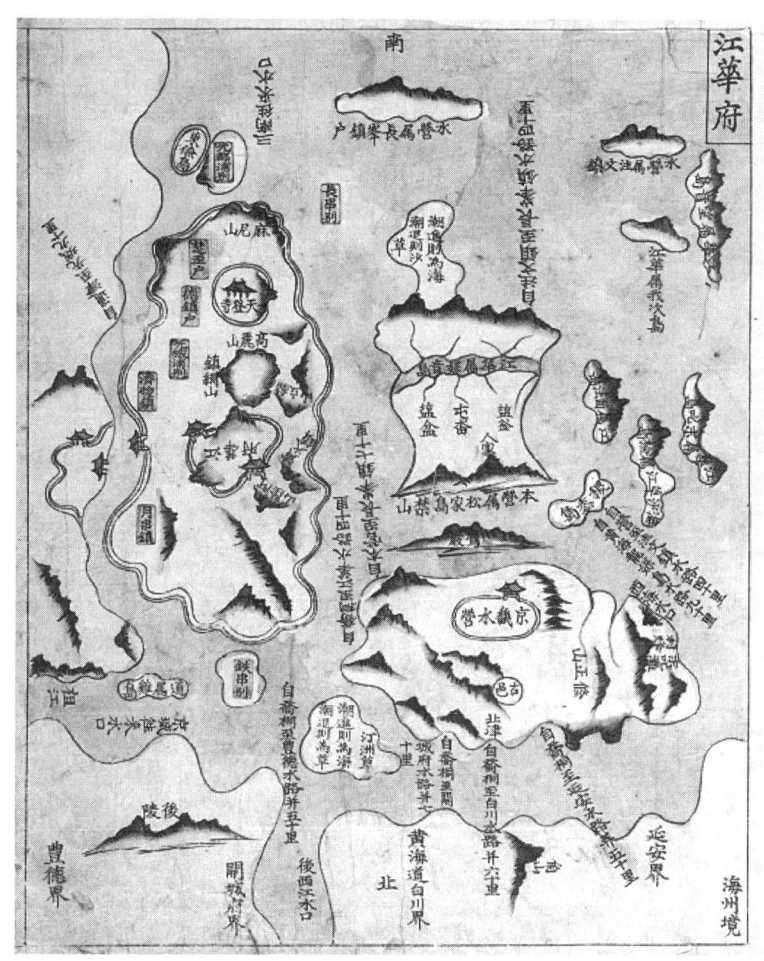

강화부 지도(조선 후기)
ⓒ 규장각 한국학연구원

　　윤선거의 아내 이씨는 갑곶 수비가 무너진 소식을 듣고 스
스로 목을 맸다. 홍명일의 아내 이씨 일행은 배로 도망가려 했지만,
시어머니 황씨가 스스로 목을 찔러 죽어갔고, 이씨는 두 아들을 먼

저 물에 던진 후 박세상의 아내 나씨와 껴안고 물에 뛰어들어 죽었다. 사로잡힌 부녀자들이 수없이 많았지만, 욕을 당하지 않기 위해 물에 뛰어들었던 숫자가 얼마인지 알 수 없다. 물 위의 머리 수건들이 마치 연못 위의 낙엽이 바람 따라 떠다니는 것 같았다라고 할 정도의 대 참상이었다.

성안에 있던 김경징의 어머니도 결국 스스로 목숨을 끊었다. 평소 여자가 무엇을 아느냐라고 경징이 나무랄 때마다 부인 박씨는 "나라가 깨치고 집이 망하면 여자라 하여 스스로 모면할 수 있는가." 하였더니, 이때에 이르러 스스로 목을 맸다. 경징의 며느리 또한 자진으로 최후를 맞았다. 김경징의 아들 진표가 어머니와 아내를 다그쳐 죽게 했다는 말들이 떠돌았다. 도망자 김경징에 대한 인심의 응징이오, 진표 홀로 죽지 않았던 반작용이기도 했다.

도망자 장신의 어머니도 죽었다. 내관이 봉림대군에게 장판서 대부인을 어찌할까 물었다. 그러자 대군이 말했다. "저 사람(장신)도 어머니를 모시지 않았는데 내가 어찌하겠는가." 봉림대군 처 조모였던 대부인이었건만, 마침내 얼고 굶주리다가 강변에서 죽어 갔던 것이다. 청나라 군사가 강을 건넜다는 말을 들은 어느 부인이 계집종에게, "죽은 사람을 보면 옷을 벗겨 간다 하니, 내가 죽거든 급히 태워 적의 손이 시체를 가까이하지 말도록 하라." 하고는 스스로 목을 맸다. 학생 이호선의 아내 한씨가 토굴 안에 숨었는데, 적병이 불을 질러도 나오지 않고 타 죽었다.

청나라로 끌려간 조선인이 20만 명이라고도 하는데, 많은 포로를 감당하기 어려웠던 청 태종의 고민도 컸던 것 같다. 돈으로 포로와 맞바꾸는 속환(贖還)이 양국 이해관계와 맞아떨어졌다. 영

청나라 병사
ⓒ 국립중앙박물관

의정 김류는 첩과 딸의 속환가로 거금 1000냥을 내 놓았고, 좌의정 이성구는 아들 속환가로 무려 1500냥을 내 놓았다. 너도 나도 속환 하려는 북새통에 조선인 포로 몸값은 수십 수백 배 뛰었다. 집안 사정을 아는 부녀자들은 자기 몸값의 어려움을 생각하며 스스로 목을 찔렀다. 인조 명을 받은 최명길은 심양으로 달려갔고, 청 태종과 담판을 벌여 많은 포로를 귀향시켰다.

숨죽인 채 눈치 보며 살아가던 여인네들에게 평지풍파를 던진 이는 장유였다. 우의정이자 봉림대군 장인이었던 그가 인조 재위 16년 3월 11일 예조에 단자를 올렸다.

외아들 장선징이 있는데 강도(江都)의 변에 그의 처
가 잡혀 갔다가 속환(贖還)되어 와 지금은 친정 부모
집에 가 있습니다. 그대로 배필로 삼아 함께 선조 제
사를 받들 수 없으니, 이혼하고 새로 장가들도록 허
락해 주소서.

장유의 호소에 펄쩍 뛴 이는 전 승지 한이겸이었다. 새 장가
들려는 사위 장선징의 부당함을 알리기 위해 노복을 동원하여 격쟁
까지 벌였다. 문제가 심각해지자 형조에서는 예조로 사건을 넘겨
버렸다. 부득이 예조에서 아뢰었다. 이처럼 중대한 일은 조정에서
결정해야 한다는 것이었다. 대의명분보다 현실론으로 문제를 해결
해 왔던 좌의정 최명길이 나서지 않을 수 없었다.

사로잡혀 갔던 부녀자에 관한 일에 대해서 지난해 비
국의 계사 중에는 옛일을 인용하여 증명하면서 끊어
버리기 어렵다는 뜻을 갖추어 진달하였으며, 상께서
도 별도의 전교가 계셨습니다. 신풍 부원군 장유는
이를 모르지 않을 것인데, 장계를 올려 진달한 것이
이와 같으니, 반드시 소견이 있어서 말한 것입니다.
신이 옛 노인들에게 들으니, 선조 조에 임진년 왜변
이 있은 뒤에 전교가 있었는데, 지난해 성상의 전교
와 서로 부합된다고 하였습니다. 그 말을 자세히 기
억할 수는 없지만 여항에서 전하는 바로 말한다면,
그때 어떤 종실이 상소하여 이혼을 청하자 선조께서

장유 초상화
ⓒ 국립중앙박물관

허락하지 않으셨으며, 어떤 문관이 이미 다시 장가
를 들었다가 아내가 쇄환되자 선조께서 후취 부인을
첩으로 삼으라고 명하였으며, 그 처가 죽은 뒤에야
비로소 정실부인으로 올렸다고 합니다. 이외에도 재
상이나 조관(朝官)으로 사로잡혀 갔다가 돌아온 처

계곡 장유 묘역의 신도비(경기도 시흥)
ⓒ 장득진

높이 2.65m, 폭 1.3m, 두께 32cm로, 우리나라에서 가장 큰 신도비이다. 우암 송시열이 짓고, 글씨는 청평위 심익현, 전자는 광성부원군 김만기가 썼다.

를 그대로 데리고 살면서 자식 낳고 손지를 낳아 명문거족이 된 사람도 왕왕 있습니다. 예는 정(情)에서 나오는 것이므로 때에 따라 마땅함을 달리 하는 것으로서, 한 가지 예에 구애되어서는 안 되기 때문입니다. 신이 전에 심양에 갔을 때 사족으로서 속환하기 위해 따라간 사람들이 매우 많았는데, 남편과 아내가 서로 만나자 부둥켜안고 통곡하기를 마치 저승에 있는 사람을 만난 듯하여, 길 가다 보는 사람들이 눈물을 흘리지 않는 사람이 없었습니다. 부모나 남편으로 돈이 부족해 속환하지 못하는 사람들은 장차 차례로 가서 속환할 것입니다. 만약 이혼해도 된다는 명이 있게 되면 속환을 원하는 사람이 없게 될 것입니다. 이것은 허다한 부녀자들을 영원히 이역 귀신이 되게 하는 것입니다. 한 사람은 소원을 이루고 백 집에서 원망을 품는다면 어찌 화기를 상하게 하기에 충분치 않겠습니까. 신이 반복해서 생각해 보고 물정으로 참작해 보아도 끝내 이혼하는 것이 옳은 줄을 알지 못하겠나이다.

한이겸 딸에 관한 일은 별도로 의논할 필요가 없습니다. 신이 심양으로 갈 때에 들은 이야기인데, 청나라 병사들이 돌아갈 때 자색이 자못 아름다운 한 처녀가 있어 청나라 사람들이 온갖 방법으로 달래고 협박하였지만 끝내 들어주지 않다가 사하보(沙河堡)에 이르러 굶어 죽었는데, 청나라 사람들도 감탄하여 묻어주고 떠났다고 하였습니다. 또 신이 심양의 관사에 있을 때, 한 처녀를 값을 정하여 속(贖)하려고 하였는데, 청나라 사람이 약속을 어기고 값을 더 요구하자 그 처녀가 돌아갈 수 없음을 알고 칼로 자신의 목을 찔러 죽고 말았습니다. 이에 끝내는 그녀 시체를 사가지고 돌아왔습니다. 가령 이 두 처녀가 다행히 기한 전에 속환되었더라면 자결하지는 않았을 것입니다. 비록 정결한 지조가 있더라도 누가 다시 알아주겠습니까. 이로써 미루어 본다면 전쟁의 급박한 상황 속에서 몸을 더렵혔다는 누명을 뒤집어쓰고서

도 밝히지 못하는 사람이 얼마나 많겠습니까. 사로
잡혀 간 부녀들 모두 몸을 더럽혔다고 논할 수 없는
것이 이와 같습니다. 한이겸이 상언하여 진달한 것
또한 어찌 특별히 원통한 정상이 있어서 그런 것이
아니겠습니까.

좌의정 최명길이 올린 헌의에 대해 인조는 아뢴 대로 하라
는 비답을 내렸다. 속환된 며느리를 버리려 했던 장유는 봉림대군
장인이라 인조 사돈이오, 이를 막으려 했던 한이겸은 인조의 처삼
촌이었다. 하지만 이는 두 가문에 국한된 것이 아니라, 나라 명운이
걸린 예법이나 선대부터 심혈을 기울여 온 성리학적 질서 문제였
다. 국가적 대혼란을 수습할 카드가 필요했지만, 마땅한 해답을 찾
기가 참으로 어려웠다.

어정쩡한 결정은 곧 사대부 가풍을 어지럽힌다는 상소문으
로 이어졌다. 그러다 사헌부와 예조에서 이 문제를 다시 들고 나왔
다. 국가 원로 이성구가 거들었고, 최명길은 반론을 폈다. 그러자 우
의정 신경진이 이를 반박했다. 더 이상 방관할 수 없었던 인조는 잘
라 말했다. 선조 때의 전례에 따르도록 하라는 것이었다. 임진왜란
때에도 사대부 부녀들이 적진에 잡혀갔다 돌아온 자가 많았다. 이
혼하고 개취(改娶)할 것을 청한 자들이 속출했고, 조정 의논은 일치
되지 않았다. 선조가 하교했다. 음탕한 행동으로 절개를 잃은 것에
견줄 바 아니니, 버려서는 안 된다는 논리를 담았다. 인조도 선조가
제시한 논리를 따라갔다.

2여 년이 흘러 상소문 한 장이 올라왔다. 장유 부인이 올린

거였다. 며느리의 타고난 성질이 못되어 시부모를 순종치 않으니, 이혼시켜 달라는 청이었다. 인조는 흔들렸다. 칠거지악을 들고 나온 이가 자신의 안사돈인데다, 최명길 같은 신하도 없었다. 장유 아들에게만 이혼을 허락한다는 비답을 내렸다. 하지만 속환된 부인과 며느리들은 버림받기 시작했다.

이런 상황을 반영하듯, 당초 장유가 제기했던 인조 16년(1638) 3월 11일자의 길고 긴 실록 기사 끝부분에, "속환녀와 혼인했던 사대부 자제들 모두 도로 합치는 자가 없었다."면서, 다음과 같은 사론을 덧붙였다.

> 【사신은 논한다. 충신은 두 임금을 섬기지 않고 열녀는 두 남편을 섬기지 않으니, 이는 절의(節義)가 국가에 관계되고 우주의 동량(棟樑)이 되기 때문이다. 사로잡혀 갔던 부녀들은, 비록 그녀들의 본심은 아니었다고 하더라도 변을 만나 죽지 않았으니, 절의를 잃지 않았다고 할 수 있겠는가? 이미 절개를 잃었으면 남편의 집과는 의리가 이미 끊어진 것이니, 억지로 다시 합하게 하여 사대부 가풍을 더럽힐 수는 절대로 없는 것이다. 최명길은 비뚤어진 견해를 가지고 망령되게 선조(先朝) 때의 일을 인용하여 헌의하는 말에 끊어버리기 어렵다는 의견을 갖추어 진달하였으니, 잘못됨이 심하다. 당시의 전교가 사책(史冊)에 기록되어 있지 않아 이미 증거 할 만 한 것이 없다. 설령 이런 전교가 있었다고 하더라도 또한 본

최명길 묘역 신도비각(청주 청원구 북이면)
ⓒ 장득진

박세당이 비문을 짓고, 글씨는 증손자 최창대가, 전액(篆額)은 손자 최석정이 썼으며, 숙종 28년(1702)에 세웠다.

받을 만한 규례는 아니니, 선조 때 행한 것이라고 핑계하여 오늘에 다시 행할 수 있겠는가. 선정(先正)이 말하기를 "절의를 잃은 사람과 짝이 되면 이는 자신도 절의를 잃는 것이다." 하였다. 절의를 잃은 부인을 다시 취해 부모를 섬기고 종사(宗祀)를 받들며 자손을 낳고 가문을 잇는다면, 어찌 이런 이치가 있겠는가. 아!! 백 년 동안 내려온 나라의 풍속을 무너뜨리고, 삼한을 들어 오랑캐로 만든 자는 최명길이로다. 통분함을 금할 수 있겠는가.】

최명길 묘(청주 청원구 북이면)
ⓒ 징득진

가운데 봉분이 최명길 묘소이다. 화강암으로 호석을 둘렀고, 상석 뒤에는 남구만의 글씨 朝鮮相國贈諡文忠 遲川崔公明吉之墓로 새긴 묘표가 서 있다.

　　　그들의 손끝에서 나온 역사 기록이니, 현실을 도외시한 채 분기탱천 대의명분만을 앞세운 사대부 입장이 잘 드러난다. 이 사론에 나타나듯이, 조선이 열녀 나라가 된 것도 결코 우연이 아니었다. 『삼강행실도』 열녀전을 통해 정조 이데올로기를 주입해 왔으니, 왜란이나 호란에 자결한 여인들이 고을마다 넘쳐났다. 여기에 맞춰 환향녀(還鄕女) 이야기가 등장하고, 급기야 화양년이 되었다고 말해 왔다.

　　　그녀들에겐 크나큰 참극이었지만, 사대부 척화론자들에겐 행운이었다. 전쟁 책임론을 덮을 수 있었고, 대의명분 논쟁에 주도권을 쥘 수 있었다. 여인들을 권력 유지의 제물로 삼아, 백 년 동안 내려 온 풍속을 무너뜨린 자가 최명길이었고, 삼한을 오랑캐로 만든 이도 최명길로 몰아 붙였다. 남한산성에서 펼친 주화론으로 한 번 죽이더니, 환향녀 문제로 두 번 죽인 것이다.

우리가 익히 알고 있던 환향녀(還鄕女) 스토리도 일종의 도시전설임에 틀림없다. 역사 기록에서는 환향녀라는 단어가 찾아지질 않는다. 그냥 속환녀일 뿐이다. 그녀들이 돌아오던 길목 홍제천에서 더렵혀졌던 몸을 씻어 낸다는 회절강(回節江) 역시 역사 기록에서는 확인되지 않는다. 다만, 광복 이후 춘원 이광수가 『나의 고백』에서 홍제천에 몸을 씻어내는 여인의 모습을 그린 바가 있는데, 이는 구전되던 내용을 친일에 대한 자기 합리화 수단으로 활용했을 것이다. 환향녀라는 용어는 여기에서조차 등장하지 않으니, 화양년이란 욕설로 변했다는 이야기도 그리 오래된 것이 아님은 분명하다.

병자호란이 조선 사회 가치관을 뒤흔들어 버린 것은 사실이다. 이전보다 한층 강화된 예(禮)와 절(節)을 강요하는 사회로 몰아갔으니, 남자에게는 순절(殉節)을, 여자에게는 죽음과 맞바꾼 정절을 강조하는 사회로 치닫게 되었다. 그런 사회 분위기를 반영한 환향녀와 회절강 이야기의 진원지는 있겠지만, 후대에 가공된 도시전설에 불과할 따름이다.

역사 기록 속살과 민낯이 훤하게 보인다.